LA PAROLE EST D'ARGENT

Ron Holland

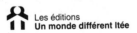

Les éditions
Un monde différent ltée

Cet ouvrage a été publié en langue anglaise sous le titre original:
TALK AND GROW RICH
Published by Thorsons Publishers Limited
Wellingborough, Northamptonshire NN8 2RQ
Copyright © 1981, 1989 Ron Holland

©, Les éditions Un monde différent ltée, 1991
Pour l'édition en langue française

Dépôts légaux: 1er trimestre 1991
Bibliothèque nationale du Québec
Bibliothèque nationale du Canada

Conception graphique de la couverture:
SERGE HUDON

Version française:
JEAN-PIERRE MANSEAU

Photocomposition et mise en pages:
COMPOSITION MONIKA, QUÉBEC

ISBN: 2-89225-177-X

LA PAROLE EST D'ARGENT

Ron Holland

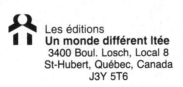

Les éditions
Un monde différent ltée
3400 Boul. Losch, Local 8
St-Hubert, Québec, Canada
J3Y 5T6

Table des matières

Avant-propos

Le fait d'écrire l'avant-propos d'une toute nouvelle édition internationale de mon livre est une perspective passionnante. Cela m'a donné la chance de me dire: «J'ai maintenant l'occasion d'ajouter ou de changer des choses dans ce livre, si je le désire, ou de mettre de l'emphase sur des points qui ont vraiment de la valeur».

Le livre a passé l'épreuve du temps et je ne pense pas vouloir rajouter ou changer quoi que ce soit. Toutefois, j'ai maintenant l'avantage de compter sur une somme fantastique de réactions de la part de plusieurs personnes qui ont acheté et lu ce livre. Comme j'ai tenu compte des réactions de plusieurs lecteurs pour une période de temps assez importante, en plus de mes propres pensées et méditations, je pense réellement avoir un message à vous communiquer — celui d'appliquer véritablement les principes du succès.

Au fil des années, j'ai reçu plusieurs lettres de gens vivant toutes sortes de situations et de toutes conditions sociales. La plupart m'écrivent pour me remercier pour le livre, certains m'indiquent de quelle façon le livre les a aidés, d'autres veulent savoir quelles sont mes autres publications et plusieurs demandent de l'information à propos du club des apprentis millionnaires.

L'autre jour, j'ai reçu une longue lettre remplie d'éloges de la part d'un homme âgé à propos de ce livre. Cependant, il en vint à dire qu'il avait lu des centaines de livres et il se demandait quand tout cela allait lui arriver à lui. J'ai écrit à ce monsieur et je vais de réussir n'est que le premier pas dans la bonne direction. Plus important encore est de vraiment appliquer à votre situation les principes contenus dans ces livres. Cela demande du temps, des efforts et de la discipline.

Je suis moi-même déjà tombé dans ce piège. Bien avant mon premier succès, j'avais l'habitude de donner des cours à propos des principes du succès. Mes séminaires avaient pour sujet l'un des plus importants aspects de la réussite: l'usage de la visualisation. Je me rappelle avoir été animé d'un formidable enthousiasme à visualiser l'avenir tel que souhaité et à se voir soi-même comme une réussite. Je suis persuadé d'avoir convaincu mon auditoire, du moins une partie. Pourtant je ne me «voyais» pas moi-même et, bien sûr, j'avais un autre emploi pour joindre les deux bouts. Ce n'est que lorsque que j'ai pris le temps de visualiser, de méditer et d'opérer dans mon esprit les changements qui font toute la différence que les choses commencèrent vraiment à jouer en ma faveur.

Je peux vous affirmer avec certitude qu'il faut une forte dose de courage pour prendre le temps de méditer et de visualiser alors que tant de choses se font pressantes dans votre vie. Je peux aussi vous dire, de par ma propre expérience, qu'il ne vous arrivera jamais rien de grand tant et aussi longtemps que vous ne rassemblerez pas le courage nécessaire et ne prendrez pas le temps qu'il faut pour mettre en application les principes du succès. Il vous faut, d'ores et déjà, agir sur votre esprit pour faire toute la différence.

En fait, toute personne doit constamment se faire rappeler de mettre en pratique les principes du succès. C'est avec cette pensée en tête que nous avons créé le club des apprentis millionnaires. Le club possède un bulletin mensuel avec ses chroniques régulières, c'est aussi une bonne façon de connaître les autres chefs d'entreprise à travers le monde. Si vous êtes intéressé à en savoir davantage, écrivez directement au:

Club des apprentis millionnaires,
70, Tilehurst Road,
London, SW18 3ET

Chapitre 1

Le principe du pouvoir

«Votre calme fait naître la lumière».

Edison

Il est fort possible que vous soyez en train de lire ces lignes alors que vous bouquinez dans une des multiples librairies de ce monde, à vous demander si vous devez vous départir de votre argent durement gagné pour acheter un livre. Après un coup d'œil rapide aux titres des chapitres, ce que vous lisez maintenant sera sans aucun doute l'argument qui vous fera soit acheter le livre ou le remettre sur le rayon.

On me reconnaît généralement un titre de gloire: celui d'être un maître dans l'art de la persuasion. En usant de cet art, de pair avec mes connaissances en psychologie dynamique, il me serait très facile de rédiger un paragraphe convaincant qui contiendrait exactement ce que vous désirez entendre: Comment devenir riche rapidement et simplement en réussissant du jour au lendemain dans le champ d'action que vous avez choisi. Qui plus est, je pourrais vous convaincre que nous sommes sur la même longueur d'onde et que j'en ai long à dire sur plusieurs sujets complexes et controversés qui vous plairont et que vous saurez apprécier. La méthode qui a fait ses preuves, pour inciter les gens à acheter des livres sur la motivation, consiste à mélanger ensemble des principes de base et un certain nombre de termes du vocabulaire psychologique, à parsemer le tout de différentes anecdotes, à poivrer librement l'ensemble de formules, à bien étendre ce mélange d'un bout à l'autre du livre en l'enrobant d'une montagne de sincérité et de persuasion, puis à servir le tout sous l'aspect d'un titre hypnotique comme: «Devenez riche rapidement». Malheureusement, trop souvent, les lecteurs de ces livres sont les mêmes qui se plaignent vite et avec amertume d'avoir lu des rames d'ouvrages «d'aide-toi toi-même» et de n'être pas encore parvenus à leurs buts.

C'est bien là ma pomme de discorde. Il arrive trop fréquemment que des livres «d'aide-toi toi-même» soient écrits avec, comme seul but en tête, de vendre. L'auteur lui-même peut très bien éviter certains faits, de peur d'être étiqueté comme peu orthodoxe, capitaliste et même machiavélique. Les éditeurs peuvent raccourcir le texte encore plus en l'amputant de certains éléments qu'ils ne considèrent pas appropriés pour demeurer conformes à leurs critères d'excellence pour la copie. Finalement, celui qui publiera le livre insistera peut-être pour écourter davantage le texte en y enlevant des termes qui prêtent trop à la controverse. Dans ce processus de «vente coûte que coûte», chaque page apporte son lot de concessions et le lecteur est privé de plusieurs faits dont il a absolument besoin pour réussir. Si vous faites partie de ce grand nombre de personnes qui ont beaucoup lu de manuels «d'aide-toi toi-même», tout en restant toujours en rade ou sur leur appétit d'en connaître davantage, vous pouvez maintenant comprendre pourquoi.

Il serait ridicule de ma part d'affirmer que je ne veux pas vendre ce livre — bien sûr je veux qu'il se vende. Et qui plus est, je suis sincèrement intéressé à produire un livre dont les directives seront infaillibles pour enseigner le chemin de la richesse. Je veux présenter un livre qui comblera les besoins de chaque personne qui a échoué dans ses tentatives passées. Et plus particulièrement, je veux rejoindre ces gens qui ont beaucoup lu pour atteindre leurs buts, mais qui n'ont pas encore réussi.

On a insulté l'intelligence des lecteurs depuis trop longtemps en répondant à des questions importantes par d'autres questions, ce qui revient un peu à jouer sur les mots. On nous a dit des centaines, voire même, des milliers de fois: «Tout est dans l'esprit». Ou, de façon similaire: «Tout commence par l'esprit». Personne ne dit: «Si tel est le cas, pourquoi les psychologues ne sont-ils pas tous millionnaires?» On nous informe constamment que l'être humain moyen n'utilise que 15 % de son potentiel; jamais nous n'obtenons les vraies raisons qui justifient cette affirmation. Bien plus, on ne nous enseigne jamais comment nous servir des 85 % qui restent.

De répondre à ces questions est devenu la colonne vertébrale de ma recherche. Cette quête, par la même occasion, m'a conduit par-delà plusieurs sentiers, dans de nombreuses ruelles sombres et à séparer souvent le bon grain de l'ivraie. Finalement, après plusieurs années de recherche, ma philosophie du succès est prête à rejoindre le monde. Elle vous rendra capable d'atteindre vos buts dans le plus court laps de temps possible. Cette philosophie du succès vous permettra de savourer les plaines de l'abondance, d'avoir tout l'argent nécessaire pour combler les désirs de votre cœur et de voyager dans toutes les contrées lointaines et exotiques pour assister à la tranquillité des aurores et à la luminosité généreuse des crépuscules.

Vous avez acquis en naissant le droit de posséder une Cadillac rose, un manoir grandiose à Beverly Hills agrémenté de jardins aménagés par des paysagistes, des pelouses entretenues à la perfection, une piscine avec de l'eau claire comme le cristal et de vous amuser de façon frivole, si tel est votre désir. Vous ne voulez peut-être que fuir la routine du 9 h à 17 h, ou bien, il se peut que vous ayez une raison personnelle de vouloir devenir riche et célèbre. Je sais pourtant que vous êtes un être humain comme tous et chacun et que vous possédez certains traits de caractère et quelques excentricités. Vous désirez peut-être la richesse dans le but de paraître plus attrayant pour l'autre sexe. Vous vous sentez peut-être inférieur et avez besoin d'être riche et reconnu pour montrer au monde entier quel être magnifique vous êtes. Il se peut que vous recherchiez la fortune et la célébrité pour compenser une perte ou un malheur quelconque. Quelle que soit votre raison, vous en avez probablement une excellente.

D'autres diront que les meilleures choses de la vie ne sont pas «des choses». Je suis d'accord, et il y a sûrement une façon d'atteindre également ces buts intangibles, que sont la paix de l'esprit, l'amour, la santé, le bonheur ou le pouvoir.

Un fait stupéfiant s'est présenté très tôt au cours de ma recherche et a fourni une fondation semblable au granit à la philosophie du succès que je vous propose ici. Ayant observé le fait que Henry Ford n'a jamais eu un industriel pour l'inspirer à devenir l'apôtre de la production en série, que Andrew Carnegie n'a connu aucun grand homme ou femme d'affaires pour le persuader par des cajoleries de devenir un milliardaire, et que Edison n'a pas eu non plus un seul scientifique pour lui montrer comment devenir l'inventeur le plus célébré de ce monde; je me rendis compte qu'aucun de ces hommes n'avait suivi une philosophie du succès particulière, qu'aucun d'eux n'était parrainé par quelqu'un pour les motiver et ils ne possédaient aucune mesure pour bien jauger leurs succès. Ils ne bénéficiaient pas non plus des livres de la catégorie «aide-toi toi-même». Cependant, tous ces hommes ont excellé dans les domaines particuliers où ils ont investi leurs efforts.

Les Ford, Carnegie et Edison de ce monde devaient sûrement connaître un quelconque secret ou posséder un pouvoir particulier pour avoir atteint le succès phénoménal que chacun a obtenu dans sa profession. Nous présumons que ce secret ou ce pouvoir n'est pas venu à l'oreille du profane et qu'il n'y a pas accès. J'étais particulièrement anxieux de découvrir un dénominateur commun et de savoir si ce même dénominateur peut encore s'appliquer à tout effort humain, même de nos jours. J'ai découvert un dénominateur commun d'une telle importance qu'il est esquissé à grands traits dans tout ce premier chapitre intitulé: «Le principe du pouvoir».

Imaginez que vous voulez devenir médecin, scientifique, outilleur, pilote d'avion, chef cordon-bleu, ou un maître dans une profession, un art, un métier artisanal, une habileté particulière ou une vocation. Imaginez-vous désirant atteindre l'un de ces buts par la simple lecture d'un livre. Ce serait là une idée ridicule. Personne ne peut s'attendre à maîtriser quelque domaine que ce soit sans une formation longue et approfondie, des études et de la pratique. Toutefois, quand nous pénétrons dans le monde de la fortune et de la célébrité, la majorité des prétendants s'attendent à atteindre leurs buts simplement par la lecture d'un plan raccourci menant à la richesse.

Initialement, un médecin, un scientifique ou un outilleur comprennent parfaitement qu'ils devront passer par un long apprentissage et cueillir graduellement leurs connaissances de personnes déjà expérimentées dans chacune de ces professions. Ils devront subir des examens, apprendre, étudier et pratiquer jusqu'à ce qu'ils deviennent suffisamment compétents pour pouvoir travailler avec leurs seuls talents et en définitive sans la supervision de leurs supérieurs et professeurs. Les livres dont ils se servent pendant leurs études sont des outils. De la même façon, à partir de maintenant, vous devenez un apprenti, un apprenti millionnaire, un élève qui étudie pour atteindre le succès. Rien de moins!

L'apprenti millionnaire doit en tout premier lieu apprendre la patience. Avant qu'un chirurgien du cerveau puisse utiliser un scalpel sur de la chair et faire sa première incision, il se doit d'en savoir très long à propos du cerveau. Avant qu'un apprenti millionnaire puisse comprendre que *La parole est d'argent*, il doit aussi connaître beaucoup de choses à propos de son esprit et de son cerveau et de ceux de ses clients éventuels.

Le point de départ de ma recherche était très simple. Je voulais savoir si vraiment nous n'utilisons que 15 % de notre potentiel. Advenant le cas, je voulais apprendre comment exploiter les 85 % qui restent. Je voulais aussi savoir avec précision ce qui fait que «Tout est dans l'esprit», et pourquoi «Tout commence par l'esprit». Je supposais que de connaître les réponses à ces questions ferait de l'acquisition de la fortune et de la renommée une tâche relativement simple. J'ai peiné longuement dans l'étude avancée de la psychologie et pendant ce cheminement je me suis arrêté aux brillants ouvrages du célèbre psychologue suisse, Carl

Jung. Ce sont les travaux de ce dernier qui ont inspiré les traits particuliers de ma recherche. Le docteur Jung, parmi tant d'autres, a remarqué que les Orientaux sont plus avancés que les Occidentaux au point de vue spirituel, mental et physique.

Nous, les Occidentaux, sommes matérialistes alors que les Orientaux savent exercer leur esprit pour accomplir des prouesses incroyables. Par un entraînement long et patient de leur subconscient, les mystiques sont capables de réaliser des exploits inconcevables. Ils exercent leur esprit à être capables de s'enfoncer des broches dans le dos et des épingles dans la paume de leurs mains sans ressentir la douleur et sans effusion de sang. L'Occidental ne voit pas l'utilité de réaliser de telles prouesses, mais il peut certainement trouver avantage dans la possibilité de contrôler son esprit pour atteindre la prospérité; et, dans un même temps, demeurer en forme physiquement et mentalement. Les chefs d'entreprise souffrent trop souvent d'épuisement nerveux, de stress et d'un manque flagrant d'idées créatrices et de solutions aux problèmes.

La nécessité évidente (de là ma recherche), était de combiner harmonieusement les connaissances des Orientaux pour en faire le complément des besoins matériels des Occidentaux. On pourrait appeler cela: changer le zen en yen. La formule dont vous avez besoin pour acquérir la richesse, le succès, la réussite, la paix de l'esprit et les réponses à tous vos problèmes, je dis bien tous, est la suivante: S.S.S. — Silence, Sérénité et Solitude. Ce n'est pas là une invention de ma part, car des recherches en psychologie, des études à propos des leaders de ce monde, scientifiques, musiciens, physiciens, industriels, inventeurs et autres personnalités célèbres, démontrent que ce grand pouvoir a été utilisé involontairement ou intentionnellement depuis l'aube des temps. Tous les succès et toutes les réalisations humaines découlent de ce seul pouvoir. Mozart, Einstein, Carnegie, Shakespeare, Emerson et Edison, pour n'en mentionner que quelques-uns, l'ont exploité. Les fakirs, les mystiques orientaux et les gens des îles Fidji qui marchent dans le feu, se servent de ce même pouvoir. Celui-ci rend les mystiques capables de rester assis nus dans la neige pendant longtemps, de se lacérer le corps avec un fouet, de boire du poison et de s'enfoncer des clous ou des broches dans leurs dos et à travers leurs joues sans éprouver de douleur ou perdre de sang. Ce pouvoir permet à ceux qui marchent dans le feu de déambuler pieds nus sur des charbons ardents sans ressentir aucune douleur. Le secret réside dans la méditation qui se fait en silence, sérénité et solitude. Nous nommerons cette sorte de méditation le S.S.S. ou les 3S.

Il vous faut prendre le temps. Vous devez vider votre esprit. Il n'est pas bon d'essayer de penser à vos problèmes et de vouloir les résoudre de façon consciente. C'est ce que vous avez fait depuis plusieurs années et où cela vous a-t-il mené? Quel que soit l'effort que vous faites consciemment, cela ne répondra pas à vos aspirations. Le secret de la méditation est de confier vos problèmes à votre subconscient, qui est l'esprit maître, large, puissant et créateur. Pensez à un iceberg. Vous savez que seul le neuvième de sa masse en est visible alors que les 8/9 qui restent sont en-dessous de la surface. On peut comparer l'énorme masse immergée au subconscient puissant et créateur. La petite partie qui émerge, le 1/9, se compare à l'esprit conscient.

Malheureusement, nous avons tendance à nous servir de notre esprit conscient. À tort, car il n'est pas créatif. Notre puissant subconscient, d'un autre côté, n'opérera que si nous lui donnons des périodes de S.S.S.

Alexander Graham Bell et Elmer Gates ont observé que le cerveau est à la fois un récepteur et un émetteur pour la transmission de la pensée. Imaginez-vous donc assis dans une chambre alors que huit postes de radio beuglent ensemble (ce sont aussi des stations émettrices et réceptrices) à volume égal, mais réglés sur des fréquences différentes. Il s'avérerait impossible de les déchiffrer l'un de l'autre. Pour la même raison, vous ne pouvez entendre votre subconscient qu'avec les 3S. Parce que même sans huit postes de radio pour vous inonder, vous êtes constamment environné de bruits de fond: le téléphone, la radio, la télévision, les grondements d'une motocyclette qui passe, les cris d'un enfant, les crissements de pneus d'une auto, les aboiements d'un chien ou un avion qui vous survole. Le subconscient ne fait pas de compétition. Le bruit tue tout espoir que le subconscient puisse communiquer des idées éclairées pour résoudre des problèmes, faire de l'argent, amener le bonheur ou atteindre les buts de ses ambitions. Le bruit tue le génie!

Lorsqu'on demanda au plus grand inventeur du monde, Thomas Alva Edison, comment il résolvait ses problèmes, il répondit: «Votre calme fait naître la lumière». Point n'est besoin pour vous de penser. Vous devez vous consacrer du temps pour méditer. Je le répète, ne pensez pas, mais faites le vide dans votre esprit. «Penser, voilà bien la chose la plus malsaine au monde», écrivait Oscar Wilde, «et les gens en meurent de la même façon que par d'autres maladies».

Premièrement, il faut que vous dénichiez un endroit où personne ne pourra vous déranger. Il vous faut du silence, un calme serein et de la solitude. Oubliez la gomme à mâcher et les cigarettes une seule demi-heure chaque jour. Après vous être exercé à méditer pendant un certain nombre de semaines, cela vous plaira tellement que la demi-heure sera remplacée par une ou deux heures de méditation. Assoyez-vous sur le plancher ou sur un lit, jambes croisées, alors que votre dos est raisonnablement droit et étreignez doucement vos mains. Voilà la position de base du yoga. Vous pouvez maintenant considérer que vous êtes dans la position idéale et que vous avez rejoint le S.S.S. Puis, le secret est de faire le vide dans votre esprit. Cela est plus difficile que vous ne pourriez l'imaginer. Essayez de ne penser à rien. Concentrez-vous plutôt sur un seul objet. Personnellement, je choisis de porter toute mon attention sur un prisme de verre, n'importe quel autre objet fera aussi bien l'affaire. Regardez cet objet, ne pensez à rien, respirez doucement et détendez-vous. Essayez de ne penser à rien, car c'est là le secret du succès.

Pour le profane, cela ne semble guère une façon logique de régler des problèmes et de générer des idées de réussite. Cela apparaît presque comme une perte de temps précieux, alors qu'il y a tant à faire et tellement de tensions et de problèmes. Qu'est ce qui rend cette méthode si efficace? C'est très simple. Par le passé, vous avez laissé n'importe quelle pensée pénétrer votre esprit n'importe quand. Imaginons qu'une centaine de pensées vous viennent à l'esprit dans l'espace d'une heure (en réalité, ce sont plutôt des milliers). Si, par la méditation, vous pouvez réduire ce nombre de 100 à seulement 80 pensées à l'heure, vous aurez un accroissement d'efficacité de 20 %. Si vous pouvez en diminuer le nombre jusqu'a 50 à l'heure, vous serez 50 % plus efficace. Le but ultime est d'en arriver à ne penser à rien. Vous pourrez alors affirmer sans mentir que vous avez obtenu le pouvoir d'une pensée concentrée, en ne pensant pas. Cela peut sembler paradoxal, mais l'esprit est plus créatif lorsque moins actif.

Le vice-amiral, Richard Byrd, grand explorateur, a bien compris ce dont nous parlons. Il était l'officier commandant des services d'expédition des États-Unis en Antarctique. À la veille de son départ de l'Antarctique, il diffusa ce qui suit: «C'est lors de ma vigile solitaire, pendant la longue nuit polaire, que j'ai appris le pouvoir du silence. Les valeurs et les problèmes de la vie se sont départagés quand j'ai commencé à écouter...» Adoptez l'attitude d'écouter et non de penser. Le silence est d'or, le silence c'est de l'or.

Vu l'importance de faire le vide dans votre esprit, voyons si nous pouvons simplifier cette tâche extrêmement difficile. Assurez-vous que le lieu choisi pour votre méditation se trouve dans un endroit où vous ne serez pas dérangé. Sinon, vous serez constamment obsédé à la pensée que quelqu'un fasse irruption à tous moments. Personnellement, je préfère grimper en montagne, à mille lieues de tout et chacun. Ce n'est pas toujours commode, mais il est primordial que personne ne puisse vous déranger. La solitude est la nourrice de la sagesse. Je sais que le silence est une denrée rare dans certaines villes. Parfois, des vitres doubles ou des fenêtres construites pour résister aux tempêtes peuvent réduire considérablement le niveau de bruit. Votre pharmacien local pourra vous fournir en boules de cire Quies et votre quincaillerie vous offrir des protège-oreilles semblables à ceux employés par les opérateurs de perceuses pneumatiques.

J'insiste sur le fait que le bruit assassine le génie. Au début, il vous sera difficile de rester immobile pendant une demi-heure, n'envisagez surtout pas une heure complète. Vous aurez sûrement des crampes et toutes sortes de sensations désagréables, mais persévérez, la récompense en vaut la peine. Maintenant, pour véritablement faire le vide dans votre esprit, deux choses aideront grandement à votre méditation: une chandelle allumée et une horloge digitale. Faire le vide pendant une demi-heure n'est pas la tâche la plus facile au monde.

Toutefois, d'ici à ce que vous en ayez l'habitude, le fait pour l'instant de diviser la demi-heure en 30 minutes indépendantes est de loin la manière la plus facile de méditer. L'idée en est de vous dire à vous-même: «Pendant la prochaine minute, je ne vais penser à rien», fixez la flamme de la chandelle avec un grand regard dénué de toute expression et ne pensez à rien. N'attendez que l'apparition du chiffre suivant sur l'horloge. Au changement de chiffre, ayez à nouveau à l'esprit que pour une minute entière vous ne penserez à rien, faites le vide dans votre esprit et attendez encore le chiffre suivant. Vous devez faire cesser le bavardage incessant qui perdure dans votre crâne, minute après minute, heure après heure, jour après jour, du début à la fin de l'année. Si vous pouviez faire taire le bruit dans votre esprit, vous seriez en mesure d'entendre ce qui s'y passe d'autre. La machine à bruits qui assiège votre cerveau doit être démantelée.

Cela vous aidera peut-être de savoir que j'étais autrefois incroyant, probablement aussi sceptique que vous l'êtes — me précipitant ici, là et partout à une allure de casse-cou, d'un bout à l'autre du pays, visitant mes magasins et mes affaires avec pour compagne la radio beuglant constamment. À cette époque, je n'avais pas encore entendu le proverbe allemand qui pose la question suivante: «Quelle est l'utilité de courir lorsque nous ne sommes pas sur la bonne route?» L'une de mes compagnies fit faillite. Par-dessus le marché, un employé détourna beaucoup d'argent. Une autre de mes compagnies fonctionnait à perte. Thomas Fuller a vu juste quand il a écrit: «Celui qui est partout, se trouve nulle part». J'étais dans un tel état que je ne pouvais pas penser de façon ordonnée. Je me suis presque vidé. J'ai pensé que j'allais m'autodétruire. Tout cela m'engourdissait, mon cerveau devint presque brouillon. Je me suis retrouvé à jouer à «fuyez l'huissier» et «faites rebondir le chèque». Je ne savais plus où me tourner — jusqu'à ce que je découvre la formule des 3S.

J'ai commencé par essayer de m'asseoir immobile et de faire le vide dans mon esprit. Rien ne se produisit pendant quelques semaines. Puis, graduellement, les choses prirent forme. Je ne me suis pas rendu compte tout de suite que j'étais en train de déclencher un immense pouvoir. Les solutions à des problèmes me tombèrent soudain du ciel. Des idées lumineuses se présentèrent et s'avérèrent à la fois pratiques et profitables, avec une régularité insondable. Pour la première fois de ma vie, les choses allèrent bien d'un commun accord; ma seule contribution était de suivre à la lettre ce que mon subconscient me disait de faire. Je m'assoyais immobile, calme et solitaire pendant une heure ou deux chaque jour. Shakespeare a écrit: «Il n'y a rien, deviens donc un homme aussi effacé que le calme silence», et le docteur Paul Brunton disait: «J'ai découvert que la tranquillité du silence est de la force».

Par la méditation en S.S.S., vous commencerez à prendre plaisir à faire le vide dans votre esprit et tant que vous ne connaîtrez pas cette joie, vous êtes voué à l'échec. Plaute, l'auteur romain disait: «Si votre esprit est satisfait, vous avez ce qu'il faut pour jouir de la vie». L'esprit de plusieurs personnes est insatisfait, c'est une honte criante, mais la méditation en S.S.S. va remédier à cela. Une méditation régulière ramènera le scintillement dans vos yeux, du tonus dans votre colonne vertébrale et l'ardeur du printemps à votre démarche. Mais ce ne sont là que des avantages secondaires, des produits de la méditation. La méditation régulière est aussi la solution à l'ennemi public numéro un: le stress.

Dans l'Himālaya, on dit que le plus grand secret de la vie se trouve dans l'accomplissement de l'action sans agir. Pensez simplement au soleil. Il est l'étoile au centre de notre système planétaire. Tout notre système solaire tourne autour du soleil. Chaque être vivant de notre planète dépend de son pouvoir, car sans lui, toute vie n'existerait plus. Et pourtant, le soleil est serein, silencieux et solitaire. Il ne se précipite pas ici et là ou partout, néanmoins tout tourne autour de lui.

Pensez au directeur général d'une grande société commerciale. Court-il çà et là, des gens font-ils irruption et ressortent-ils de son bureau, le téléphone sonne-t-il continuellement, la radio beugle-t-elle en arrière-plan? Non, il est simplement assis en S.S.S. et cependant tout tourne autour de lui. Tout appel téléphonique est d'abord intercepté par plusieurs secrétaires. Les gens ne font pas irruption dans son bureau, car ses aides et ses fonctionnaires sont là pour y veiller. Ses adjoints courent à sa place. Ces analogies ne servent qu'à démontrer qu'il est inutile de se précipiter avec hâte à travers le bruit pour atteindre ses buts et ses ambitions, ou pour obtenir une place de choix. Le génie ne se dépêche jamais, à moins d'être un athlète ou un pilote de courses d'automobiles. Et le seul endroit où les mots bonheur, argent et célébrité viennent avant les mots silence, sérénité et solitude se trouve dans le dictionnaire.

Les bouddhistes ont une charmante histoire concernant le principe du pouvoir. Les dieux essayaient de trouver une cachette convenable pour que le genre humain ne puisse pas bénéficier de la toute-puissance du principe du pouvoir. L'un de ces dieux suggéra de cacher ce principe au sommet de la plus haute montagne, mais un autre dieu argumenta que tôt ou tard l'homme conquerrait même le plus haut sommet et découvrirait ainsi le principe du pouvoir. Un autre dieu suggéra de le cacher dans l'océan; lui aussi fut contredit par un dieu affirmant que l'homme allait conquérir les profondeurs et le découvrir. Puis un autre dieu mit de l'avant de l'enfouir profondément dans la terre, cette suggestion fut rejetée comme les autres; comme le souligna un dieu, l'homme creuserait la terre. Un dieu sage et vieux, ayant écouté la controverse, suggéra que le principe du pouvoir soit caché à l'intérieur de l'homme lui-même, car comme il le souligna: «L'homme ne pensera jamais à regarder là». La motion fut adoptée.

Einstein, manifestement, pensait que la solitude avait une grande importance. Ses travaux sont d'une valeur inestimable, dont les écrits sur la théorie de la relativité et sa fameuse équation: $E=mc^2$, qui ouvrit les portes à l'ère atomique et qui, bien sûr, conduisit à l'invention de la bombe atomique. La source de son pouvoir — qui était la solitude — est souvent méconnue. En 1939, Einstein écrivit une lettre à la reine mère de Belgique, faisant ressortir les avantages de la solitude. (Il est également significatif de mentionner que les articles et les conférences d'Einstein valurent des millions de dollars à l'effort de guerre).

Arthur Schopenhauer, le philosophe allemand du XIXe siècle, pensait aussi que la solitude avait une extrême importance et il écrivait: «La solitude possède deux avantages: premièrement de se retrouver avec soi-même, deuxièmement de ne pas se retrouver avec d'autres». Henrik Ibsen monte dans le même train lorsqu'il dit: «L'homme le plus fort du monde est celui qui est seul».

Toutes les réussites, toutes les richesses bien méritées ont leur origine dans une idée précise. Mais d'où viennent ces idées? Vous ne pouvez pas tout simplement vous asseoir et penser à une invention, à un livre à succès, à une planche à roulettes ou à tout autre idée que vous considérez lucrative. Les idées vous viennent lorsque vous ne pensez pas. Je le répète, en ne pensant pas. Voilà le secret de la méditation, faire le vide dans votre esprit. Léonard de Vinci fut l'un des grands génies aux talents variés que notre monde a connu. Il a peint des chefs-d'œuvre, dessiné des aéroplanes et construit des machines de guerre. Il n'était qu'un homme de talent jusqu'à ce qu'il s'exerce à faire le vide dans son esprit. Il avait coutume de fixer pendant des heures un tas de cendres avec le regard vide. Puis soudain son subconscient lui prodiguait des idées étonnantes. Il s'éleva ainsi au niveau du génie. C'est en nous évadant de notre esprit une fois par jour que nous pouvons rejoindre véritablement nos sens.

Avez-vous l'impression d'être une allumette au sommet d'une vague, soulevée et rejetée par la marée? C'est ce qui arrive quand vous écoutez les autres et votre esprit conscient. Si vous suiviez à la lettre les directives de votre subconscient, vous ne feriez jamais d'erreurs. Vous prendriez vos propres décisions avec de plus en plus de fermeté, sans jamais vous tromper. Il n'y a que le subconscient pour donner tout ce pouvoir. Cela ne demande aucun effort, aucune réflexion. Vous n'avez besoin que des 3S. Le grand poète, Arthur Joyce Cary, avait peut-être cette idée à l'esprit quand il a écrit:

«Ne vous efforcez pas de bannir la douleur et le doute,
Le plaisir n'apporte que vacarme bruyant.
La paix que vous cherchez à l'extérieur,
Ne se trouve qu'en dedans de vous».

William Wordsworth fait allusion à «une heureuse sérénité de l'esprit». Dans un de ses poèmes il écrit: «Le monde est trop omniprésent». Prenez le temps de méditer, de faire le vide dans votre esprit. Soyez dans ce monde, mais non de ce monde.

La relaxation et la respiration sont des étapes importantes de la méditation. L'air sec d'un système de chauffage central n'est pas à conseiller. Les Tibétains s'assoient, jambes croisées, dans l'air frais et piquant, à odeur de jasmin de l'Himālaya, sous un ciel turquoise, parmi les cèdres indiens et les pins. Voilà la façon idéale pour méditer. Essayez le plus possible de vous rapprocher de ces conditions idéales, même si cela vous oblige à vous rendre à la campagne ou sur une montagne. La plupart des gens sont trop occupés à gagner leur vie sans se donner la chance de s'enrichir. Ils ont peur de prendre un peu de leur temps pour méditer en S.S.S., et l'Américain moyen se tue au travail pour combler ses besoins vitaux. Point n'est besoin d'être un alcoolique du travail quand vous méditez en S.S.S.

John Paul Getty passait presque six mois par année à sa résidence de Sutton Place dans la tranquille campagne anglaise. Howard Hughes a vécu les 15 dernières années de sa vie dans une solitude presque totale; parfois, certains jours, il ne permettait même pas à ses aides mormons de l'approcher. Il acheta des terrains, des hôtels et des casinos à Las Vegas et personne, à part quelques assistants, ne le vit jamais. Le docteur Elmer Gates possédait une pièce insonorisée qu'il avait fait construire pour méditer en S.S.S. et pour se pencher sur son subconscient créatif. Quelques-unes des plus grandes sociétés commerciales d'Amérique lui payèrent des honoraires substantiels pour ses idées. Il fit également breveter 200 inventions utiles.

Franklin D. Roosevelt eut à vivre de longues périodes solitaires lors de sa convalescence pour une crise de poliomyélite. Harry S. Truman demeura seul un certain temps sur une ferme du Missouri. John Bunyan passa plusieurs années en isolement dans une prison où il écrivit l'un des plus grands chefs-d'œuvre de la littérature mondiale: *Le Voyage du pèlerin*.

Voyez-vous, par le passé, votre subconscient vous a dit de faire certaines choses, plusieurs choses, mais vous n'avez pas entendu, ni écouté ou obéi. Vous pensiez tout savoir, et où cela vous a-t-il mené? Voyez-vous, le pouvoir du subconscient, aussi fort soit-il ne fait qu'inciter. Il n'oblige pas. Vous pouvez présentement ignorer votre subconscient comme vous l'avez fait par le passé. Malheureusement, vous ne réussirez pas à combler vos ambitions et vos désirs tant que vous n'aurez pas appris à écouter, à suivre et à vous laisser guider par votre subconscient. Je ne peux pas vous le dire plus catégoriquement.

Vous seul pouvez décider de votre avenir. Si vous aviez complété, ne serait-ce que le centième des études et recherches que j'ai effectuées sur l'esprit humain, vous comprendriez pourquoi il en est ainsi. L'esprit conscient est non créateur, il n'est pas actif. Le subconscient (vous souvenez-vous de l'iceberg?) — la plus grande portion sous la surface — est créateur. Il peut construire, planifier, calculer, assimiler et créer; il ne commet jamais d'erreurs. Jamais.

Je vous amène faire un retour en arrière de quelques millénaires. Nous y retrouvons Ésope jouant aux billes avec quelques garnements dans une rue de pavés ronds. Il y prend un plaisir certain et il s'amuse à faire l'imbécile. Quelques aînés s'approchent et le ridiculisent de jouer aux billes et à des jeux enfantins avec de simples garçons. Ésope, selon son habitude, leur explique que des hommes possédant leur sagesse ne laisseraient jamais un arc sous tension, ils en enlèvent toujours la corde, pour que, s'ils ont à s'en servir, l'arc soit fort, puissant et prêt à l'action. L'esprit humain, leur dit-il, fonctionne de la même manière. Il faut y faire le vide et le détendre, car un esprit sous tension continuelle est semblable à un arc dans les mêmes conditions. L'esprit a besoin de détente pour demeurer apte à la concentration de la pensée.

Il me semble déjà vous entendre dire: «Mais je pensais que vous aviez dit que nous ne devions pas penser; vous avez affirmé que le secret du succès était de ne pas penser». Laissez-moi vous expliquer plus avant: vous n'avez pas à penser à une chose pour qu'elle vous vienne à l'esprit. Le meilleur exemple est quand vous cherchez un mot ou un nom que vous semblez avoir oublié. Si vous cessez d'y penser, soudain ce mot ou ce nom vous tombe du ciel. Notre subconscient continue de penser sans que nous nous en rendions compte. Il œuvre à résoudre nos problèmes et à inventer des idées de réussite 24 heures par jour, et nous ne nous en apercevons pas. Mais quand notre subconscient remet à notre esprit conscient la solution à un problème ou l'idée clé d'une réussite, pour l'entendre il vous faut méditer en S.S.S. William James écrivait: «Par comparaison avec ce que nous devrions être, nous ne sommes qu'à demi éveillés, nous ne faisons usage que d'une parcelle de nos ressources mentales». Vous savez maintenant pourquoi.

Charlie Chaplin, l'un des plus grands acteurs du monde, était reconnu pour ses méditations en S.S.S. Il avait coutume de s'asseoir sur une plage déserte à l'ombre de quelques rochers pendant des heures. Il n'est pas le seul, car si vous avez fait quelques lectures ou des recherches, vous constaterez que tous les grands de ce monde, les millionnaires et les gens d'affaires importants agissent de cette façon, parfois sans même s'en rendre compte. Winston Churchill, l'un des plus grands orateurs de ce monde, avait l'habitude de consacrer plusieurs heures à la solitude. C'est lui qui écrivit: «Les arbres solitaires, s'ils parviennent à grandir, deviennent très forts».

La méditation en S.S.S. amène un état de calme bénéfique à tout le système nerveux. Voilà pourquoi vos problèmes semblent réglés quand vous revenez de vacances. Ayant oublié ceux-ci pendant que vous relaxiez et preniez du plaisir, votre subconscient les a résolus. Il vous apporte des réponses auxquelles vous n'auriez jamais pu penser de façon consciente.

Observez un être que personnellement vous considérez formidable, riche ou célèbre et voyez s'il se dépêche, s'il est en état de panique continuelle, le front ridé, les sourcils froncés de façon constante. Je peux vous affirmer que cette catégorie de personnes n'épousent pas ces attitudes. Pour la simple raison qu'un être qui atteint cette étape de la vie que nous appelons la réussite en est redevable aux directives que son subconscient lui a dictées. Celui-ci vous enseigne le chemin le plus court, le plus simple et le meilleur pour atteindre la réussite. Que tous vos projets et votre comportement aient ce même fondement.

Comme la méditation en S.S.S. est une expérience extrêmement plaisante, vous ne devez pas vous leurrer en pensant que vous pouvez maintenant régler vos problèmes de façon consciente. Cela est faux et doit être évité. Il faut convenir que c'est là une erreur facile à commettre, car dans tout ce silence, cette sérénité et cette solitude de la méditation, cela semble être l'occasion idéale pour résoudre les problèmes de la vie. Ne tombez pas dans ce piège. La pensée consciente ne vous apportera jamais les vraies réponses aux problèmes et elle ne générera pas les bonnes idées de réussite. Aucun doute n'est possible. Il vous faut faire le vide dans votre esprit, ne penser à rien. Ce que nous visons est en fin de compte infiniment plus puissant que la pensée consciente. En essayant de régler vos problèmes de façon consciente, même à l'aide des 3S, vous faites échec à tout le processus de cet exercice quotidien.

Tellement de gens veulent «la paix de l'esprit»; malheureusement, leurs vies ne sont pas préparées pour l'atteindre. La plupart des autos sont comme un juke-box sur roues. Où que vous alliez, vous trouverez un arrière-plan de bruits. Vous avez entendu l'expression suivante: «Je ne peux pas m'entendre penser». Eh bien, c'est précisément ce qui se produit — avec tout ce bruit qui nous environne, vous êtes incapable d'entendre votre subconscient vous dire ce qu'il faut faire pour être heureux, pour résoudre vos problèmes et pour commencer à vivre vraiment. Avec cette radio qui beugle et ce continuel arrière-plan de bruits, vous tuez l'oie qui pond l'œuf en or, votre subconscient.

Revenons encore à ce que l'on dit dans l'Himālaya: «Le grand secret de la vie est l'accomplissement de l'action par la non-action». Eh bien, il en va comme suit: Plusieurs millions de gens, dont vous, ont travaillé, peiné, lutté; ils ont en fait effectué des millions d'actions, mais où cela les a-t-il conduits, et par la même occasion, vous-même? Nulle part! Vous n'avez pas réalisé vos buts et vos aspirations. Toutes vos actions ne convenaient pas. Par l'exercice de la méditation, nous vous assurons que par la non-action, nous faisons les actions qui comptent.

Il est important de clarifier deux points. Le premier est qu'en S.S.S. nous devons tenter de réduire le flot continuel de pensées qui nous passent par l'esprit. Il existe plusieurs façons de nommer ce genre de pensées: bavardage dans l'antre du cerveau, une boucle dans le ruban de l'esprit, papotage incessant au niveau du crâne, inquiétudes, ou machine à bruits dans la boîte cervicale — tout cela fait référence aux milliers de pensées non voulues qui traversent votre esprit d'heure en heure, jour après jour. «Dialogue intérieur» serait l'expression qui résumerait succinctement toutes ces activités. Assurez-vous de bien l'inscrire de façon indélébile dans votre crâne, car elle surgira fréquemment au fil de ce livre.

Le second point que je veux clarifier concerne les «idées de réussite» qui ne viennent qu'à l'esprit silencieux et réceptif. Ces «idées» sont parfois connues sous les appellations suivantes: intuitions, inspirations, ou bien incitations du subconscient, solutions tombant du ciel, besoins pressants ou sensations instinctives. «Eurêka!» est le terme qui englobe toutes ces démonstrations. Il n'y a pas de limites à l'expérience eurêka! Elle peut produire une idée de réussite entièrement achevée ou une simple incitation. Eurêka! veut dire: «J'ai trouvé!» Si vous croyez qu'un eurêka! n'arrive qu'à un génie, ce livre va vous montrer comment atteindre le génie.

«J'ai trouvé!», voilà bien l'exclamation attribuée à Archimède quand il a découvert une méthode pour déterminer la pureté de l'or. Archimède eut aussi une expérience eurêka!, dans sa baignoire, lorsqu'il remarqua l'élévation du niveau de l'eau, il découvrit ainsi la façon de mesurer la masse des objets façonnés de façon irrégulière.

Eurêka! est la devise de l'État de la Californie, qui probablement incite à croire que toutes les idées nouvelles, à la grandeur de la planète, trouvent leur origine dans cet État. Plusieurs tendances, des engouements, des manies et des idées sont sûrement venus de la Californie, mais d'une façon certaine, tout ne vient pas de là.

Que le mot eurêka! soit plus qu'une simple note dans votre esprit, car il se présente sur la même fréquence que le «dialogue intérieur». De même, pour une bonne raison, interrompez le dialogue intérieur en S.S.S., et vous entendrez les eurêkas!

Si, au début de la lecture de ce livre, vous vous êtes dit: «Je ne peux pas me permettre de consacrer du temps pour la méditation», vous vous rendez sûrement compte dès à présent que vous ne pouvez pas vous permettre de vous en passer!

Gros plan!

1. Préparez une pièce libre pour votre méditation personnelle en S.S.S.

2. Achetez des boules de cire Quies et une paire de protège-oreilles. Utilisez également des vitres doubles ou des fenêtres construites pour résister aux tempêtes, pour réduire le niveau de bruit. Le bruit tue le génie.

3. Planifiez au moins 30 minutes par jour — sans exception — pour votre méditation.

4. Pour pouvoir entendre ce que votre subconscient vous dit, vous devez faire cesser aussi bien le bruit à l'intérieur qu'à l'extérieur de vous. Lorsque vous devenez silencieux, «vous faites naître la lumière».

5. Vous vous devez de suivre les directives de votre subconscient. Aussi puissant soit-il, il ne fait qu'inciter, il n'oblige pas.

6. Le dialogue intérieur est cet incessant bavardage qui se produit involontairement dans votre esprit. Les eurêkas! sont des idées de réussite qui proviennent du subconscient. Interrompez le dialogue intérieur et vous pourrez entendre les eurêkas!

l'esprit qui, peu de temps auparavant, étaient endormies et nous constatons alors qu'il existe plusieurs niveaux, états ou zones de conscience. Nous découvrons qu'une partie prodigieuse de notre esprit n'a jamais servi. Il est généralement reconnu que nous pouvons atteindre et provoquer 45 états de conscience par l'usage de drogues et de stimulants artificiels, mais que 165 de ces états peuvent être rejoints par les mystiques orientaux, uniquement par la méditation et une préparation adéquate. (Il n'y a pas d'entente définitive à propos du nombre et des termes utilisés pour désigner ces états de conscience).

Je ne voudrais pas prendre à partie William Hazlitt simplement parce qu'il a écrit ce qui suit: «La définition du génie est d'agir inconsciemment; et ceux qui ont créé des œuvres immortelles, l'ont fait sans savoir ni comment ni pourquoi.» Ce que je vais en dire est ceci: Bien que le génie agisse inconsciemment (ou plutôt de façon subconsciente) nous savons en définitive pourquoi et, sans l'ombre d'un doute, nous savons comment.

Fondamentalement, pour réaliser nos intentions et nos buts — faire de l'argent et atteindre le succès — nous devons traiter avec trois niveaux de l'esprit. Le subconscient, qui est l'esprit le plus important, analyse, crée, programme, imagine, planifie et ne commet jamais d'erreurs. Il est l'esprit dont nous nous servons rarement. À cause du bruit intérieur et extérieur, nous ne l'entendons jamais. Puis, vient l'esprit inconscient, qui a emmagasiné toutes les connaissances que nous avons colligées depuis la naissance. Toutes les inhibitions ou les peurs qui ont pris naissance dans cet esprit affectent nos vies quotidiennes de façon inconsciente, sans que nous nous en rendions compte, car cela est enfoui trop profondément. Vient ensuite l'esprit conscient, celui dont vous vous servez présentement pour comprendre et assimiler ce que vous lisez. Vous l'utilisez également pour écrire, parler, apprendre et observer chaque jour. Cet esprit n'est qu'action. C'est strictement l'esprit qui nous dit «de manger quand nous avons faim — de dormir quand nous sommes épuisés».

Considérons maintenant chacun de ces trois esprits individuellement pour savoir exactement comment nous pouvons utiliser chacun d'eux de façon à exploiter l'immense réservoir potentiel dont si peu de nous se servent, mais dont parlent plusieurs.

L'esprit subconscient

Lorsque les programmeurs d'ordinateurs disent «ODOD», ils veulent simplement dire que si vous programmez l'ordinateur avec des ordures, tout ce qui en sortira sera de l'ordure, de là «ODOD» — ordure dedans, ordure dehors. De plusieurs façons, le subconscient peut être comparé à un ordinateur d'au moins 1 000 000 $. Le subconscient connaît et discerne vos désirs proéminents, il rassemble des faits, les assimile et les organise pour en fabriquer un plan infaillible qui vous permettra de combler quelque désir dominant que vous ayez. Son travail d'ordinateur achevé, il transmet l'idée à l'esprit conscient sous la forme d'un eurêka!

Si vous nourrissez votre subconscient d'idées négatives telles que la peur, la pauvreté, la maladie, l'indigence, celui-ci, fidèlement, tracera des plans pour atteindre ces buts. D'un autre côté, si vous le gavez de visions de réussite, de santé, de célébrité et de fortune, le subconscient échafaudera les devis nécessaires pour y parvenir. Il vous donne exactement ce que vous lui demandez. C'est précisément ce que Emerson avait à l'esprit lorsqu'il a écrit: «Soyez prudents quand vous engagez votre cœur, car cela fait partie intégrante de vous».

C'est par l'exercice de la visualisation que nous programmons notre esprit à être capable d'atteindre tous nos désirs dans ce monde. Cet exercice consiste à visualiser vos désirs dans votre esprit chaque soir au coucher et chaque matin au lever. Si vous désirez une Cadillac rose, visualisez-la clairement dans votre esprit. Sentez sur votre visage la fraîcheur émanant du conditionneur d'air, ressentez-en la puissance du moteur lorsque vous accélérez. Voyez les vitres teintées et les roues de magnésium en forme de rayons de miel. Allumez la chaîne stéréo, entrez et sortez de l'auto, faites corps avec elle, croyez au fait qu'elle vous appartient. Le langage du subconscient est la répétition d'images mentales.

Napoléon Bonaparte était un praticien avide. Il se voyait comme le maître de la France et général en chef des armées. Il avait l'habitude d'aller en manœuvre et de pratiquer la stratégie. Il s'exerça à l'art militaire dans son esprit, avant même d'avoir aperçu un champ de bataille.

Le subconscient fournit toujours des plans pour l'obtention de vos désirs prédominants, il n'y manque jamais. Si vous désirez 1 000 000 $, voyez clairement cet argent dans votre esprit. Imaginez le relevé de votre compte en banque avec votre nom au centre, faites marcher vos doigts à travers cet argent et dites-vous qu'il est à vous. Faites cela chaque soir, tous les matins. Ne vous demandez pas comment vous allez accomplir un tel exploit, ce n'est pas votre affaire. C'est là le travail du subconscient, il n'a pas besoin de votre aide, ni d'aucune pensée de votre part sur la façon de combler vos désirs. Cependant, le subconscient exige la répétition d'images mentales et des séances de 3S.

Le psychologue de renom, William Moulton Marston, avait l'habitude de demander aux gens de se raconter en détail à la lumière de leur esprit. Si quelqu'un se présentait pour lui demander conseil à propos de sa carrière, il le faisait se visualiser dans la «situation» qu'il postulait. «Faites une répétition de ce futur que vous désirez», leur disait-il. Il est impératif que vous voyiez clairement vos désirs à la lueur de votre esprit, que ce soit des buts matériels ou intangibles. Si vous lisez vos désirs sur une liste à la façon d'un perroquet, vous n'obtiendrez aucun résultat; il est essentiel que vous les visualisiez chaque soir et chaque matin. Cela ne sert à rien de ne vous exercer que lorsque vous en avez envie. Il est primordial que vous croyiez que vos buts se sont déjà matérialisés et il est tout aussi important de ne pas penser à la manière d'atteindre de telles ambitions. Tout comme le grand physicien Paracelse disait: «Ceux qui font de la place pour les impressions, les reçoivent.»

Si vous désirez devenir un acteur, une vedette de cinéma ou un politicien, regardez à travers l'œil de votre esprit et voyez-vous déjà jouant ce rôle. Visualisez ce que vous avez envie de posséder ou tout ce que vous désirez être. Électrifiez l'atmosphère avec de telles pensées, des émotions, des images et la croyance que vous êtes, vous faites et vous possédez.

Lorsqu'on demanda au grand pianiste, Arthur Schnabel, comment il pouvait être un pianiste aussi brillant tout en pratiquant peu, il répliqua: «Je pratique dans ma tête». Dans la même veine, un médaillé d'or aux Jeux olympiques était allongé sur un hamac lorsque son entraîneur survint. L'athlète, un champion du saut en hauteur, demanda à l'entraîneur de hausser la barre à l'échelon suivant. Ce dernier devint perplexe, car il savait que l'athlète n'avait pas sauté au dernier exercice. Lorsqu'on questionna l'athlète, il répondit également qu'il pratiquait dans sa tête.

Par la pratique de la visualisation, l'esprit ne peut pas manquer d'en ressortir avec des idées lumineuses que vous pourrez parachever, atteindre et construire. Comment l'esprit procède-t-il pour accomplir cela? Ralph Waldo Emerson en connaissait la réponse: «Chaque esprit a sa propre méthode». Le subconscient se charge de votre désir dominant, il glanera des faits pour son ordinateur intérieur sans même que vous ne soyez au courant de son activité. Je veux vous fournir une illustration simple de la façon que le subconscient travaille; voyez-vous, plus vous comprendrez le mécanisme de son fonctionnement, plus il vous sera facile de comprendre précisément ce que vous essayez d'atteindre.

Le premier exemple concerne une jeune femme qui désirait un piano. Elle le voulait désespérément, et même si elle ne pouvait se le payer, elle croyait qu'avant longtemps, elle en possèderait un. C'était son désir prédominant. Elle chérissait la croyance en cette pensée. Chaque jour, lorsqu'elle époussetait, le piano imaginaire n'était pas oublié. Elle savait dans son cœur que bientôt elle en possèderait un, bien à elle. Un jour, alors qu'elle méditait, une sensation particulière l'envahit. Elle ne savait pas pourquoi, mais elle savait que c'était son subconscient qui l'incitait à se rendre sur la place du village. Lorsque la femme s'y trouva, à son étonnement, une foire y battait son plein: lumières clignotantes, musique d'orgue, barbe à papa, pommes au caramel et arcades de jeux. Son œil fut ensuite sollicité par quelque chose d'absolument fascinant — un stand sur lequel on fracassait des pianos pour quelques sous avec un immense marteau. La jeune femme se dépêcha vers le stand et là, avec un sourire dans la voix, elle dit au garçon en charge: «Quelle honte de briser de si merveilleux pianos alors que j'ai très envie d'en avoir un, sans pouvoir me le permettre». Le jeune garçon répliqua du même ton aimable: «Madame, si vous désirez un piano, vous n'avez qu'un mot à dire; je vous le ferai livrer avec les compliments de la maison». Voilà comment cette jeune femme prit possession de son piano.

Considérons maintenant le côté psychologique de cette histoire pour voir comment le subconscient a forgé ce petit stratagème. Sans que la jeune femme ne s'en rende compte, le subconscient a probablement vu l'annonce de la foire dans le journal. C'était peut-être une affiche sur un mur quelque part ou bien le subconscient s'est souvenu qu'à cette période de l'année se tenait une foire sur la place du village et que, sur un des stands, on fracassait des pianos.

Il y a un point que je veux vraiment clarifier: La visualisation et la méditation sont basées sur des lois psychologiques, pas sur la magie! Lorsqu'il vous aide à méditer et à pratiquer la visualisation, le subconscient, par une loi psychologique, est forcé de vous fournir un plan pour combler vos désirs.

La prochaine illustration est tout aussi simple, elle parle d'un jeune enthousiaste de la mécanique qui, comme passe-temps, remonte des motocyclettes très anciennes. Il ne fait pas que les remonter, il s'assure de leur authenticité, de leur côté «concours d'élégance»[*]. Cependant, il arriva qu'une de ses motocyclettes particulières qu'il nommait, si je me souviens bien, l'Indienne, n'avait plus son carburateur. Il ne lui manquait que cette pièce pour achever son œuvre. Il n'a jamais perdu espoir; il croyait que d'une façon ou d'une autre, il mettrait la main sur cette pièce. Il voyait

---

[*]   En français dans le texte.

la motocyclette dans son esprit, dotée d'un carburateur, fonctionnant aussi doucement qu'une machine à coudre. Il croyait de tout cœur qu'un jour ou l'autre il posséderait le fameux carburateur. Un beau jour, alors qu'il ne pensait à rien de particulier, il sentit qu'il se devait de se rendre chez le récupérateur de ferrailles local. Une fois là, et à sa grande déception, il trouva le chantier fermé pour la journée. Alors qu'il regardait par curiosité à travers une fente de la barrière, la voix d'un vieil homme le fit sursauter: «Est-ce que je peux t'aider, mon gars?», dit le vieux. Le garçon tressaillit puis raconta au vieil homme l'histoire du carburateur manquant. Pour une raison ou pour une autre, le vieux était particulièrement amusé. «Viens avec moi, mon gars», lui dit-il en lui faisant signe de la main. Le jeune le suivit dans un vieux hangar à l'abandon où le vieux fouilla ici et là et trouva exactement le carburateur que le garçon cherchait... Quand je dis exactement, ça veut tout dire, car c'était précisément le carburateur d'origine de l'Indienne, la moto du jeune homme. On sut plus tard que quelques années auparavant le vieux avait vendu la motocyclette sans le carburateur car il l'avait égaré. Le nouveau propriétaire perdit de l'intérêt pour la chose et la revendit au jeune homme de notre histoire.

Venons-en à l'explication scientifique ou si vous préférez psychologique. Le subconscient s'est peut-être souvenu du vieux, qui habitait voisin du récupérateur de ferrailles et qui annonçait alors «l'Indienne» pour la vendre. Nous ne pouvons pas en être sûrs, mais c'est là la façon de faire du subconscient, si vous lui laissez ne serait-ce qu'une chance. Cela ne servirait à peu près à rien d'ajouter des faits ou d'autres exemples. Voici ce que je veux bien vous faire comprendre: le subconscient est un créateur. Pour créer, il vous faut de multiples informations. Le subconscient ramasse automatiquement les faits et les renseignements à votre insu, sans nul besoin pour vous d'y penser. Il vous concevra des projets que vous n'auriez jamais pu imaginer de façon consciente en un million d'années.

Ne vous méprenez pas sur ce qui a été dit. Si vous visualisez votre désir, la façon d'atteindre celui-ci ou son équivalent vous sera montrée automatiquement. Le jeune homme aurait pu ne pas obtenir le carburateur d'origine pour sa motocyclette, mais il aurait obtenu au moins l'équivalent, ce qui aurait été suffisant et fort acceptable. Nous avons utilisé cet exemple pour vous démontrer que le subconscient se sert de ce qu'il a à sa portée.

Si vous mangez, parlez et visualisez à la manière d'un pauvre, votre subconscient échafaudera et créera des plans à ce niveau. Le langage du subconscient est la répétition d'images mentales. Quoi que vous voyiez pour vous-même à la lumière de votre esprit, votre subconscient construira un plan pour l'atteindre. En nourrissant notre subconscient d'images mentales de choses que nous désirons; nous lui fournissons la matière dont il a besoin à la base de sa créativité.

Les exemples précédents sont des comptes rendus réels du fonctionnement du subconscient. Il n'y a rien là d'extraordinaire, rien à donner le frisson dans ce mécanisme d'action. En fait, si quelqu'un visualise son désir prédominant par des séances de 3S, il lui sera indiqué comment l'atteindre par l'utilisation de son subconscient. Les pouvoirs du subconscient sont sans limites. Bien que ce qui précède ne soit qu'une introduction au subconscient, vous commencez déjà à en discerner tout le potentiel et comment le subconscient travaille pendant que vous ne pensez pas.

Un autre aspect du subconscient est sa façon de résoudre les problèmes. Il est fort souhaitable d'accepter le fait que chacun a des problèmes. Un sage célèbre dit un jour: «Vous pouvez obtenir ce que vous voulez dans cette vie, je dis bien tout ce que vous voulez, mais pour y arriver, votre vie ne sera pas exempte de problèmes». Le secret du succès est d'accepter que nous ayons tous des problèmes tout en tenant compte du fait que les gens, qui restent heureux et imperturbables devant ceux-ci, savent les classer adéquatement.

Comment se fait-il que certaines personnes ont le don ou l'habileté de régler leurs problèmes avec une facilité relative et avec moins de difficultés que d'autres? La réponse se trouve dans le subconscient, elle est aussi dans le fait de ne pas penser. Le subconscient résoudra tous vos problèmes à votre place, vous apportera des solutions si précises et révélatrices que vous vous demanderez comment vous avez pu vivre sans son concours. La réponse est simple — vous ne viviez pas, vous ne faisiez qu'exister. Avec l'aide du subconscient, vous pouvez maintenant vivre comme jamais vous n'avez vécu. Les solutions, les idées vous tomberont du ciel. Vos problèmes vont disparaître comme par magie. La seule nécessité est de vous servir de votre subconscient dans vos efforts pour résoudre un problème. La façon de l'utiliser est simple.

Écrivez n'importe quel problème sur une feuille de papier. Définissez si c'est un problème personnel, mental, émotionnel ou financier. Résumez-le le plus précisément possible. Inscrivez ensuite toutes les solutions envisageables, peu importe qu'elles vous semblent complètement folles ou impossibles à mettre de l'avant. Notez le plus de solutions possible pour chaque problème spécifique. Examinez ensuite les probabilités de chaque solution et ce faisant deux possibilités se présenteront. La première est que vous trouverez une solution à votre problème. Si tel est le cas, c'est excellent. Vous n'aurez pas à demander l'aide de votre subconscient. Si toutefois la solution ne se présente pas, vous n'avez qu'à vous en remettre à votre subconscient. Vous faites cela en vous disant en vous-même: «Esprit subconscient, je te remets mon problème pour que tu le résolves». Accordez-lui un temps spécifique pour le résoudre. Faites que la limitation de temps soit la plus longue possible, une semaine ou un mois selon l'importance du problème. Le subconscient le résoudra en quelques heures si nécessaire, mais d'une façon générale il sera préférable de lui accorder plus de temps.

Le secret du succès de ce mécanisme réside dans le fait de ne pas penser — une fois que vous vous en êtes remis à votre subconscient, n'y pensez plus. Oubliez tout! Le subconscient possède tout ce qu'il faut pour résoudre les problèmes de lui-même, il n'a pas besoin que vous vous en mêliez. Dans le laps de temps qui lui est alloué, le subconscient apportera une solution à votre problème. Vous saurez alors, en le ressentant fortement, que c'est bien là la bonne solution. Servez-vous-en sur-le-champ. Quand nous nous servons des solutions qu'il présente, le subconscient aime bien résoudre les problèmes. Si vous n'utilisez pas ces solutions, il s'écoulera un certain temps avant que le subconscient ne fonctionne de nouveau adéquatement.

Pour récapituler, voici ce que vous devez faire:

1. Écrivez votre problème et définissez-le.

2. Notez toutes les solutions possibles, même les plus folles ou les plus irréalisables.

3. En scrutant votre liste, éliminez les solutions qui, selon vous, ne régleront pas votre problème.

4. Confiez votre problème à votre subconscient pour un temps spécifique (le plus long possible).

5. Ne pensez plus à votre problème après vous en être remis à votre subconscient.

6. Quand la solution se présente, servez-vous-en!

Vous vous êtes souvent servi du subconscient sans vous en rendre compte. L'exemple classique en est le mot ou le nom que vous aviez sur le bout de la langue sans pouvoir vous en souvenir. Puis, quelque temps plus tard, alors que vous n'y pensiez plus, la réponse vous tombait du ciel.

Nous venons de parler de deux aspects très importants du subconscient. Au cours des chapitres suivants, nous entrerons plus profondément dans la visualisation du subconscient. Il est important que vous ne perdiez jamais de vue le fait que le subconscient est le maître d'œuvre et qu'il occupe les 8/9 de notre esprit.

L'esprit inconscient

Les causes de nos inhibitions se trouvent au plus profond de notre esprit inconscient, tels les complexes ou les peurs que tous et chacun éprouvent. Le secret du succès est d'amener ces inhibitions, ou plutôt leurs causes, à la surface dans l'esprit conscient. Cela représente de nos jours une industrie d'un milliard de dollars à la grandeur de la planète. Nous l'appelons la psychanalyse et elle fait souvent appel à l'hypnose ou aux médicaments. Mais ce que les psychologues ont mis en pratique depuis quelques décennies a déjà cours depuis des milliers d'années. Pendant l'âge d'or de la Grèce, à l'époque des grands philosophes, les mots «Gnothi Seauton» étaient inscrits en grosses lettres à l'entrée du temple athénien. La traduction en est «Connais-toi toi-même»; les sages de ce temps considéraient comme absolument essentiel ce mot de passe du savoir. Au Tibet et aux Indes, les mystiques n'auraient pas envisagé d'avaler du poison ou de faire entrer des broches à travers leurs joues s'ils n'avaient pas eu la connaissance de soi.

Les psychologues ont découvert, selon l'évidence la plus plausible, que les inhibitions se développent lors de la «petite» enfance, au moment de l'apprentissage «des cabinets de toilette». Si on punit un enfant au lieu de l'encourager gentiment à se servir correctement des cabinets, les problèmes commencent. Si, au cours de sa croissance, un enfant n'est pas appuyé dans l'accomplissement de petites choses, il n'entretiendra jamais d'autres idées sur une plus grande échelle. Si, dans l'atelier familial, un père encourage son jeune fils à ciseler, à enfoncer des clous et à scier, ce dernier deviendra un adulte qui aura confiance en lui-même, alors que l'adolescent réprimandé à qui on fait sentir son inutilité et son incapacité deviendra un fardeau pour la société. Il finira sans l'ombre d'un doute avec ce que nous appelons aujourd'hui une image personnelle inadéquate (il y a plusieurs années nous appelions cela un complexe d'infériorité).

Au Tibet, là ou la connaissance de soi est nécessaire pour atteindre le spirituel, un yogi commencera sa méditation au point précis où il en est et il retracera dans son esprit chaque action effectuée ce jour-là. Puis, il reconstituera toutes les actions posées le jour précédent, et ainsi de suite; il récapitulera sa vie entière. On a déjà dit, qu'après plusieurs années de pratique, les yogis peuvent se rappeler instantanément le moment de leur naissance.

Nous faisons essentiellement la même chose quand nous posons des questions ou rassemblons des informations à propos de notre enfance. Les amis, les proches et les vieilles photographies tracent un portrait de notre éducation par lequel nous pouvons savoir si nous avons été réprimés au cours de notre enfance. Il est évident que nous n'avons besoin d'agir ainsi que si nous faisons face à des complexes ou à des inhibitions. Car par des analyses inutiles, vous créerez des problèmes là ou il n'y en a pas.

C'est Carl Jung qui inventa le mot suivant: «Toute auto-analyse sans la notion de l'aveu est futile». Vous devez noter toutes vos peurs et vos inhibitions; ces notes ne seront vues que par vous et vous pourrez les détruire après les avoir analysées. Le but de l'exercice est de faire une liste de toutes vos peurs et inhibitions puis d'analyser vos expériences d'enfance pour savoir le pourquoi de ces mêmes peurs et inhibitions. Ce n'est qu'alors que vous vous «connaîtrez vous-même». Dans les mots de Harry Emerson Fosdick, cela se dirait comme suit: «Faire sortir notre peur au grand jour et lui faire franchement face est de toute première importance». Vous ne serez une réussite que lorsque vous aurez extirpé la peur de votre système. Personne n'a su mieux cela que Thomas Carlyle et il le dit très succinctement: «Le premier devoir d'un homme est de subjuguer la peur; il doit s'en débarrasser; sans cela, il ne peut pas vraiment agir, ses actions sont serviles, non autonomes».

La seconde partie de l'exercice consiste à forcer le fantôme de la peur à se retirer. Pour ce, il faut amener la peur ou l'inhibition au premier plan de l'esprit conscient et la tourner en ridicule en faisant graduellement cette chose que nous craignons. C'est en se moquant de nos complexes, de nos inhibitions et de nos peurs que nous les surmontons.

Quand l'avion d'un pilote d'essai s'écrase, la première chose que ce dernier s'efforce de faire le plus tôt possible, c'est de remonter dans un avion — s'il ne le faisait pas, il ne mettrait pas longtemps avant de se dégonfler. C'est la même chose pour le conducteur de voitures de course; s'il est victime d'un accident, il doit immédiatement remonter dans une auto et conduire le plus rapidement possible, si son état le lui permet. Si vous avez peur de parler aux gens ou de vous débrouiller par vous-même, voilà ce que vous devez faire. Ne le faites pas en une seule étape, mais graduellement, pas à pas. Le subconscient est de loin l'outil le plus puissant dont vous disposez pour l'instant. Si vous l'écoutez, vous serez averti de tous les dangers imminents. Celui qui consacre du temps en S.S.S. n'a pas à craindre quoi que ce soit, car il lui sera indiqué un chemin dégagé et sans danger.

L'esprit conscient

Examinons l'esprit conscient et voyons comment il peut nous être le plus bénéfique à travers l'exercice de la non-pensée. Vous utilisez l'esprit conscient à la minute présente pour comprendre ce que vous lisez. Vous vous en servez également pour apprendre, écrire et regarder le télévision. Comment pouvons-nous progresser plus rapidement? Comment pouvons-nous nous servir complètement de notre esprit conscient en utilisant le procédé de la non-pensée? La réponse est simple. L'enthousiasme! Laissez-moi vous donner un exemple vivant de ce que je veux dire.

Imaginons que vous êtes follement enthousiaste de courses automobiles. Sans même y penser, vous rassemblez un tas de connaissances utiles: les différents types d'autos, les statistiques de puissance au frein, les différentes sortes d'injection de carburant employées, les taux de compression, les noms des conducteurs, ceux des mécaniciens, les gagnants des cinq dernières années, les chronos du tour de piste, les vitesses et ainsi de suite. Vous amassez ce bagage au fur et à mesure dans un enthousiasme pur et simple.

Considérons maintenant un autre domaine dont vous n'êtes pas follement envoûté. En fait, vous le détestez. Pour les besoins de l'argumentation, disons simplement que c'est l'histoire. Vous devez vous efforcer outre mesure pour retenir les dates, les noms, les faits et les événements. Quelquefois, quels que soient vos efforts, vous n'arrivez pas du tout à vous souvenir de quoi que ce soit. Vous n'êtes pas enthousiaste. Les informations que vous glanez en courses automobiles sont probablement plus techniques et plus compliquées que plusieurs faits historiques, mais sans enthousiasme, il vous semble impossible d'apprendre, d'emmagasiner, de vous rappeler et de vous souvenir de telles connaissances. Le grand essayiste, Ralph Waldo Emerson, observa ce fait qui l'incita à écrire: «Il ne s'est jamais rien fait de grand sans enthousiasme».

Vous ne vous êtes probablement pas senti enthousiaste depuis plusieurs années. Vous savez ce que je veux dire. Lorsque nous ressentons un réel enthousiasme, rien ne nous arrête, vous avez l'impression que vous pourriez danser toute la nuit, chanter sous la pluie; la fatigue se dissipe. La vie est un travail d'amour et c'est ainsi que ce devrait être. Si vous n'êtes pas heureux maintenant et si vous n'êtes pas frénétiquement enthousiaste à propos de votre travail, vos amis, la vie et tout le reste, à quoi sert tout ça? Vous êtes mort pour longtemps! Je sais que je peux bien parler alors que vous voudriez retrouver votre enthousiasme à nouveau, si seulement vous saviez par où commencer. C'est bien simple, en cultivant votre esprit en S.S.S., vous obtiendrez la santé, le bonheur, l'amour, la renommée et la fortune.

Présentement, vous faites plus de gestes qui vous nuisent que de gestes qui pourraient vous aider. Vous n'atteindrez jamais la paix de l'esprit si vous ne devenez pas calme, vous ne vous sentirez jamais enthousiaste si vous ne commencez pas à faire ces choses que vous sentez devoir faire. Vous ne contrôlez pas votre vie, vos vacances ne vous comblent pas, vous ne prenez pas plaisir à vos passe-temps favoris. Vous êtes continuellement beaucoup trop pressé. Je sais, vous avez cette facture à payer, ce problème à régler; vous avez à mettre fin à une relation et avec un peu de chance, vous en commencerez une autre; vous avez à faire face à cette émotion, à vous sortir de cette dépression. Je vous assure, je connais tous vos problèmes. Vous ne pensez pas que j'ai étudié et consacré toute ma vie à la psychologie, en vain. La seule raison pour laquelle j'ai escamoté quelques-uns des problèmes qui vous assaillent est la suivante: il nous faudrait un livre de la taille du bottin téléphonique pour tous les y inscrire.

On ne peut pas répondre au problème ou à la question de l'enthousiasme en quelques phrases. Cela comporte tant d'éléments qui se divisent en tellement de catégories, que les réponses à propos de l'enthousiasme ont été étalées ici et là dans tous les chapitres de ce livre. Les 3S ramèneront un enthousiasme perdu depuis longtemps pourvu que vous sachiez ce que vous désirez de cette vie et que vous accomplissiez réellement ces choses selon votre propre gouverne. Quand vous aurez terminé la lecture de ce livre, tout l'enthousiasme dont vous avez besoin sera vôtre. Pour l'instant, je veux que vous vous souveniez que l'enthousiasme est nécessaire à l'accomplissement de n'importe quel but.

L'ego est au centre de l'esprit conscient. Il fonctionne sans l'aide de la pensée et si nous nous rendons compte que tout esprit, pas seulement le nôtre, travaille de cette façon, nous pouvons en soutirer de grands avantages. Si vous prenez une douche, puis vous vous endimanchez et portez ensuite quelques bagues en or incrustées de diamants et des bijoux précieux, cela vous rafraîchira et fera de vous une personne différente. Votre ego en sera décuplé même si vous n'avez fait qu'emprunter tous ces beaux atours. Quand les gens vous rencontreront ainsi vêtu, ils vous traiteront de façon différente. Ils vous considéreront avec respect. Si au contraire vous vous habillez comme un clochard, n'êtes pas rasé, et que votre corps exsude certaines odeurs, les gens vous traiteront comme un clochard. Car, pour ce qu'ils en savent, que vous soyez millionnaire ou génie, leur ego, sans l'aide de la pensée, accepte l'idée que vous êtes un clochard ou un vagabond — et cela s'applique non seulement à leur ego, mais au vôtre également.

L'ego de l'esprit conscient accepte tout ce qui défile devant lui sans réfléchir et sans poser de questions. Nous pouvons utiliser ce savoir psychologique à notre avantage. Si vous voulez devenir un être formidable, agissez comme tel. Si vous voulez être un vendeur étoile, agissez comme si vous l'étiez déjà. Quoi que vous vouliez être, agissez comme tel et vous le deviendrez. Théodore Roosevelt dit un jour: «Au début, bien des choses m'effrayaient, mais en agissant comme si je n'avais pas peur, j'ai peu à peu cessé d'avoir peur. La plupart des gens peuvent connaître la même expérience s'ils en font le choix». Sans l'ombre d'un doute, vous devez choisir «d'agir comme tel», si vous voulez y parvenir. Vous pouvez «agir comme tel» dans n'importe quelle circonstance selon votre désir.

Il y a plus de 100 ans, Gœthe a écrit: «Quoi que vous puissiez faire, ou rêver de faire, commencez tout de suite. L'audace renferme de la magie, de la force et du génie». Agissez comme si vous étiez sûr — et rien ne vous empêchera d'y parvenir.

Le sixième sens

On demanda, il y a quelques années, à un petit écolier d'écrire une dissertation sur le sujet suivant: «La chose la plus drôle que j'ai vue». Il n'écrivit que 15 mots: «La chose la plus drôle que j'ai vue, l'était trop pour les mots!» Eh bien! laissez-moi vous dire, que c'est exactement ce que je ressens, je suis perdu de mots, car le sixième sens défie presque toute description!

Permettez que je vous dise, premièrement, ce qu'il n'est pas. Il ne doit pas être confondu avec le subconscient; et contrairement aux autres composantes de l'esprit, vous ne pouvez pas ordonner au sixième sens d'agir pour vous selon votre bon vouloir. Les trois esprits, dont nous avons déjà parlé, amassent et évaluent les connaissances obtenues par les cinq sens. Par le sens de l'ouïe, nous entendons aussi bien les mots parlés et la musique que tous les autres bruits de ce monde. Le sens de la vue nous rend capable d'apprécier la nature et les couleurs; on peut également lire dans les yeux. Le sens de l'odorat nous fait déceler la fumée, la cuisson d'aliments ou le parfum. Le toucher nous révèle ce qui est doux, rude, chaud ou froid. Le sens du goût nous permet de savourer le homard Thermidor et le champagne. Toutes les connaissances accumulées par ces cinq sens permettent aux trois composantes de l'esprit de fonctionner dans toutes les voies dont nous avons parlé.

Cependant, le sixième sens ne fonctionne pas par l'entremise des autres sens. Il n'exige aucune connaissance déjà rassemblée, il agit de façon indirecte sur la perception spirituelle et métaphysique. On pourrait avancer que le subconscient est un ordinateur d'un million de dollars alors que le sixième sens en est un d'un milliard et qu'il peut également vous sauver la vie.

Le sixième sens vient à votre secours quand vous vous y attendez le moins et il se met à agir sans aucune réflexion de votre part. Les manœuvres qu'il calcule pour nous sont si rapides et efficaces qu'il prend de court tout le système nerveux et celui de la pensée.

Toute situation d'urgence qui suscite des émotions et augmente les battements du cœur peut faire entrer le sixième sens en action. Celui-ci vous viendra en aide au volant de votre automobile, dans la conduite de vos affaires ou dans tout ce que vous faites alors qu'une urgence se présente.

La façon la plus simple d'expliquer le sixième sens est de mentionner l'exemple de cet homme qui conduisait son auto à vive allure, lorsqu'un autre véhicule le doubla, se plaça devant le sien et entra en collision avec une auto venant en sens inverse, laissant ainsi les autos et leurs débris en plein milieu de sa propre voie. Lorsqu'il se retrouva plus tard ce jour-là en compagnie de ses associés, il leur décrivit sa chance d'avoir pu échapper de justesse à cet accident: «Je n'ai pas eu le temps de penser, j'ai tourné mon volant, j'ai freiné fortement, puis j'ai accéléré et j'ai ainsi évité les autres autos. Je crois que c'est grâce à un sixième sens». Vous entendez ce genre d'histoires tous les jours sous une forme ou une autre. Le sixième sens agit sur les lieux mêmes d'événements, et instantanément.

La capacité de se servir de cette toute-puissance vient lentement; vous devez la développer. La raison pour laquelle certaines personnes meurent dans des accidents d'automobiles alors que d'autres se laissent guider mystérieusement par leur sixième sens à travers le danger, réside dans ce qui précède. Il appert que le sixième sens n'agit pas instantanément pour ceux qui ne participent pas et laissent aux autres à la fois tout le travail, le blâme ou la responsabilité. Il semblerait que le sixième sens vient à votre secours quand vous risquez tout; en fait, quand vous mettez votre propre vie en jeu.

Comment donc faut-il cultiver cette toute-puissance? Manifestement en S.S.S., mais ce n'est là qu'un commencement. Nous pouvons également vivre plus dangereusement. Je ne veux pas dire de conduire à une allure folle, à 200 km/h sur la rue principale au volant d'une Porsche, mais de vous engager plus à fond dans la vie et de risquer un peu plus. Les êtres équilibrés ont un trait psychologique reconnu: le danger, la peur, l'excitation, les risques et les frissons font partie de leur régime de vie. Alors que les gens instables mentalement ne font rien, vivent des existences monotones sous le couvoir. C'est là que reposent le triste, le malheureux et l'insensé.

C'est à l'individu de décider, vous n'avez besoin que d'un peu d'imagination. Voici quelques-unes des choses que j'ai faites personnellement pour m'aider à développer mon sixième sens, dans le but d'atteindre mes objectifs personnels et financiers. J'ai acheté une motocyclette. Il n'y a rien comme de sentir l'enivrement de l'air frais sur votre visage — cette motocyclette m'a révélé une toute nouvelle vie, le frisson de l'aventure. Bien sûr, j'ai toujours possédé des voitures de sport et j'aime bien conduire rapidement. J'ai fait de l'alpinisme, non pas jusqu'au sommet d'une montagne, mais assez haut pour que mon cœur batte plus vite. J'ai acheté aussi un petit bateau. Je ne m'en suis pas servi beaucoup, mais quand je l'ai utilisé, j'ai éprouvé énormément de plaisir.

Entendons-nous bien, je ne dis pas que j'ai dépensé une fortune pour tous ces machins, pour rehausser mon niveau de vie et pour me rendre apte à développer mon sixième sens, ce ne fut pas mon cas et ça ne devrait pas être le vôtre. Mais, à n'importe quel prix, vous vous devez de faire entrer dans votre vie un peu d'excitation, de danger et de peur. Cultivez votre sixième sens de cette façon et vous croirez au miracle quand il viendra à votre aide sans perdre une seconde. On ne peut jamais savoir le moment où le sixième sens nous sauvera la vie, nous sortira d'un pétrin financier ou viendra à notre aide dans des moments cruciaux; il l'a fait pour moi à plusieurs occasions.

Gros plan!

1. Faites dans votre esprit une répétition de ce futur que vous souhaitez.

2. Voyez clairement vos désirs dans votre esprit et croyez déjà en leur matérialisation avec émotion, conviction et sentiment.

3. Utilisez votre subconscient pour résoudre des problèmes — définissez ceux-ci, puis écrivez le plus de solutions possible. Confiez ensuite l'un de ces problèmes à votre subconscient — et oubliez-le. Laissez votre subconscient compléter son travail informatisé et vous transmettre ensuite un eurêka! quand le temps sera venu. Aussitôt que vous recevrez ces eurêkas, vous vous devrez d'agir.

4. En faisant graduellement les choses que vous craignez, vous surmonterez votre peur. Laissez le subconscient vous avertir d'un danger imminent.

5. Alors même que vous vous enlisez dans toutes sortes d'inquiétudes et de problèmes, vous devez conserver votre enthousiasme. Jouez à être enthousiaste et ce jeu deviendra réalité. Il ne se fait rien de grand sans enthousiasme.

6. «Agissez comme tel» en toutes circonstances et votre désir se réalisera.

7. Cultivez votre sixième sens en méditant en S.S.S. et en vivant un peu plus dangereusement. Achetez-vous une motocyclette, faites de l'alpinisme ou quoi que ce soit d'autre qui vous passionnera en vous donnant le frisson de l'aventure.

Chapitre 3

Le secret des buts

«La persévérance est une des qualités essentielles pour réussir dans la vie, quelle que soit votre ambition.»

John D. Rockefeller, jr

Tous les yeux sont fixés sur l'aire de jeu, la tension monte. Les Harlem Globetrotters ont totalement le contrôle du ballon. Dans une magnifique rafale de bras et de jambes, le ballon semble prendre vie. Voici un dribble plein de fantaisie, et là, une passe; le ballon se promène d'un bout à l'autre de l'aire de jeu, prêt pour un premier tir. Le ballon est encore entre les mains d'un Globetrotter, l'anticipation rend la foule déchaînée. Une bonne moitié se met à crier ensemble: «Lance, lance.» Mais le joueur consterné regarde vers le haut avec étonnement. Il n'y a pas de panier. Comment pourrait-il lancer? Aucun but sur lequel tirer. La pantomime devient un chahut monstre. La confusion, la frustration et le ressentiment se mélangent. L'arbitre donne un coup de sifflet et le match se termine. Vous ne pouvez pas jouer au basket-ball sans buts, nous savons tous cela. Il vous faut quelque chose vers quoi lancer, vers quoi vous diriger.

Quand nous n'avons pas de buts, il nous arrive de décider d'agir quand même, mais cela s'avère difficile ou bien nous y perdons intérêt; et nous passons à autre chose. Nous sommes comme des enfants dans un magasin de jouets, saisissant l'un, pour aussitôt le laisser tomber et en saisir un autre d'un geste vif. Rétrospectivement, nous pouvons savoir la raison pour laquelle nous n'avons pas obtenu le succès, accumulé l'argent ou accompli les choses que nous devions accomplir. Nous pouvons également voir pourquoi nous ne sommes pas ces individus que nous devrions être. Notre phrase clé était la suivante: «Abandonne, et continue ton chemin». Si seulement nous avions eu des buts auxquels tenir avec insistance quoi qu'il arrive, nous les aurions atteints.

Pour réussir dans n'importe quel domaine, nous devons posséder des buts. Examinons les différents moyens de les atteindre. Nous devons savoir dans quelle direction orienter nos efforts et quelle est la période de temps nécessaire à la réalisation de nos objectifs. Dans la vie, la plupart des gens ne visent pas suffisamment haut. Leur incapacité à voir grand les retient. Si je vous donnais un dollar demain et que je double la somme obtenue chaque jour subséquent, combien faudrait-il de temps pour que vous deveniez millionnaire? Cela se produirait de la façon suivante: Le premier jour vous recevriez un dollar, le second, deux, le troisième, quatre et ainsi de suite, doublant la somme obtenue chaque jour.

Pouvez-vous imaginer qu'il ne vous faudrait que 21 jours pour devenir millionnaire? Je sais que vous prendrez votre calculatrice de poche pour vérifier et revérifier ces chiffres, mais ils sont exacts. Je ne suis pas en train de faire un digression; tout cela est important. Si vous possédez 40 000 $ et l'investissez à seulement 7 % par année, vous deviendrez millionnaire en moins de 50 ans. Sortez à nouveau votre calculatrice et n'oubliez pas que ce sont des intérêts composés. Ces calculs ne tiennent pas compte du gouvernement et de ses taxes, mais mon intention est de vous montrer simplement comment on peut générer de l'argent. Le problème est que les gens n'atteignent pas leurs buts par manque de visualisation.

Le secret est de viser haut. Puis, séparez vos buts en parties que vous pouvez visualiser. Il vous est peut-être difficile présentement de vous voir millionnaire. Cependant, il devrait vous être facile de vous «visualiser» possédant une chaîne de petites entreprises générant 250 $ de profit net par semaine. Il ne vous faudrait que 16 de ces entreprises avec un rendement de 250 $/semaine pour devenir millionnaire en quatre ans. Trop de gens échouent par bêtise et à penser sous la contrainte. Ils croient qu'en adoptant une attitude mentale positive, ils peuvent tout déplacer ou escalader n'importe quelle montagne. Je ne condamne pas la pensée positive, mais c'est une foi aveugle. Oui, nous pouvons gravir la plus haute montagne, je suis d'accord, mais si vous êtes inexpérimenté ou non préparé, vous pouvez échouer. Il faut que vous preniez vos distances d'avec les façons de penser habituelles. Ne vous imposez pas de limites et rendez-vous compte de ce que vous êtes en fait capable de faire. Vous devez tempérer de façon réaliste les buts que vous voulez atteindre. Certains objectifs sont impossibles à réaliser.

Nous avons déjà parlé comment les mystiques, les mages et les fakirs orientaux en arrivent à faire des choses incroyables à force d'exercer et d'utiliser leur subconscient. L'Histoire raconte qu'un mystique tibétain avait la ferme conviction qu'en exerçant son subconscient suffisamment, son corps deviendrait à l'épreuve des balles. Quand il demanda à quelqu'un de tenter l'expérience, il fut tué sur le coup. Reconnaissez à nouveau que certaines choses sont impossibles.

Les gens ont tendance à ne pas s'accorder suffisamment de temps pour atteindre leurs objectifs. Dans la plupart des cas, la principale cause d'échec est simplement qu'ils ne visualisent pas correctement. Ils se fixent une limite de temps pour parvenir à un objectif précis, mais ils échouent en ne visualisant pas clairement dans leur esprit à la fois la limite de temps et l'objectif. Ils n'en retirent rien ou, dans le meilleur des cas, ils se retrouvent dans un épais brouillard. Vous pouvez vous fixer des limites de temps si vous avez déjà l'habitude de visualiser adéquatement. Si par la pratique de la visualisation, vous réussissez à obtenir ces petites choses que vous désirez, vous êtes prêt à vous fixer des limites de temps réalistes en fonction d'objectifs plus importants. Toutefois, si vous ne visualisez pas clairement des objectifs moindres et ne les atteignez pas, vous ne devriez pas vous attaquer à des buts plus imposants. Commencez au bas de l'échelle et visez de plus en plus haut.

À cause du grand nombre de recherches et d'études que j'ai pu effectuer dans ce domaine, j'ai eu la chance de pouvoir analyser mes propres succès et échecs. Il devint évident que mes périodes de visualisation les plus claires coïncidaient avec mes périodes de succès. Lors de mes échecs, je ne visualisais pas avec suffisamment de clarté. Je n'obtenais qu'une brume. La cause de mon échec devint apparente: ce n'était pas les buts ou les limites de temps que j'avais fixés qui avaient occasionné celui-ci, mais le fait de ne pas les avoir visualisés régulièrement de façon claire et concise.

Le subconscient est très puissant, mais il lui faut quand même un certain temps pour assimiler et évaluer ses projets. Il a besoin, pour commencer, d'une période de 21 jours de gestation et il est primordial que cette période ne soit pas interrompue. Il n'est pas bon de visualiser pendant 15 jours, puis de sauter une journée. Il vous faudra tout simplement recommencer à votre point de départ. Alors même que la période de 21 jours est complétée, il est extrêmement important de s'en tenir à une visualisation sur une base appropriée de deux fois par jour. La psychologie fournit un solide fondement à cette période de gestation de 21 jours. Demandez aux spécialistes de la modification du comportement, ils vous diront qu'il faut trois semaines d'efforts concertés pour briser ou créer une habitude.

Pour bien visualiser, vous devez fragmenter des objectifs plus vastes en plusieurs parties que vous pourrez mieux cerner. C'est ainsi que 1 000 000 $ prendra la forme de 1 000 enveloppes contenant chacune 1 000 $. Au moyen de votre imagination, voyez cet argent, croyez qu'il vous appartient, remplissez l'atmosphère de votre émotion. Cet argent sera à vous.

Déposez 10 $ dans un nouveau compte et lorsque votre relevé mensuel vous parviendra, vous dactylographierez avec soin à la machine cinq zéros supplémentaires pour représenter 1 000 000 $. Servez-vous de ce relevé deux fois par jour comme routine de visualisation. Utilisez toutes les astuces possibles pour stimuler la créativité de votre puissant subconscient.

Voici, dans le même sens, un extrait d'un essai de Montaigne: «Fortis imaginatio generat casum». La traduction en est la suivante: «Une imagination fertile engendre l'événement».

À bien y penser, nous ne sommes pas intéressés à gagner notre vie. Cette pensée nous préoccupe tous les lundis matins entre 9 h et 10 h. Ce qui nous intéresse, c'est de faire fortune, devenir quelqu'un, accomplir quelque chose d'extraordinaire ou de posséder de fantastiques objets. La meilleure façon d'y parvenir est de se faire une liste de nos objectifs. Vous avez en fait besoin de trois colonnes sur cette liste. La première énumérera les choses dont vous avez besoin immédiatement; la seconde contiendra vos ambitions et vos buts principaux; la troisième comportera un seul élément, votre objectif primordial bien déterminé.

Il faut souligner ici que la non-pensée joue un rôle important au moment de dresser votre liste. Ne vous demandez pas si vous pouvez atteindre ou non les objectifs que vous souhaitez — cela est totalement hors de propos. Il suffit que ce soit ce que vous désirez et ce dont vous avez besoin. Jetons maintenant un coup d'œil à un tableau d'objectifs. Bien sûr, vous déciderez vous-même des éléments à retrouver sur votre propre tableau. Tant que vous n'aurez pas rempli vos trois colonnes, vous êtes voué à l'échec. D'ici là, vous serez comme la plupart de ces gens qui déambulent dans la vie sans gouvernail.

Habituellement, quand les gens lisent un livre, peu importe lequel, ils ont tendance à en ignorer les tableaux; il se disent peut-être qu'ils y reviendront plus tard. Regardez bien ce tableau. Étudiez-le, mettez-y vos propres désirs, buts et ambitions. Ne lisez pas une autre page avant d'avoir fait cela.

Les choses que je veux immédiatement	Mes objectifs ambitieux	Mon objectif primordial bien déterminé
Des vacances	Posséder des actions de premier ordre	Devenir millionnaire
Faire vérifier mon auto	Posséder une Porsche 982S	Devenir une vedette de l'écran
Que mon prêt soit remboursé	Posséder une île du Pacifique Sud	ou bien
Une nouvelle cuisinière	Posséder une Rolls Royce	Le président d'une société
Repeindre la maison	Posséder un yacht de 20 mètres	ou bien
Un lave-vaisselle	Posséder un chalet d'hiver	Quoi que ce soit d'autre que vous vouliez
De nouveaux vêtements	Faire une croisière de luxe autour du monde	comme objectif primordial bien
Une nouvelle télé couleur	Diriger ma propre entreprise lucrative	déterminé
Une chaîne stéréo		
Une étole de vison		
Des verres de contact		

Pensez maintenant à ce que vous voulez — à ce que vous désirez vraiment — et remplissez ce tableau, votre propre tableau. Vous ne devez penser qu'à ce que vous voulez et non pas à la façon d'atteindre ces buts.

Les choses que je veux immédiatement	Mes objectifs ambitieux	Mon objectif primordial bien déterminé
_____	_____	_____
_____	_____	_____
_____	_____	_____
_____	_____	_____
_____	_____	_____
_____	_____	_____

À cause de son mode de fonctionnement, le subconscient nécessite la répétition d'images mentales. Je considère comme essentiel que vous possédiez un album et que vous y colliez les images de tous vos désirs pour vous aider dans votre programme de visualisation. Faites cela de la même manière que cet homme qui désire une nouvelle automobile d'une marque particulière et qui va tous les jours la contempler dans une salle d'exposition. Il se procurera un prospectus en couleurs et l'étudiera tous les soirs. Cet homme possédera sûrement cette automobile un jour ou l'autre. D'un autre côté, l'homme qui ne souhaite qu'à l'occasion se procurer une auto plus jolie, sans vraiment y croire, et sans la visualiser dans son esprit, ne l'obtiendra sûrement pas.

Supposons que l'un des objectifs de votre liste est de posséder une automobile coûteuse. Vous devez coucher par écrit cet objectif sur la première page de votre album. Faites-le à l'indicatif présent et de façon détaillée. Ce doit être une description précise de ce que vous désirez vraiment; il ne suffit pas d'écrire que vous désirez une auto, il faut que votre description ressemble à ce qui suit:

Je possède une toute nouvelle Rolls Royce décapotable, équipée d'un récepteur stéréophonique 8 pistes et de roues en alliage de magnésium. Elle est d'un rouge flamboyant et l'intérieur est beige. Elle est munie d'un téléphone, d'un bar à cocktails et d'une télévision.

Si c'est une Rolls Royce que vous désirez, inspirez-vous de ce qui précède. Si c'est une Porsche, une Datsun ou une Mercedes, faites-en une description complète par écrit. Sur la page qui fait face à votre description, collez une photographie de l'automobile de vos rêves. Faites cela pour chacun de vos objectifs.

Voici maintenant un autre secret. Lorsque vous visualisez l'automobile, ne visualisez pas son côté «argent». Le subconscient ne fonctionne pas de cette façon. Son travail est de vous procurer le véhicule. Il opère à la manière d'un ordinateur, il analyse toutes vos expériences, il connaît votre passé, votre présent, votre avenir; il fait l'inventaire de vos atouts et de vos faiblesses, il tient compte de votre environnement, il détermine, planifie et crée ces choses que vous aurez à accomplir pour atteindre vos buts.

Le plan peut inclure ou non la participation de l'aspect «argent». Le subconscient peut vous inciter à poser tel ou tel geste qui occasionnera la réalisation de votre objectif. Sa façon de faire pourra peut-être vous sembler la plus miraculeuse ou même la plus illogique qui soit. Il pourrait vous arriver d'être dans la situation où l'automobile vous sera donnée, ou de rencontrer quelqu'un qui pourra vous aider à l'obtenir ou d'avoir à faire un petit quelque chose qui vous vaudra d'entrer en possession de l'auto, avec peu ou aucun effort de votre part.

Mais avant toute chose, vous devez visualiser clairement, avec émotion, sentiment et conviction chaque soir et chaque matin. Deuxièmement, vous ne devez plus penser à la façon d'atteindre votre objectif pendant le reste de la journée. Soulignons à nouveau que le subconscient n'a pas besoin de votre aide pour imaginer ses plans. Visualisez chaque but que vous visez, que ce soit des possessions matérielles ou un accomplissement intangible. La visualisation est habilement résumée dans les quelques vers suivants:

«Si vous pouvez le voir, vous pouvez l'être!
Si vous pouvez le voir, vous pouvez le faire!
Si vous pouvez le voir, vous pouvez l'avoir!»

Lorsque vous visualisez votre Rolls Royce, touchez et sentez le cuir véritable de la garniture intérieure; palpez le grain du tableau de bord en noyer; effleurez-en l'extérieur et sa surface lisse. Écoutez ce moteur V8 tourner silencieusement comme seule une Rolls Royce le peut; assoyez-vous dedans; conduisez-la; examinez cette auto; ressentez toute l'excitation de conduire un tel véhicule — vous devez vous convaincre que vous en êtes le propriétaire. Le puissant subconscient est tenu, par une loi psychologique, de vous fournir un eurêka! infaillible pour l'obtenir. Répétons encore ici qu'il n'est pas bon de réciter une liste de buts à la façon d'un perroquet chaque soir et chaque matin. Cela ne vous mènera nulle part. Il faut écrire ses objectifs de façon claire et précise à l'indicatif présent et les visualiser avec émotion, sentiment et conviction; puis vous ne devez plus y penser jusqu'à votre prochaine séance de visualisation. Vous ne devez jamais craindre que quelqu'un vous coupe l'herbe sous le pied à propos de vos objectifs; c'est une crainte particulièrement répandue mais non fondée.

Il existe plus qu'un exemplaire de chaque chose. Et même si quelqu'un fait ressortir une idée à laquelle vous avez déjà songé auparavant, il n'y a pas là matière à inquiétudes. La compétition engendre encore plus d'activités au niveau des affaires. Il faut donner au subconscient le temps d'assimiler les faits et vos désirs. Le génie ne se précipite jamais et chaque chose vient en son temps. Il est facile de s'impatienter alors que nous attendons que le subconscient nous fournisse sa prochaine idée lumineuse. Vous vous devez d'être patient. Les eurêkas! du subconscient sont des projets qui valent la peine d'attendre, car ils sont toujours infaillibles.

Lorsque vous visualisez vos buts, il vous faut compter sur votre subconscient créateur pour qu'il vous procure l'idée ou le projet qui vous permettra d'atteindre ces mêmes buts. Voilà pourquoi vous ne devez pas préciser dans quelle mesure vous ferez de l'argent ou atteindrez vos objectifs. Il appartient au subconscient de prendre ces dispositions. Tout ce que vous avez à faire est de suivre à la lettre ce que le subconscient vous dicte de faire.

Vous devez visualiser avec précision ce que vous demandez — les demi-mesures sont à proscrire. Ne faites pas comme cet homme qui, avec tiédeur, désirait un étang à poissons exotiques dans son jardin. Il ne le voyait pas avec la clarté voulue. Un jour, à son étonnement son voisin vint frapper à sa porte et lui tendit un bocal contenant deux poissons rouges décharnés. Le voisin quittait la région et ne voulait pas apporter les poissons avec lui. Voyez-vous, il se peut que, dans le passé, le voisin ait relevé le fait que notre homme lui avait dit quelque chose à propos des poissons. Si notre sujet avait visualisé clairement un étang, dans son jardin, avec des poissons exotiques dedans, les mêmes lois psychologiques auraient fait en sorte qu'il l'obtienne.

Il est possible qu'un autre des objectifs de votre liste soit d'obtenir la maison de vos rêves. Faites-en une description complète dans votre album, comme si elle vous appartenait déjà. Sur la page suivante, collez une photographie qui représente exactement la maison que vous désirez. Si la maison de vos rêves possède quatre salles de bains, deux piscines, un sauna et des courts de tennis, prenez bien soin de l'inclure dans votre description et qu'on puisse les voir sur la photographie.

L'un de vos autres objectifs est peut-être de posséder une bague en diamants ou certains bijoux particuliers ou une cuisine équipée de tous les appareils modernes imaginables. Écrivez-en une description complète et collez les photographies appropriées sur la page suivante. En ce qui a trait à ces photographies, découpez-les dans des catalogues, dans des prospectus publicitaires, dans le matériel promotionnel d'agences de voyages, dans des revues, dans tout ce qui représente clairement ce que vous voulez. Il est important que vous fassiez une déclaration écrite complète à l'indicatif présent et qu'une image correspondante se trouve aussi dans votre album pour qu'elle vous aide à bien visualiser.

Voici un autre aspect. Achetez quelques accessoires qui font partie de l'objectif que vous vous êtes fixé. Disons par exemple que vous visualisez une maison de rêve, achetez quelques mètres de matériel pour vos futurs rideaux, ou quelques ustensiles pour votre nouvelle cuisine. Pour l'automobile de vos rêves, achetez quelques outils, une boîte de cire ou un couvre-volant.

Ces affirmations positives pénètrent profondément le subconscient et accélèrent l'expérience eurêka! Supposons que l'un de vos objectifs est d'aller voir des parents à l'étranger. Eh bien! achetez de nouvelles valises pour confirmer à votre subconscient votre intention de partir! Il y a peut-être un voilier de 20 mètres sur votre liste, achetez un compas et quelques cartes des cours d'eau que vous prévoyez emprunter. Si vous désirez une chaîne stéréo, achetez une cassette ou votre 33 tours préféré. Servez-vous de tous les moyens psychologiques à votre portée pour rendre le subconscient opérationnel.

Maintenant que nous avons établi les fondements de la visualisation, je veux en dire plus long à propos de la façon de fonctionner du subconscient. Cela a trait à quelques-uns de ces éclairs de génie que j'ai eus et qui viennent du subconscient, les eurêkas! J'ai quitté l'école à 14 ans et j'ai commencé à travailler dans le domaine de la construction. C'était un travail dur, très dur et le salaire était bas, vraiment minime. Même si je ne m'en rendais pas compte à l'époque, je visualisais. Je conservais une image dans mon esprit: celle d'être bourré de fric. Peu de temps après, j'ai eu mon premier eurêka! Cela vint comme un éclair. Sur les différents sites de construction, il y avait toujours des morceaux de métal éparpillés çà et là. J'ai eu l'idée brillante de ramasser régulièrement des débris qui consistaient en tuyaux de plomb, en installations de pompes à eau en laiton et en cuivre. Je me suis mis à vendre ces débris et très rapidement les revenus qu'ils me rapportèrent, excédèrent mon salaire hebdomadaire dans la construction.

Les motocyclettes de course étaient mon passe-temps favori; chaque soir je passais des heures à ajuster et à construire des moteurs de course dans le calme et la solitude de mon atelier situé au plus profond de la campagne. Il vous faut comprendre qu'à cette époque, je ne faisais pas de cas de l'importance des 3S ou de la visualisation.

Le travail dans le domaine de la construction me tuait littéralement. Certains des panneaux préfabriqués pesaient plus de 120 kilos et de les manier tous les jours n'était pas une sinécure. Je conserve encore dans mon esprit cette image d'avoir été alors un homme fortuné et couronné de succès. J'eus un autre eurêka! qui me vint alors que je ne pensais à rien. Je décidai d'arrêter de travailler pour la compagnie de construction qui m'employait, de continuer pour mon propre compte et de ramasser moi-même tous les profits. Je fis cela avec beaucoup de succès, même si l'ouvrage était toujours aussi dur et exigeant qu'avant, du moins la récompense financière était mienne.

Je suis peut-être un peu lent, car la portée des circonstances qui donnèrent naissance à mes éclairs de génie, lesquels se produisirent alors que j'avais des séances de silence, de sérénité et de solitude et grâce à la visualisation, ne me vint pas alors à l'esprit.

Je continuais avec enthousiasme à passer mes soirées dans mon atelier tranquille quand soudain j'eus un autre eurêka! Cette fois, c'était une idée lumineuse et le cours de ma vie changea de façon spectaculaire après l'avoir suivie. L'idée était d'abandonner entièrement l'industrie de la construction et de m'établir dans la vente de motocyclettes.

Même si à l'époque je ne comprenais pas la puissance du subconscient, je sentais instinctivement de façon irrésistible qu'il me fallait me mettre à la recherche de locaux appropriés. Je savais au fond de moi-même que je trouverais exactement ce que je cherchais. À ce moment-là, j'attribuai ce qui m'arriva par la suite à la chance, au destin et à ma bonne étoile. Mon subconscient me guida vers un magasin qui avait servi précédemment de salle d'exposition de motocyclettes. En moins de deux semaines, j'avais loué ce magasin à son propriétaire qui avait pris sa retraite de la vente de motocyclettes. Mon problème était le suivant: remplir de marchandises la salle d'exposition sans aucun capital. Je ne considérais pas cela vraiment comme un problème, car je savais que d'une façon ou d'une autre je remplirais l'espace alloué avec des motocyclettes. C'est exactement ce que je voyais dans mon esprit: une salle d'exposition pleine de motocyclettes. C'est alors que j'eus un eurêka! pendant que je balayais tranquillement mon magasin. Tout ce que j'avais à faire était de téléphoner à ces centaines d'individus qui essaient de vendre leurs motos par le moyen des annonces classées. Je plaçai leurs motos dans la salle d'exposition et les offris au public avec financement et assurances disponibles.

En compensation de mes efforts, je prenais un pourcentage sur le prix demandé. Cela s'appelle vendre en consignation,

Immanquablement, j'ai obtenu plus que le prix qu'on me demandait de fixer, j'ai donc conservé ce surplus aussi bien que le profit ci-haut mentionné. Ce procédé fonctionna si bien, qu'en peu de temps, je dirigeais sept magasins sans aucun capital investi.

Cette histoire est évidemment une version condensée de ce qui se produisit pour une période de quelques années. Je ne veux pas vous donner l'impression que les eurêkas! surviennent quotidiennement. Ce que je veux bien vous faire comprendre c'est que si vous visualisez vos désirs et faites des séances de 3S, les eurêkas! surgiront. Vous n'aurez qu'à leur donner suite jusqu'à leur conclusion logique.

À l'époque où je possédais les magasins de motocyclettes, j'ai commencé à investir d'importantes sommes d'argent dans plusieurs projets. Malheureusement les choses se mirent à tourner mal. C'est au cours de cette période que la vérité à propos des 3S et de la visualisation vit le jour en moi. En fait, cette aurore était déjà un eurêka! On pourrait dire que j'ai eu un eurêka! à propos des eurêkas! J'ai donc découvert la formule des 3S, les tactiques de visualisation et leurs façons de fonctionner. Il était temps, car à ce moment-là je ne savais plus à quel saint me vouer.

Cependant, après avoir décidé de ce que je voulais de la vie, je m'occupai de tout reconstruire à nouveau. Évidemment, à partir de cette période, je gardais délibérément du temps pour méditer en S.S.S. et pour visualiser mes désirs et mes buts.

Une fois en possession du potentiel de la formule des 3S et du pouvoir de la visualisation, les choses commencèrent vraiment à bouger. Je fis de la consultation dans le domaine des affaires, du développement domiciliaire et j'achetai et vendis tous les produits, services et idées imaginables. J'ai aussi appris que pour vendre, il fallait savoir parler.

Cet exemple montre clairement que mon subconscient échafaudait des plans dans le sens de mes objectifs, à mon insu. Lorsque je découvris la façon de fonctionner du subconscient, je fouillai profondément ce mécanisme et cela fut en soi un exercice aussi intéressant que profitable. La philosophie présentée dans ce livre en est le résultat.

En comprenant son fonctionnement, vous êtes avantagé dès le départ par rapport aux autres dans ce domaine. Vous commencez probablement à discerner que pour atteindre vos buts, certaines choses sont nécessaires pour rendre le subconscient opérationnel et qu'il fournisse ainsi le plan adéquat.

L'action est un élément si important que je lui ai consacré un chapitre entier. Cependant, j'en ferai l'introduction dans le présent chapitre.

Il y a plusieurs années, j'entendis les mots de G.K. Chesterton selon lesquels: «Chaque personne sur la terre devrait croire qu'elle possède quelque chose d'unique à offrir à ce monde». Je croyais cela, même si en même temps je ne savais quelle contribution je pouvais faire à ce monde. L'histoire qui va suivre concerne ma propre contribution et le but de ce récit est de démontrer qu'il est nécessaire d'agir avec les outils et les idées qui sont déjà à votre disposition. Si vous méditez et visualisez de façon régulière, votre subconscient prendra le gouvernail et alors que vous n'y penserez pas, il vous transmettra des plans irrésistiblement lumineux pour votre réussite. Voici mon histoire:

Je décidai que ma contribution à ce monde serait un livre de motivation basé sur mon expérience personnelle dans le domaine des affaires. Je souhaitais que mon livre devienne un best-seller de tous les temps et que j'aie moi-même un succès retentissant comme auteur. Chaque soir et chaque matin, je ne visualisais qu'une seule chose. Je voyais mon livre dans les librairies et commandé par la poste. Je voyais d'énormes commandes venant d'importantes compagnies de vente. Je me promenais d'une librairie à l'autre dans tout le pays, autographiant personnellement les exemplaires de mon livre. On m'interviewait dans des centaines d'émissions de télévision et de radio à travers l'Amérique. Je voyais cela à travers les yeux de mon esprit. Je me mis en branle et commençai à écrire. Le titre du livre était: *La psychologie de la vente et du succès*. J'écrivis page sur page, chapitre après chapitre. Je n'étais nullement satisfait, mais je continuais quand même d'écrire. Pendant toute ma carrière dans les affaires, j'ai toujours visualisé mes buts et mes ambitions. Le livre que j'écrivais ne différait pas de toute entreprise commerciale. Je savais qu'après un certain temps, le subconscient me révélerait son plan, je continuai donc d'écrire. J'en vins à me dire que peu importe notre propre vocation, nous gagnons tous notre vie en vendant quelque chose et que pour vendre, il faut parler. Certains chapitres avaient pour titres: «Le pouvoir des mots», «Le pouvoir de l'association», «Le pouvoir de plaire», «Le pouvoir des contrats», et ainsi de suite. La majeure partie de ce que j'écrivis n'aurait pas inspiré même l'étudiant le plus acharné de la réussite. La plus grande partie de mes écrits était douloureusement ennuyeuse, mais je persistai.

Puis, soudainement, alors que je ne pensais pas, au moment où je m'y attendais le moins, mon subconscient me révéla son eurêka!: «Pourquoi veux-tu appeler ton livre *La psychologie de la vente et du succès*? Un bien meilleur titre serait *La parole est d'argent*! En même temps que le titre me vint une idée pour la couverture, que je dessinai immédiatement et sur laquelle je me mis à visualiser. J'avais donc le titre et l'illustration de la couverture. Et plus je visualisais et je méditais, plus mon subconscient se révélait à moi. «Le pouvoir des mots» devint «L'orateur est roi», «Le pouvoir de l'association» devint «La main-d'œuvre». De plus en plus de choses me vinrent à l'esprit au fil de la rédaction de chacun des chapitres. Alors que je ne pensais pas, le plan se révéla tout seul. Le contenu de chaque chapitre fut modifié et je peux franchement affirmer que pas une phrase du matériel original ne se retrouve dans ce livre. Toutes les bonnes idées, les intrigues, les histoires, les titres et les plans, et je dis bien tous, me vinrent alors que je ne pensais pas. Mais le plus important est que chaque soir, je visualisais le succès de mon livre. Je le voyais déjà comme un best-seller et j'y croyais. Je méditais régulièrement en S.S.S., et je me mis à agir en me servant des outils et des idées dont je m'étais servi au départ. Si on n'amorce pas une action définie, le subconscient ne peut pas trouver matière pour son travail.

Même le plus zélé des apprentis millionnaires aurait du pain sur la planche en essayant d'atteindre son objectif primordial bien déterminé d'un seul coup. Il vous faut apprendre à morceler vos objectifs imposants en différentes parties. Roger Bannister, le premier homme à courir le mille en quatre minutes, le fit en décomposant son but premier. Il divisa le mille en quatre parties. Il courait précipitamment le ¼ de mille en 58 secondes ou moins, puis faisait du jogging pour le reste du trajet. Bannister entraînait non seulement son corps, mais aussi son esprit. L'image d'un premier mille couru en quatre minutes ne quittait jamais son esprit, c'était là sa pensée prédominante. Il exerça aussi son esprit en faisant l'escalade de montagnes. Cela lui enseigna la persévérance et à venir à bout de tout obstacle dressé sur son chemin. Lorsque Roger Bannister participa à sa grande course le 6 mai 1954, il multiplia par 4 son objectif du ¼ de mille et il courut le mille en 3 minutes 59,6 secondes.

Si nous remontons davantage dans le temps, à l'époque de la vieille Angleterre, alors que les chevaliers brandissant de brillantes armures et que les châteaux faisaient partie du paysage familier. L'histoire nous rapporte qu'un chevalier gagea avec la petite noblesse locale, les paysans et la royauté qu'il pouvait sauter jusqu'au sommet du château. Chacun misa selon ses moyens et le jour venu, des milliers de personnes vinrent voir ce spectaculaire exploit. Comment cela pouvait-il se réaliser, pensèrent-ils? Est-ce de la sorcellerie, un envoûtement ou de la magie? Le chevalier était prêt, son armure miroitait au soleil. Il plaça ses deux pieds ensemble et sauta une à la fois les marches de l'escalier en spirale menant au sommet du château.

Le subconscient saura exactement ce qu'il vous faut absolument faire pour réussir dans vos tentatives. Pourvu que vous méditiez en S.S.S. et que vous pratiquiez régulièrement la visualisation, le subconscient vous révélera petit à petit le plan qui vous permettra d'atteindre votre objectif. Vous vous devez d'entreprendre ce plan étape par étape.

Restez en contact avec votre subconscient. Puisque maintenant vous visualisez de façon régulière et que vous faites des
séances quotidiennes de 3S, le subconscient vous dira plusieurs
choses. Vous vous sentirez peut-être entraîné à acheter un livre
particulier ou à rencontrer une personne précise dans un bureau.
Il se peut que vous éprouviez une forte envie de téléphoner à
quelqu'un ou que vous lisiez les réclames d'un journal que vous
évitez habituellement. Sur le coup, certaines des choses que votre
subconscient vous dira de faire vous paraîtront illogiques, faites-les
quand même immédiatement et de la façon précise qu'il vous
dictera de le faire. Ce n'est que lorsque vous aurez atteint votre
but que vous serez à même de retracer ces actions et de voir
qu'elles forment une chaîne logique d'événements et de gestes.

Quand vous constaterez toute la vérité que comporte la vieille
assertion méconnue suivante: «Les pensées sont des choses
réelles», versez donc le vin et découpez le gâteau. Les pensées
conscientes ne sont pas du même ressort, elles encombrent tout
simplement l'esprit avec un bavardage incessant, des contre-vérités, des inquiétudes et elles sont superflues. Les pensées
conscientes sont ce dialogue intérieur dont nous avons discuté à
fond et qui nous a donné beaucoup de mal à faire cesser. Les
pensées conscientes sont des croque-mitaines! Par contre, les
pensées qui nous viennent alors que nous ne pensons pas sont le
résultat d'un travail d'ordinateur de la part du subconscient. Ces
pensées sont vraiment des choses réelles. Les pensées qui proviennent du subconscient sont des eurêkas!

Vous pouvez également vous complimenter si vous reconnaissez toute la vérité du vieil adage suivant: «La nécessité est la
mère de l'invention». En suivant cette philosophie, vous rendez
absolument nécessaire à votre subconscient le besoin d'inventer.

J'ai maintenant une remarque très importante à faire: nous
nous servons de trois modes d'apprentissage principaux lors du
processus interne complexe de la connaissance. Plus simplement,
nous pouvons visualiser avec les yeux de notre esprit (visuel), nous
pouvons monologuer en nous-même et entendre des voix dans nos

esprits (auditif), et nous pouvons ressentir des émotions et des sentiments (kinesthésique). Nous nous servons tous de chacun de ces systèmes à un degré ou un autre, mais il y a une attrape importante. Chacun de nous utilise davantage l'un de ces modes d'apprentissage plus que les deux autres. Cela crée des problèmes. L'un de ceux-ci, dont je veux vous entretenir maintenant, est celui de la visualisation. Une personne «visuelle» peut visualiser ses objectifs dans son esprit toute la journée — aucun problème pour elle. Mais qu'arrive-t-il de ces gens qui sont auditifs ou kinesthésiques? Ils auront peut-être de la difficulté à voir dans leur esprit les images de leurs objectifs. On peut facilement surmonter ce problème quand nous en prenons conscience. Si vous êtes kinesthésique (vous ressentez beaucoup d'émotions à propos de différentes choses) si tel est le cas, lorsque vous visualisez, essayez le plus possible de voir vos objectifs à travers les yeux de votre esprit — utilisez aussi le mode d'apprentissage que vous employez habituellement. La pratique nous rapproche de la perfection.

Peu importe que votre mode d'apprentissage soit visuel, auditif ou kinesthésique, vous devez utiliser tous les modes lorsque vous visualisez, car tout autant que l'image visuelle, le fait de ressentir des émotions et de vous répéter à vous-même que vous allez atteindre vos objectifs est primordial.

Un dernier point: n'oubliez jamais qu'il existe trois modes d'apprentissage du processus interne de la connaissance — à savoir le visuel, l'auditif et le kinesthésique, et que tous nous utilisons ces trois modes, mais cependant, chacun de nous se sert plus de l'un que des deux autres.

Plus tard, vous serez étonné de voir jusqu'où cela vous aidera dans votre expérimentation.

Gros plan!

1. Faites une liste d'objectifs — les choses que vous voulez immédiatement, vos objectifs ambitieux et votre objectif primordial bien déterminé. Ne vous inquiétez pas de pouvoir les atteindre ou non — votre seul désir suffit.

2. Détaillez avec précision chaque but par écrit, à l'indicatif présent et placez cette description à côté de la photographie de votre objectif dans un album.

3. Pour meubler votre album, découpez des catalogues, des revues, des brochures d'agences de voyages, des réclames publicitaires — tout ce qui montre précisément ce que vous désirez.

4. Examinez cet album chaque soir et tous les matins avec une émotion bien sentie et en ayant la conviction que vos buts se sont déjà matérialisés.

5. Après avoir visualisé pendant un certain temps, il est inévitable que votre subconscient produise des eurêkas! (idées de réussite infaillibles), et il est essentiel que vous donniez suite à ces idées sur-le-champ et que vous suiviez les instructions à la lettre.

6. Achetez un menu objet faisant partie de votre objectif. Pour votre maison de rêve, vous pourriez acheter un heurtoir de porte, pour votre auto, quelques outils et pour votre voilier une carte ou un compas. Utilisez tous les moyens psychologiques à votre disposition pour engager la créativité de votre subconscient.

7. Le subconscient vous fournira plusieurs petites incitations pour vous permettre d'atteindre vos buts. Certaines de ces incitations vous sembleront illogiques, néanmoins suivez-les au pied de la lettre. Ce n'est que lorsque vous aurez atteint votre but que vous serez en mesure de retracer les actions qui vous y ont mené et de prendre conscience de la justesse du subconscient.

8. Si vous êtes kinesthésique ou auditif, vous devrez vous efforcez davantage pour visualiser vos objectifs. Utilisez également votre propre mode d'apprentissage. La pratique vous rapproche de la perfection.

Chapitre 4

L'orateur est roi

---

*«Je constate que partout parmi la
race humaine, c'est la parole et
non l'action qui l'emporte».*

Sophocle

Lors des chapitres précédents, nous avons appris comment résoudre des problèmes, vaincre des inhibitions, et ce qui est primordial, nous avons découvert comment faire cesser le dialogue intérieur pour nous permettre d'entendre les eurêkas! provenant du subconscient.

Il est maintenant évident qu'au moment où se présente un eurêka!, vous devez agir. On oublie souvent que la parole est le principal moyen de convertir les eurêkas! en argent sonnant.

À plusieurs occasions, mes services ont été retenus à titre de consultant pour différents types d'entreprises, et en dernière analyse, tous ces problèmes que j'ai affrontés auraient pu être résolus si le produit fini s'était vendu davantage. Je pourrais aussi nommer plus d'un millier d'individus dont les sous-sols débordent de toutes sortes de produits dans lesquels ils ont investi ou qu'ils ont eux-mêmes fabriqués dans l'espoir de faire fortune. Il n'y a pas que les grandes entreprises qui doivent dessiller leurs yeux, cela s'applique aussi à toute personne qui participe au grand jeu qui consiste à faire de l'argent.

Plusieurs fabricants ont eu des ennuis pour avoir cru à tort que s'ils produisaient la meilleure qualité, et si le prix de leurs produits était compétitif, ils vendraient automatiquement. Malheureusement, ce n'est pas ainsi dans ce domaine; c'est bien loin de la vérité. Que des marchandises soient les meilleures, les moins chères, les plus reluisantes ou particulièrement ingénieuses, il faut quand même les vendre.

Depuis plusieurs années, les hommes d'affaires prospères reconnaissent que le vendeur est le pilier de l'industrie. Avec une telle abondance de produits pour trop peu de gens, nous vivons dans un marché d'acheteurs. Les fabricants dépensent non pas des millions, mais des milliards de dollars chaque année en publicité pour promouvoir et vendre leurs marchandises. Malgré ces dépenses, il revient au concurrent de former et motiver des centaines de vendeurs compétents qui, en fait, iront vendre à celui qui domine le marché. Prenez bonne note de la puissance de vente des cosmétiques Mary Kay, de Tupperware, de la compagnie fusionnée d'assurances d'Amérique et de la société commerciale Amway.

«Si on ne vend pas quelque chose, rien ne se passe». L'expression peut paraître banale, mais elle est tout de même vraie. La vente est le dénominateur commun de la croissance industrielle. Gardons bien en mémoire que l'usine qui ne vend pas ses produits ne reste pas dans les affaires longtemps. Si une usine fait faillite, des gens perdent leurs emplois et par la même occasion leur gagne-pain. Les ouvriers, les machinistes, les employés salariés, les dessinateurs, les dactylographes, les secrétaires, les balayeurs, les outilleurs, et même les cadres, les directeurs et les présidents de compagnies perdent tous leurs emplois.

Tous dépendent de ces vendeurs du produit fini, que ce soit des marchandises, des services ou des idées. Pas de ventes, pas d'emplois.

Avant même de considérer le mot parlé utilisé conjointement avec la vente ou comme le titre le dit: *La parole est d'argent*, nous devons absolument être convaincus de la puissance de la langue parlée.

Considérons quelques instants trois des plus puissants mots de ce monde: «Je t'aime». Ces mots ne sont pas moins que magiques et ils peuvent propulser le destinataire dans un nouveau style de vie; ils peuvent revivifier un mariage, rajeunir des personnes âgées, donner une raison de vivre à quelqu'un; changer la tristesse en bonheur, les larmes en un rire, la médiocrité en génie et faire disparaître la fatigue. Peu importe depuis quand un couple est marié, et même si les deux partenaires ont vécu ensemble dans la plus belle harmonie, s'ils ne se disent pas fréquemment ces mots, ils ne vivent pas, ils existent. De nos jours, plusieurs couples se prennent pour acquis. Il ne faut pas s'étonner que les choses tournent souvent au vinaigre. Et même avec les petits cadeaux, le dîner en ville et les autres choses matérielles, sans l'expression verbale, quelque chose manque fortement.

Considérons les mots: «Je suis désolé». Encore trois mots seulement, mais s'ils sont employés au bon moment, ils peuvent transformer une relation, une amitié, une association, un mariage. C'est par amour-propre que les gens s'empêchent de prononcer ces trois mots. C'est ce même amour-propre qui les retient loin du pouvoir, car la puissance se trouve dans la parole. Vous allez me demander ce que cela a à voir avec le fait de faire de l'argent? Je vais vous le dire. Si vous ne pouvez pas vendre ce que vous êtes aux êtres qui vous sont les plus chers,les plus proches, comment pouvez-vous espérer vous vendre à la terre entière?

À étudier les annales des guerres, des révolutions et des campagnes pour ce «isme» et cet autre «isme», nous découvrons rapidement que les grands chefs de file sont de brillants orateurs. Pensez-vous que vous pourriez embrigader des hommes à un degré tel qu'ils agiraient à l'encontre de leur plus puissant instinct — celui de la préservation — et les envoyer guerroyer, risquant même la mort avec dans la tête de bien belles pensées; vous pourriez également leur écrire des lettres en leur expliquant la situation avec des photographies en technicolor; ou leur faire parvenir des

75

brochures illustrées hautement colorées avec sous-titres pour expliquer le déroulement de l'action? Non! Pourtant nous savons que la parole a le pouvoir de transporter des personnes douces, aimantes et paisibles d'un pays à l'autre pour y semer la mort, la haine et la guerre.

Honnêtement et franchement parlant, la majorité des gens se considèrent en avance sur les autres jusqu'à un certain point. Nous ne le sommes pas. Plusieurs personnes souffrent encore de timidité aiguë. Cela se vérifie particulièrement dans les villes à forte densité de population. À New York et à Londres, par exemple, les étrangers ne se parlent à peu près jamais.

Je rencontrai un jour un jeune homme qui revenait d'une soirée dansante avec l'air abattu. «Avec combien de filles as-tu dansé?» «Aucune», fut la réponse. «Ah bon! De combien de filles as-tu sollicité une danse?» La réponse fut à nouveau la même: «Aucune». Vous pouvez rire, ou bien vous rendre compte intérieurement que plusieurs personnes passent toute leur vie sans parler, sans demander.

Citons en exemple la communauté du district du lac en Angleterre. Les gens qui déambulent dans la rue se connaissent les uns les autres, les gens qui se côtoient dans le train ou l'autobus vont converser automatiquement. Et même s'ils rencontrent très souvent des étrangers, ils n'hésitent pas à leur parler. Voyez-vous, même s'il arrive que des gens du district du lac ne se connaissent pas, ils ont quand même été élevés là et ils y sont nés. Ce n'est pas la même chose à New York ou à Londres et pour la même raison dans toutes les autres grandes villes. Nous avons affaire à une population de passage, où les enfants reçoivent la directive suivante: «Ne parle pas aux étrangers», ou «Mêle-toi de tes affaires», et généralement, on leur apprend à penser de manière à se méfier des amitiés hâtives.

Plusieurs personnes pensent de la façon suivante: «Il ne fait que passer, je pourrai tout au plus lui parler quelques minutes, pourquoi donc alors m'en donner la peine?» Combien de fois avez-vous parlé à quelqu'un dans un train ou un autobus? Combien connaissez-vous de gens qui ne parlent même pas à leurs voisins? Ce qui précède est peut-être exact en soi, mais nous constatons que lorsque nous voulons parler à quelqu'un, nous en sommes incapables. Toute notre vie, nous nous sommes exercés à ne pas parler. Il existe un proverbe allemand qui dit: «L'éducation est la base d'un homme bien élevé, la conversation le complète», et Érasme écrivait: «C'est en parlant que les hommes apprennent à parler».

Prenez en considération toutes les fois où personnellement vous avez eu vraiment de bonnes idées. Vous les trouviez excellentes et elles représentaient précisément ce que vous vouliez faire, mais il vous fallait quand même persuader d'autres personnes, par la parole, de se joindre à vos projets. Quelle que soit votre façon d'envisager cela, on se rend compte que tous les motivateurs professionnels, incluant les grands dirigeants, les politiciens et les vendeurs utilisent la parole pour convaincre, influencer, motiver, obtenir, persuader, inspirer et vendre. À tous les niveaux, l'orateur est roi.

Vous dites ne pas aimer parler, vous êtes timide et vous avez l'impression de dire toujours les mauvaises choses au mauvais moment. Vous pensez que ce serait trop compliqué d'essayer de persuader les gens d'adhérer à vos idées ou d'acheter vos produits. Emerson savait cela, c'est ce qui l'incita à dire: «Tous les grands orateurs étaient au départ de mauvais orateurs». Samuel Johnson a dit aussi: «On ne pourrait jamais rien entreprendre s'il fallait auparavant surmonter toutes les objections possibles». Je pense que vous aimerez parler. Je sais aussi que l'effort encouru vous rapportera d'importants dividendes. Allez de l'avant avec un cœur enthousiaste.

De façon générale, les meilleurs vendeurs, que ce soit dans la vente de biens, d'idées ou de services, ne s'expriment pas nécessairement avec aisance. Ils n'ont peut-être pas ce que nous appelons «la langue bien pendue». Habituellement, le vendeur compétent possède une sorte de charisme. Cependant, si vous ne possédez pas présentement ce charisme, il sera vôtre lorsque vous aurez terminé la lecture de ce livre. Celui-ci contient toutes les notions nécessaires pour que vous saisissiez que *La parole est d'argent.*

Vittorio Orlando écrivait: «L'éloquence ressemble à la prostitution; il vous faut utiliser certaines astuces». Ce sont ces petits trucs que je vais essayer de vous montrer lors des chapitres ultérieurs. Mais auparavant, il y a une astuce importante dont il faut que je vous parle.

Ce stratagème est la seule astuce qui différencie le vendeur étoile de l'amateur et n'a rien à voir avec sa taille ou sa grandeur, ni avec sa façon de prendre des initiatives ou de trouver d'éventuels clients. La grande astuce que tous les vendeurs étoiles ont en commun est celle-ci: *Ils règlent leurs ventes dans le mode d'une conversation, ils se vendent eux-mêmes à d'autres personnes, et ils vendent quelque chose qui vaut amplement le prix exigé, que ce soit un produit ou un service.*

Le vendeur amateur se précipite et essaie fortement de faire une vente. Il utilise toutes les tactiques de vente sous pression qu'il connaît. C'est alors que le client potentiel se rend compte qu'il est manipulé et devient de glace. Immanquablement, il n'achète pas. L'apprenti millionnaire, d'un autre côté, conduira sa vente sans même que le client potentiel ne se rende compte qu'on est en train de lui vendre quelque chose. En fait, le client *achète* de lui-même au lieu qu'*on ait à lui vendre* le produit. Louis Kronenberger écrivait: «Notre pays est celui où pour vendre un produit, il ne s'agit pas tant d'en vanter les mérites que de travailler d'arrache-pied pour se vendre soi-même».

Revenons à la grande astuce que tous les bons vendeurs utilisent, car c'est là un point très important. Je me suis assuré de vous dire ce qu'ils font et également de ne pas vous révéler comment ils le font. C'est un fait fascinant et apeurant de voir que des milliers de bons vendeurs utilisent ces éléments, sans même se rendre compte eux-mêmes de ce qu'ils font. Plusieurs écrivent même des livres à propos de la vente, mais passent à côté de tous les points importants, car ce qu'ils font, ils le font de manière subconsciente sans prendre conscience des principaux éléments qui entrent en jeu.

À propos, le terme que j'emploie le plus souvent dans ce livre est le mot «vendeur». Et chaque fois, je veux dire «vendeur» dans le sens le plus large possible. Cela nous évite des formules encombrantes comme la «personne qui vend» ou d'avoir à spécifier le genre masculin ou féminin. Cependant, souvenez-vous que la vente et le succès ne font pas de démarcation entre les sexes. Nous sommes tous des vendeurs. Et comme le fit remarquer Robert Louis Stevenson: «Nous vivons tous en vendant quelque chose».

Votre expérience «eurêka!» vous apportera une idée infaillible. Toutefois, il est impérieux que vous sachiez comment la vendre pour qu'elle vous rapporte de l'argent. Plusieurs des plus brillantes idées au monde volaient très bas avant d'être vendues adéquatement. L'une de ces brillantes idées typiques est celle d'un des jeux les plus populaires jamais inventés, le Monopoly. La photocopieuse Xerox n'intéressa personne pendant plusieurs années. Même Edison dut illuminer une maison entière gratuitement avant qu'on ne l'écoute à propos des possibilités futures de la lumière électrique. Lorsque Walter Hunt et Elias Howe inventèrent la machine à coudre, ils eurent également de la difficulté à convaincre les gens de son utilité.

Je le répète encore une fois: Si nous ne vendons rien, il ne se passe rien. Andrew Carnegie reconnaissait cette vérité et cela l'incita à dire ce qui suit: «Vous pouvez m'enlever mes usines et mon argent, mais laissez-moi mes vendeurs — et je me retrouverai au point où j'en suis aujourd'hui en moins de deux ans». Ce qui me pousse à vous redire encore: «L'orateur est roi!»

Gros plan!

1.	On oublie souvent que la parole est l'élément principal pour changer les eurêkas! en argent. Souvenez-vous que rien n'arrive si nous ne vendons pas.

2.	Ne sous-estimez pas le pouvoir de la parole. C'est une des méthodes les plus importantes que les grands dirigeants, les politiciens et les vendeurs utilisent pour convaincre, influencer, persuader et vendre.

3.	Personne ne dansera avec vous si vous ne le demandez pas. Vous ne pouvez même pas accompagner votre conjointe au théâtre si vous ne lui demandez pas, et vous ne vendrez sûrement pas si vous ne proposez rien.

4.	La grande astuce que tous les vendeurs étoiles on en commun est la suivante: Ils règlent leurs ventes dans le mode d'une conversation, ils se vendent eux-mêmes à d'autres personnes, et ils vendent quelque chose qui vaut amplement le prix exigé, que ce soit un produit ou un service. Il nous reste à voir s'ils savent pourquoi et comment ils s'y prennent ainsi. Ultérieurement, nous verrons que plusieurs excellents vendeurs font quelque chose dont ils ne se rendent même pas compte. Et c'est précisément cela le vrai secret de la réussite!

Chapitre 5

La parole est d'argent

«*Notre travail principal dans ce monde est de parler et la parole est de loin le plaisir le plus accessible. Parler ne coûte rien et ne rapporte que des bénéfices. La parole parachève l'éducation, elle crée et favorise les amitiés. On peut en jouir à tous les âges et dans presque tous les états de santé.*»

Robert Louis Stevenson

Nous allons analyser avec soin le pouvoir de la parole. Sa simplicité risque fort de vous faire oublier son potentiel.

Précisons immédiatement que les gens peuvent être répartis en trois groupes (cette observation n'a rien à voir avec les différents groupes de population). Le premier groupe est formé de tous ceux à qui nous pouvons vendre n'importe quoi et qui croiront à n'importe quel argument. Ce sont les poires faciles à duper. Ceux qui font partie du second groupe réfléchissent à ce qu'ils achètent, mais face à un vendeur de premier ordre, en général ils céderont. Ils représentent Monsieur Tout-le-Monde, ce sont des gens sympathiques et authentiques. Le dernier groupe, et non le moindre, est formé des «je-sais-tout». Vous ne pouvez pas leur dire n'importe quoi. C'est pourtant le groupe que nous pouvons duper le plus fortement. Cela arrive si vite qu'ils n'ont même pas le temps de voir venir. Dans ce groupe, vous trouverez toujours une personne qui vous dira qu'elle ne tient aucun compte des commerciaux télévisés ou de tout autre forme de publicité.

Ces gens prennent très peu conscience du fait que l'industrie de la publicité dépense des milliards chaque année à s'adapter avec précision à cette forme de pensée et que les emballages, les couleurs et les prix des articles manufacturés sont décidés par des moyens subliminaux et psychologiques bien documentés, dans le but d'inciter le consommateur à acheter. Même les supermarchés sont conçus de manière à vendre au groupe des «je-sais-tout». La largeur des allées, la grosseur des chariots, la hauteur des rayons, les couleurs des boîtes de conserves, l'éclairage, le chauffage, la musique d'ambiance, tout, jusqu'au dernier détail est choisi pour faire dépenser l'argent des «je-sais-tout». Et c'est exactement ce qui se produit.

Quand il vous est dit que *La parole est d'argent*, vous entrez en interaction avec ces différents groupes, y compris les «je-sais-tout». Mais ceux-ci ne devraient vous occasionner aucun problème, car la psychologie dynamique a été conçue spécialement pour vendre à de telles personnes. Même l'acheteur le plus exigeant, le plus sophistiqué, n'est pas à l'abri. En utilisant la psychologie dynamique vous entrez sous le seuil de conscience de l'acheteur de façon si subtile que ce dernier ne se rend même pas compte que vous êtes en train de lui vendre quelque chose.

La parole est d'argent signifie aussi convertir vos eurêkas, en leur équivalent monétaire. Remarquez que je dis vos eurêkas! Lorsque vous lisez un livre comme celui-ci, il est primordial de deviner ce qui est sous-entendu et d'utiliser dans votre vie quotidienne chaque exemple et chaque histoire de vente.

La parole est d'argent veut également dire que tout vous est possible. Lisez entre les lignes des deux ou trois prochaines histoires particulièrement inspirées et voyez de quelle façon vous pouvez les appliquer dans votre propre vie.

L'histoire de réussite qui s'avère probablement la plus importante de ce siècle, a été racontée à plusieurs reprises. Malheureusement, selon moi, le secret de ce succès n'a jamais vraiment été éclairci. Je fais référence ici à la conception et à la formation de la United States Steel Corporation (Société de l'Acier des États-Unis d'Amérique).

Pour en avoir une image claire, il est nécessaire de s'adonner à quelques fantasmes. Remontez dans le temps jusqu'à cette soirée du 12 décembre 1900. Vous vous trouvez dans la salle de banquet du cercle universitaire sur la 5e avenue à New York. Parmi les invités se trouvent les gens riches de l'époque: J. W. Gates, les Stillman, les Harriman, les Vanderbilt et l'empereur de Wall Street, John Pierpont Morgan, financier de grand renom. Est aussi présent, un certain Charles M. Schwab, président de la compagnie de Andrew Carnegie. Le copieux banquet de huit services est donné en l'honneur de monsieur Schwab par J.Edward Simmons et Charles Stewart Smith pour la bienveillance dont ils ont été l'objet de la part de monsieur Schwab lors de conventions antérieures. Imaginez-vous dans cette salle de banquet, en compagnie de 80 millionnaires, dont les avoirs réunis totalisent probablement plus de 5 000 000 000 $.

Après avoir dégusté le homard, le caviar, le consommé, le rôti de veau, à la fin du fastueux banquet de huit services, on vous sert le brandy. Puis on allume les cigares. Les discours commencent. Rien de spectaculaire ne se produit avant que Charles M. Schwab prenne la parole. On s'attend à ce qu'il encense la table pendant quelques instants de vapeurs polies, mais sans grande signification. Ce n'est pas le cas. Il tient toute la convention en haleine avec un discours d'une durée de 1 h 30. Il parle de la désorganisation de l'industrie de l'acier, de la compétition acharnée, de la multiplication des aciéries et de la perte des profits. Il parle aussi des frais généraux, des départements administratifs et de conquérir les marchés étrangers. Il propose un plan qui les réunirait tous en un seul immense cartel lucratif. Un énorme cartel qui gérerait l'industrie de l'acier de A à Z.

Charles M. Schwab hypnotisa les 80 millionnaires par son éloquence et par le programme bien défini qu'il mit de l'avant pour l'unification de l'industrie de l'acier. C'est ainsi que la United States Steel Corporation fut conçue. Le grand argentier, John Pierpont Morgan, accepta en principe de diriger l'imposante opération de mettre à flot la compagnie en investissant de l'argent dans le marché boursier pour que la société soit officiellement accréditée. Même lui, se demanda si Charles M. Schwab pouvait convaincre le rusé petit écossais, Andrew Carnegie, de vendre ses intérêts dans l'industrie de l'acier, — et s'il acceptait, pour quelle somme? John Pierpont Morgan savait pertinemment que les affaires d'Andrew Carnegie, en raison de leur volume énorme, se devaient d'être récupérées par la nouvelle société de l'acier récemment formée. Car sans cela le cartel serait une farce, et comme l'écrivit quelqu'un avec beaucoup d'à-propos: «Un pouding aux prunes sans les prunes».

Charles M. Schwab réussit à persuader son patron de vendre. Il utilisa la même éloquence hypnotique et la même loquacité verbale dont il s'était servi face aux 80 millionnaires lors du banquet du cercle universitaire. Monsieur Schwab fit miroiter la promesse scintillante d'innombrables millions à venir, de croisières luxueuses et d'une retraite dorée. Combien Andrew Carnegie demanda-t-il? En tout, 400 000 000 $.

Au moment où les aciéries obtinrent leur existence légale, la valeur des propriétés avait déjà augmenté de 600 000 000 $. John Pierpont Morgan et les autres firent des bénéfices exceptionnels de plusieurs millions. Charles M. Schwab fut nommé président de la nouvelle société de l'acier et le resta jusqu'en 1930.

Le discours de Charles M. Schwab et sa façon de le transmettre aux personnes concernées fut évalué à 600 000 000 $ de bénéfices. Toute une somme pour un simple discours d'après-dîner!

Considérons maintenant la possibilité pour monsieur Schwab d'employer une méthode de rechange pour communiquer aux 80 millionnaires l'unification proposée. Il aurait pu leur écrire des lettres ou leur faire parvenir des dépliants lustrés qui auraient mis nettement en évidence les faits et l'offre. Une lecture facile, rendue excitante par les bénéfices escomptés. Mais non! Cela n'aurait pas marché.

La force et l'effet qui galvanisent, nécessaires pour convaincre et motiver ces banquiers, ces courtiers et ces industriels ne pouvaient se trouver que dans la parole! *Il n'y avait pas d'autre façon pour Charles M. Schwab de vendre son idée à J.P. Morgan et aux autres en ce soir du 12 décembre 1900. Il est vraiment pertinent de dire: La parole est d'argent.*

De nos jours, une telle opération commerciale ne se ferait pas mieux autrement — car il est toujours vrai que la parole est notre plus grande richesse: *La parole est d'argent.* Le secret de cette opération avantageuse que nous venons de décrire peut difficilement être encore considéré comme un secret. Le discours que tint Charles M. Schwab aux 80 millionnaires le fut à la manière d'une conversation. Ce faisant, il se vendait lui-même à son auditoire. Monsieur Schwab savait exactement de quoi il s'agissait. Il a même dit un jour: «Nous sommes tous des vendeurs, chaque jour de nos vies. Nous vendons nos idées, nos projets, nos énergies, notre enthousiasme à ceux avec qui nous entrons en relations. C'est pourquoi, l'homme doué d'une personnalité cordiale est destiné à accomplir plus de choses que celui qui en est privé».

Prenons en considération pour quelques instants la très lucrative compagnie de cosmétiques Avon. En 1973, cette société valait à la Bourse plus que toute l'industrie de l'acier des États-Unis ensemble. Et cela grâce aux efforts des milliers de vendeuses de produits Avon qui ont mis en pratique le slogan: *La parole est d'argent.* Elles ne se sont pas seulement enrichies, mais elles ont aussi fait de Avon l'une des compagnies les plus lucratives des États-Unis.

Ne soyez pas consterné du calibre imposant de l'entreprise précédente. Il est par trop facile de passer à côté des points cruciaux que nous avons établis. Lorsqu'une personne n'a aucun capital, pas d'idées, ni d'avoirs, il est difficile de discerner comment de tels exemples peuvent s'apparenter avec nos propres rêves. La seule chose que je vous dirai pour l'instant, c'est que si vous désirez bâtir un empire similaire à Avon, rien au monde ne vous en empêchera. Ce livre contient toutes les instructions nécessaires. Vous n'avez même pas besoin de posséder un capital de départ.

Muhammed Ali, l'une des grandes célébrités de ce monde, a gagné 34 000 000 $ dans le domaine de la boxe. Il est une légende vivante et un nom reconnu dans la plupart des foyers à travers le monde. Personne ne niera qu'il est un fantastique boxeur, mais qu'est-ce qui l'a rendu si riche? Oui, son talent d'orateur! Supprimez les joutes oratoires pré-combats et demandez-vous si les vieilles dames du bas de la ville l'auraient quand même eu à l'œil. Est-ce que les centaines de millions de téléspectateurs à travers le monde, dont la majeure partie ne s'intéressent pas à la boxe voudraient regarder de la boxe rien que pour la boxe? Jamais!

Les gens aiment l'éloquence, l'art de la mise en scène, la volubilité. C'est la partie la plus excitante, la meilleure. Muhammed Ali est un bon pugiliste, le meilleur, pourtant même le meilleur doit savoir se vendre. Le talent verbal d'Ali a fait davantage pour la boxe que quoi que ce soit d'autre depuis les débuts de ce sport.

La scène est prête ou peut-être devrais-je dire pour l'occasion, le ring. Le plus grand champion poids lourd de l'histoire de la boxe est dans un coin; dans l'autre, qui sait? Cela porte peu à conséquence. Muhammed Ali commence sa litanie.

«Regarde-toi, gros et laid, et si lent, lent, lent, lent. Hé! ballot! je gage que tu te fais peur à en mourir juste à te regarder dans ton miroir! Affreux ours, tu n'as jamais combattu que des vagabonds ou des types finis». L'atmosphère est électrifiante, on pourrait la couper au couteau. La bourse en jeu et l'entrée aux guichets pulvérisent des records. La foule est en extase ou bien hystérique, probablement les deux. «Voltigez comme un papillon, piquez telle une abeille, vos mains ne peuvent pas frapper ce que vos yeux ne peuvent voir.» Certains huent, d'autres applaudissent. Certains l'aiment, d'autres le détestent. «J'ai lutté avec un alligator, je me suis battu avec une baleine, j'ai menotté la lumière et jeté le tonnerre en prison. Je suis le plus grand, je suis immortel!» Le boxeur emmène avec lui un panneau publicitaire du type homme-sandwich sur lequel est écrit: «Guerre psychologique» et il est prêt à se battre.

La parole est d'argent s'adresse à vous aussi, peu importent votre vocation, votre but ultime. Les principes ci-inclus dans ce livre, vous n'avez qu'à vous en servir. Plusieurs parmi vous auront sûrement lu le célèbre chef-d'œuvre de Napoleon Hill: Réfléchissez et devenez riche*. Personnellement, j'en retire encore aujourd'hui un merveilleux enseignement. Ce livre fut vendu à plus de 5 000 000 d'exemplaires. Sur quoi repose le secret de Napoleon Hill? Il s'appuie assurément sur la conversation. Les entrevues qu'il fit avec plus de 500 hommes les plus prospères et les plus proéminents d'Amérique sont là pour en témoigner; des hommes du calibre des Ford, Rockefeller, Edison, Woolworth, Burbank, Parrow, Morgan, Firestone, Wanamaker, Wilson, Randolph et Roosevelt. Pouvez-vous honnêtement affirmer que Napoleon Hill aurait pu produire un tel livre sans ces entrevues.

Si Napoleon Hill n'avait pas eu une belle prestance, son entrevue avec Andrew Carnegie n'aurait pas convaincu l'opinion publique, encore moins son introduction consacrée aux plus grands et aux plus riches d'Amérique. Andrew Carnegie ne lui aurait pas non plus «suggéré» le secret de la réussite, ou implanté dans la tête l'idée de donner une philosophie du succès à notre monde. Nous n'aurions peut-être jamais connu cette philosophie du succès si Andrew Carnegie n'avait pas été séduit par la personnalité et la loquacité de Hill. Il fallait que Napoleon Hill soit volubile,

---

*   Publication des éditions Un monde différent sous format cassette audio.

de belle prestance et efficace. C'était un causeur, un orateur. Sans les entrevues, ce livre n'aurait pas vu le jour. Vous commencez également à comprendre que tous les hommes, même les écrivains et les journalistes, peuvent mettre en pratique le slogan: *La parole est d'argent.*

Au cours des dernières années, les auteurs ont fait la promotion de leurs livres selon la tradition typique de *La parole est d'argent.* Og Mandino a accordé 49 entrevues à la radio et à la télévision, en plus d'en donner deux douzaines d'autres à des reporters de différents journaux pour promouvoir son livre à succès, vendu à un million d'exemplaires: *Le plus grand vendeur du monde**.

Le docteur Wayne W. Dyer a parcouru 45 000 km pour la promotion de son livre: *Vos zones erronées.* Ce faisant, il a visité 48 des 50 États des États-Unis et donné plus de 700 entrevues à la radio et à la télévision. Le docteur Dyer a utilisé par inadvertance la philosophie de *La parole est d'argent* pour propulser son livre remarquable sur la liste des livres à succès.

Le président fondateur du Temple University, le docteur Russell H. Conwell a utilisé 6 000 000 $ de ses fonds personnels pour fonder cette institution. Cet argent provenait du montant des recettes de sa fabuleuse et très inspirante conférence: *La fortune à votre portée**. Cette conférence fut donnée plus de 6 000 fois à des millions de personnes. Le thème central de celle-ci était d'inspirer les hommes et les femmes à faire de grandes choses de leurs vies, non pas à des kilomètres de chez eux, dans des contrées lointaines, mais dans leur propre arrière-cour. Pendant sa conférence, il illustrait graphiquement encore et encore comment les gens échouent à reconnaître le potentiel de fortune et de renommée qui se trouve à leur portée. Ces mêmes gens ne voient pas la forêt car les arbres la leur cachent, ils sont trop anxieux de partir à la recherche de la fortune, pour ensuite apprendre avec conster-

---

* Publiés sous format de livres et cassettes audio aux éditions Un monde différent.

nation qu'ils ont laissé cette fortune derrière eux. Le docteur Conwell utilisait inconsciemment la psychologie dynamique lorsqu'il donnait sa conférence.

En fait, il arrivait en ville très tôt le jour de sa conférence, parfois même la veille. Puis il s'informait du cadre de vie des habitants de cette ville. Il parlait aux ménagères, aux ministres du culte, aux médecins, aux ouvriers, aux écoliers, aux professeurs et aux citadins en général. Il découvrait leurs désirs, leurs idéaux, leurs ambitions, les avantages qu'ils possédaient et les occasions qu'ils n'avaient pas su reconnaître. Après avoir complété sa mini-enquête, il était fin prêt à monter en chaire et à livrer son sermon. Il adaptait les principes de sa conférence pour qu'ils conviennent aux gens de chaque ville. Il leur montrait «la fortune à leur portée» dans leur propre arrière-cour: il fit ainsi des millions de dollars en parlant.

Lorsque vous considérez tous les cas que vous venez de lire, vous vous rendez rapidement compte que peu importe l'éclat d'une idée ou d'un produit, la seule façon de le vendre avec succès passe par la parole. Celui-ci a le pouvoir de la persuasion. Mais ce qui est encore plus important, il peut être personnalisé, voire même guidé. Cependant, comprenez bien que vous ne pouvez pas enregistrer les paroles d'un vendeur et vous en servir sur rubans ou sur disques pour vendre vos produits, car, comme je l'ai déjà dit et souligné, le secret se trouve dans le mode de la conversation. Cela exige une relation personnelle avec un interlocuteur. La communication écrite n'est pas suffisamment efficace. Tous ceux qui ont fait un publipostage prioritaire ou un envoi de prospectus le savent — le retour du courrier peut s'avérer lugubre.

Le potentiel à la portée de celui qui désire s'enrichir en sachant que *La parole est d'argent* est ni plus ni moins que phénoménal car chaque article manufacturé que l'on trouve à l'intérieur de la maison, dans l'atelier ou sur la rue doit être vendu, non pas en une seule fois, mais à plusieurs reprises. Ce qui précède vaut également pour l'équipement de bureau que vous utilisez, le bureau lui-même, l'automobile qui vous y conduit et l'essence que cette dernière consomme. Au départ, les idées qui véhiculent ces choses ont dû être vendues, et lorsque l'idée est devenue réalité, il a fallu à nouveau que le fabricant la vende au distributeur, et celui-ci au grossiste, au détaillant puis au consommateur. Vous pouvez vous faire une idée de toutes ces ventes, de là toutes les conversations qui ont lieu sur la longue route qui mène de la planche à dessin jusqu'au consommateur.

Souvenez-vous, il n'y a pas de commerce qui rapporte sans l'utilisation de la parole.

Gros plan!

1. La psychologie dynamique peut vous permettre de vendre aux poires faciles à duper, aux gens authentiques et même aux «je-sais-tout». Cela se produit si rapidement qu'ils n'ont pas le temps de voir venir, car notre façon de vendre touche de manière subliminale le seuil de leur conscience.

2. Lorsque Charles M. Schwab vendit l'idée d'unifier l'industrie de l'acier, il utilisa la parole. Aujourd'hui encore, ce serait la seule façon convenable de vendre une telle opération.

3. Cela aide beaucoup d'avoir une personnalité cordiale, car comme le dit si bien Charles M. Schwab, l'homme qui possède ce genre de personnalité est destiné à accomplir plus que celui qui en est privé.

4. Plusieurs des secrets contenus dans ce livre sont subliminaux. Lisez entre les lignes de ces histoires de vente qui suscitent l'inspiration pour voir comment vous pouvez appliquer leur contenu dans votre propre vie.

Chapitre 6

J'appelle cela de la psychologie dynamique

«Tous les cas sont uniques et très similaires les uns les autres».

T.S. Eliot

Au fil des jours, dans un passé pas vraiment imprécis et éloigné, plusieurs personnes ont essayé de connaître les secrets de la réussite à travers les procédés de l'occultisme, de l'astrologie, des feuilles de thé, du tarot et de la lecture des lignes de la main. Cependant, ce sont les profits et non les prophètes qui président l'avenir — et ce n'est que récemment que le domaine de la psychologie a pris un rôle ferme, étendu et puissant en ce qui a trait à l'accumulation de la richesse.

Pourquoi certaines personnes ont-elles des personnalités dynamiques et vibrantes qui leur permettent de vendre et leurs marchandises et elle-mêmes à n'importe qui, n'importe où, nuit et jour? Alors que d'autres, quels que soient leurs efforts, restent inefficaces. Qu'est-ce qui fait que certaines personnes disent toujours la bonne chose au bon moment et toujours ce que le client éventuel veut entendre, alors que d'autres ont l'air d'escrocs ou de manquer franchement de sincérité? Pourquoi certains hommes sont-ils pareils au roi Midas, tout ce qu'ils touchent devient de l'or?

Ces hommes attirent l'argent comme des aimants. D'autres à ce qu'il semble, repoussent la richesse, même s'ils ont l'air de vouloir fortement l'accumuler. Toutes les réponses à ces questions se trouvent dans ce livre et lorsque vous serez au courant de tout cela, vous comprendrez comment obtenir la richesse au lieu de lui tourner le dos.

Il existe une histoire classique de vendeur à domicile, qui, à chaque fois qu'une vieille dame en chemise de nuit, en sandales et avec bigoudis lui ouvrait la porte, s'exclamait: «Bonjour, ma chérie, est-ce que ta mère est là?» Certains y verraient de la flatterie, d'autres de la psychologie. Quoi qu'il en soit, c'est là l'art de la vente à son plus bas niveau, et de toute façon, je ne suis pas sûr de la véracité de cette histoire.

La psychologie dynamique diffère de l'histoire qui précède autant que la craie du fromage. Il est d'une importance suprême que vous vous souveniez que vous ne devez pas suivre un exemple spécifique, mais le principe. Dans chaque cas particulier, c'est sur le principe que je veux revenir avec insistance.

La psychologie dynamique est terriblement puissante. Ses différents aspects peuvent servir à demander une augmentation à votre employeur, à persuader des gens de vous aider dans votre entreprise ou à vous prêter de l'argent. Vous pouvez l'utiliser également pour rencontrer quelqu'un et même pour persuader qui que ce soit de vous épouser.

La psychologie dynamique peut aussi inspirer les vendeurs, motiver les employés et accroître leurs ventes. Elle peut vous rendre apte à faire des transactions ou acheter des choses selon votre prix. Vous pouvez l'utiliser avec succès lorsque vous grimpez l'échelle des sociétés commerciales ou des chefs d'entreprise.

Toute opération commerciale, toute transaction tournent autour de la psychologie dynamique. Il existe un modèle précis à suivre pour en arriver à la réussite dans chacune de ces transactions, et même si chaque cas est unique à sa façon, certains points fondamentaux sont similaires aux autres.

La psychologie dynamique peut être comparée à un grappin. Vous avez déjà visionné des films où des soldats jettent un grappin sur une falaise ou sur le toit d'un édifice escarpé qu'ils veulent escalader. Le grappin tombe toujours lors du premier et du second essai. Cela pour augmenter le suspense et l'effet dramatique du film. Mais lors de la troisième tentative, le grappin se loge toujours bien fermement en place et les soldats atteignent leur objectif. Lorsque vous utilisez la psychologie dynamique, cela fonctionne toujours sans une faille, à la façon d'un grappin à quatre crochets — elle reste solidement agrippée.

Pour comprendre à fond ce qui fait la réussite d'un vendeur, nous devons ramener tout le concept de la vente à ses bases fondamentales.

Le premier point important qu'il faut reconnaître est que l'escroquerie et la vente sont deux choses différentes, et non une seule et même chose, comme plusieurs vendeurs semblent le penser. L'escroquerie intervient lorsqu'une transaction est basée sur l'avidité. S'il me fallait vendre la tour Eiffel ou manigancer une autre frime, je m'arrangerais pour faire croire à mon «pigeon» qu'il était là depuis le début de l'opération. Puis, je lui dirais que pour conclure le marché avant que quelqu'un ne vienne s'immiscer et faire monter les prix, il lui faudrait absolument ne pas souffler mot de notre affaire. Son avidité de mordre à l'hameçon lui clouerait le bec et avant qu'il ne découvre ma supercherie, j'aurais disparu. Les rudiments de l'escroquerie sont simples: la duperie est basée sur l'avidité, le «pigeon» ne reçoit rien en contrepartie de son argent et le vendeur se volatilise dans la nature. Une dernière chose à propos de l'escroquerie — vos affaires vont constamment en décroissant, car vous ne pouvez duper deux fois la même personne.

Vendre est entièrement différent. Dans la vente, nous partons du principe que la transaction bénéficie autant à l'acheteur qu'au vendeur. Dans un cas précis, l'acheteur reçoit une automobile alors que le vendeur reçoit de l'argent. Les mécanismes de la vente sont fort simples: l'acheteur et le vendeur tirent tous les deux quelque chose d'une transaction, cela doit se faire à leur satisfaction mutuelle: aucun des deux ne disparaît une fois l'entente conclue; ils peuvent tous deux parler ouvertement de cette transaction. Ainsi donc, les affaires augmentent continuellement, car contrairement à l'escroquerie, vous souhaitez non seulement revendre à ce client, mais aussi à ses enfants et même un jour à ses petits-enfants.

Si votre argumentaire de vente est plein de failles et quelque peu fade, terne, et que vous essayez de convaincre votre client en le trompant et en lui mentant, vous ne valez pas mieux qu'un escroc. Dans la plupart des cas, vous subirez une annulation de chèque, de vente ou la perte de votre commission. De toute façon, vous perdrez au bout du compte.

L'art de la vente ne consiste pas à persuader un client potentiel de vous verser un dépôt et de signer sur la ligne pointillée, mais qu'à ses yeux, le produit ou le service que vous lui offrez soit celui qui répond le mieux à ses besoins. Le client potentiel devrait partir convaincu qu'il n'aurait pas pu conclure meilleure entente ailleurs. Et lorsqu'il aura à nouveau besoin de ces produits ou services, vous pouvez être sûr qu'il reviendra vous voir. Voilà ce que c'est la vente.

Heureusement pour moi, la plupart des fois qu'on a dit de moi que j'étais un bon vendeur, c'est après qu'on ait étudié mes chiffres de vente et mes résultats. Mais lorsqu'un client éventuel vous dit: «Vous êtes un bon vendeur», considérez cela comme un échec. Car cela veut simplement dire que votre art a été percé à jour. Ne laissez délibérément aucun client savoir que vous êtes un vendeur. Le piège est sûrement tendu en vain quand un oiseau le voit! N'ayez jamais des signes de «piastre» dans les yeux, c'est là une révélation involontaire mortelle. La sincérité doit être votre plus grande priorité.

Je soupçonne maintenant que vous vouliez que je vous montre comment conclure des ventes, exemples à l'appui. Plusieurs personnes ont écrit des livres sur le sujet et le dommage qu'ils ont fait est incalculable. Ces livres reproduisent le stéréotype du vendeur qui s'imagine qu'il n'existe qu'une seule façon de conclure n'importe quelle vente. Il est absurde de penser qu'un certain assemblage de mots va automatiquement conclure un marché. Il n'y a pas deux clients potentiels qui pensent ou agissent de la même façon, ou veulent tirer le même parti d'une transaction. Je connais même des vendeurs qui passent beaucoup de temps à parler de modèles de vente lus dans des livres. Je dois admettre que ce sont souvent des histoires extraordinaires, du bon divertissement, mais vous ne pouvez pas les utiliser.

En ce qui me concerne, j'ai personnellement conclu des milliers de transactions, mais je ne me suis pas servi des modèles de vente de ces livres. Je pourrais moi-même écrire un livre sur le sujet, mais ça ne vous serait d'aucun secours, car ce serait les modèles dont je me sers pour conclure certaines ventes, avec des gens précis, en différentes occasions. Je n'ai jamais utilisé la même procédure de vente plus d'une fois, car les circonstances ne se répètent jamais de la même façon. Les gens qui écrivent sur le sujet ne peuvent pas connaître d'avance à coup sûr les mots qui concluront avec succès une vente avant même de clore réellement cette vente.

La communication réussie, la persuasion et la vente ne peuvent se faire consciemment — c'est le subconscient qui décide. Si vous conversez consciemment, vous dérangez le courant naturel de la communication. Je ne sais pas ce que je vais dire à un client potentiel jusqu'à ce que je le rencontre. Très souvent, je ne sais même pas ce que je vais dire jusqu'au moment où je m'entends réellement le dire!

Malencontreusement, trop souvent, même les très bons vendeurs n'échappent pas au piège d'écrire des livres à propos de la vente. Ils observent ce qui est présentement utilisable et ils écrivent des livres en concordance avec ce qui est généralement accepté. Ils rédigent ces livres en fonction de ce qu'ils pensent qu'ils font. Malheureusement, cette façon d'écrire n'est pas pertinente, car toutes les choses importantes qu'ils effectuent sont faites de manière subconsciente. C'est pourquoi ils ne se rendent pas compte eux-mêmes de ce qu'ils accomplissent.

J'ai consacré beaucoup de temps à l'étude de ce que j'appelle la psychologie dynamique, ou comment persuader les gens d'acheter et de faire des choses, tout en leur disant et en leur faisant croire que c'est là leur propre idée et décision.

Examinons brièvement le concept de ce que j'appelle la psychologie dynamique. «Dynamique» signifie: «D'une force qui produit un mouvement actif, puissant, énergique, vigoureux». Le mot «psychologie» dérive de deux mots grecs, «psycho», qui signifie «esprit ou âme sensitive», et «logos», qui signifie «parole et raison». En conséquence, le mot psychologie veut dire «étude de l'esprit». La psychologie dynamique a pour but de vous rende apte à comprendre, prédire, et si nécessaire, contrôler et manipuler le comportement humain de manière à vous rendre possible de vendre, de motiver, de progresser et d'accumuler.

Le mot étude est le seul mot sur lequel il convient ici d'insister. La psychologie dynamique résulte de plusieurs études à propos des meilleurs «communicateurs» professionnels au monde. J'ai moi-même participé à ces études, en rencontrant ces gens et en les écoutant et regardant pendant de nombreuses heures sur des enregistrements vidéo. Quand on parle de psychologie dynamique, l'important ce n'est pas ce que les super vendeurs pensent «qu'ils font» lorsqu'ils vendent avec succès. Ce n'est pas non plus ce que je pense «qu'ils font» lorsqu'ils persuadent quelqu'un d'acheter quelque chose. C'est ce qu'ils font *réellement* au moment où ils concluent une vente avec succès, parfois même sans s'en rendre compte, c'est ce que j'appelle la psychologie dynamique.

Je vais vous faire part de ses différentes composantes. Je ne présenterai pas celles-ci dans un ordre particulier, car première-ment, vous ne pouvez utiliser aucune de ces composantes indivi-duellement, et que deuxièmement, elles doivent être combinées à un secret dont nous avons déjà parlé, celui de vendre dans le mode d'une conversation un bon produit ou un bon service. Finalement, certaines des choses que je vais initialement vous montrer formeront un travail préparatoire pour ces autres comportements qu'il vous faut adopter tout au long de l'argumentaire de vos ventes.

Vendez au mode d'apprentissage de votre client potentiel

Lors du troisième chapitre portant sur le secret des buts, nous avons vu comment nous utilisons notre processus interne de la connaissance de trois façons: Nous voyons des images dans nos esprits (visuel), nous monologuons et entendons des voix à l'intérieur de nous (auditif), et nous ressentons et éprouvons des émotions (kinesthésique). Nous avons vu que même si tous, nous utilisons ces trois modes d'apprentissage, chacun de nous utilise plus l'un que les deux autres. La vente est simplement une question de communication efficace et convaincante. Plus vous êtes persuasif et plus vous savez communiquer, plus vous vendez.

Lorsqu'il y a un auditoire nombreux devant moi, j'aime particulièrement faire la démonstration suivante: expliquer aux gens avec soin les trois modes d'apprentissage du processus interne de la connaissance. Je demande quels sont ceux parmi l'auditoire qui passent la majeure partie de leur temps à visualiser. Plusieurs mains se lèvent. Je demande ensuite à ceux qui passent la plus grande partie de leur temps à ressentir et éprouver des émotions de lever la main. Finalement, je demande à ceux qui élaborent verbalement et entendent des voix intérieures, de lever aussi la main. Je m'enquiers ensuite à savoir combien parmi eux sont étonnés que tant d'autres personnes ne pensent pas et n'emploient pas le même mode d'apprentissage qu'eux. Toutes les mains se lèvent à l'unisson. Tous les membres de l'auditoire sont confondus de se rendre compte que tous et chacun ne fonctionnent pas nécessairement de la même façon qu'eux-mêmes.

L'une des premières choses que vous devez faire est de réunir votre «comité d'experts pour vous conseiller». Ce comité est le groupe de six ou huit personnes pour qui vous achèterez un exemplaire de ce livre. Ce sont ces gens qui vous aideront à faire fortune. Ayez une discussion avec eux pour connaître les différents modes d'apprentissage de chacun (visuel, auditif, kinesthésique).

Une façon simple d'établir desquels systèmes vos associés et vous faites partie est d'imaginer que quelqu'un vient tout juste de vous proposer une opération commerciale. Ceux qui intériorisent et traitent l'opération avec émotion et sentiment, voudront ressentir des bonnes ondes face à la transaction. Ils feront habituellement les commentaires suivants: «Oui, c'est une bonne opération, je la sens bien», ou «Je n'arrive pas à m'en faire une idée précise». Ces gens-là sont kinesthésiques. Ceux qui intériorisent et traitent l'opération en monologuant dans leurs têtes et en écoutant des voix intérieures, diront: «Oui, cela résonne comme une bonne transaction pour moi», ou bien «Je n'aime pas le ton de cette opération commerciale». Ces gens sont assurément auditifs. Finalement, ceux qui procèdent visuellement, regarderont leurs images mentales et s'ils aiment ce qu'ils voient, ils diront: «Quelle idée lumineuse» ou bien «Je vois cela d'un bon œil». Ceux-là sont visuels.

Une fois que vous avez saisi le fait que les gens pensent et analysent les choses de trois façons totalement différentes, vous comprenez soudainement pourquoi certains étrangers que vous rencontrez sont immédiatement sur la même longueur d'onde que vous. Alors que vous ne pouvez pas entrer en communication avec d'autres, peu importent les efforts que vous déployez. Voilà ce qui se produit: vous êtes peut-être kinesthésique et l'étranger que vous rencontrez ou auquel vous essayez de vendre quelque chose l'est également. Vous pouvez donc entrer immédiatement en relation mutuelle, car vous avez tous deux en commun l'émotivité. Et même si vous ne ressentez pas des choses identiques, vous pouvez vivre des situations ou ressentir quelque chose l'un pour l'autre de la même façon.

Examinons une autre possibilité. Présumons que vous êtes kinesthésique et que vous essayez de vendre à une personne visuelle. Alors que vous lui parlez selon votre façon émotive et sentie, il se peut qu'elle ne puisse pas entrer en relation avec vous, car elle dépense de l'énergie à tenter de traduire les émotions en images. Du reste, les émotions et les sentiments que vous ressentez ne se convertissent pas aisément en images. Les images qui viennent à l'esprit de cette personne peuvent très bien n'avoir aucune ressemblance avec votre façon à vous de comprendre la transaction. Vous êtes tous deux dans des modes d'apprentissage entièrement différents.

Voici un autre exemple: présumons que vous êtes visuel. Votre client potentiel est auditif. Tout ce que vous pouvez dire à celui-ci peut vous sembler très clair et convaincant car vous le voyez vous-même clairement sous forme d'images dans les yeux de votre esprit. Mais la personne auditive, elle, commencera à monologuer intérieurement à propos de cette offre que vous lui proposez. Elle va y réfléchir le plus logiquement possible dans son esprit. Elle va prendre le temps de convertir vos images en mots. Et même si vous avez transmis avec soin chacune des images de votre esprit, il se peut que ce que vous dites n'ait pas suffisamment de sens à ses yeux. Elle présumera que vous vous exprimez de façon illogique.

Le problème peut sembler complexe, mais la solution est simple. Analysez attentivement votre propre façon de fonctionner intérieurement. Ressentez-vous fortement des choses et éprouvez-vous souvent des émotions? Monologuez-vous en vous-même à propos de différentes situations et écoutez-vous ces voix dans votre tête? Ou bien passez-vous la plus grande partie de votre temps à transiger avec des images dans les yeux de votre esprit? N'oubliez pas que tous nous utilisons les trois modes d'apprentissage, mais que chacun de nous en utilise un, plus que les deux autres. C'est le mode d'apprentissage dont nous nous servons le plus souvent qui nous classe comme étant visuel, kinesthésique ou auditif.

Lorsque vous aurez décidé à quelle catégorie vous appartenez, retenez-la bien. Quand un client potentiel est en face de vous, exprimez-lui tout ce qu'il y a en vous à la manière de chacun des trois modes d'apprentissage. Parlez logiquement et faites-lui entendre des sons appropriés, rejoignez ses émotions, ses sentiments et utilisez des supports visuels pour qu'il puisse voir ce dont vous parlez. Pendant que vous continuez de vous adresser à lui, vous devez prendre l'habitude d'entrer en vous-même et de vous dire: «Comment voit-il, ressent-il et entend-il ce que je dis?» Que vous vous en rendiez compte ou non, pendant tout le temps que vous parlez, ou bien votre client potentiel visualise, ou bien il se préoccupe de ce qu'il ressent, ou bien il se parle à lui-même intérieurement.

Pour devenir un bon vendeur, il vous faut présumer que la personne assise en face de vous utilise peut-être un autre mode d'apprentissage que le vôtre. Pour pouvoir vendre à cette personne, il vous faut être capable de parler à la manière de son mode d'apprentissage à elle, pour au moins une partie de la conversation. Les gens donnent continuellement de manière subconsciente des indices à propos du mode d'apprentissage qu'ils utilisent. L'un dira: «La façon que je vois cela», ou bien «Il m'apparaît que», celui-ci est visuel. Un autre pourrait dire: «Je me suis dit à moi-même» ou bien «Cela résonne de la même façon», celui-là est auditif. Vous avez peut-être entendu d'autres gens dire: «Je me sens comme si», ou bien «Cela fait du bien», ceux-là sont kinesthésiques. Vous pouvez et vous devez rechercher ces indices, car ceux-ci vous permettront de mieux communiquer avec votre client potentiel. Si vous pouvez déterminer quel mode d'apprentissage utilise ce dernier, vous pourrez ficeler votre boniment de vente de façon telle qu'il ne pourra aucunement y résister.

Imaginons que vous vendez une automobile. Il est facile de comprendre qu'un être visuel désirera une auto de belle ligne et de la couleur de son choix. L'auditif s'assurera non seulement que le moteur tourne rondement, mais que la radio résonne bien, que les portières ne font pas de bruits sourds, et que les vitres ne grincent pas quand nous les remontons. Le kinesthésique va sans aucun doute vouloir conduire l'auto pour s'assurer qu'il s'y sent bien, que les banquettes sont confortables et que la conduite est facile et agréable.

Voici maintenant le point le plus important: étant donné que tous les gens utilisent les trois modes d'apprentissage, chacun de ces trois clients potentiels sera intéressé par les détails mentionnés ci-dessous, mais chacun aura plus d'intérêt pour un aspect des détails que pour les deux autres. Il ne serait pas du tout avantageux que vous essayiez de vendre une auto pour son apparence alors que le client potentiel veut savoir comment il se sent à l'intérieur.

Il vous faut découvrir les signaux subconscients verbaux et non-verbaux que votre client potentiel vous envoie. S'il répond favorablement à ce que vous dites à propos de l'apparence et de la couleur de l'auto, vous pouvez présumer qu'il est visuel et qu'il se concentre sur les aspects visuels comme le tableau de bord en noyer, les roues en magnésium, la peinture métallique et l'intérieur en cuir rouge. Il vous faut déterminer si votre client potentiel est visuel, auditif ou kinesthésique, puis tenant compte du mode d'apprentissage qu'il utilise, commencez votre vente.

Si vous essayez de lui vendre d'une façon à laquelle il ne répond pas favorablement, c'est vous qui ne jouez pas la bonne carte et qui devez tenter autre chose. Si un client éventuel vous questionne à propos des caractéristiques précises d'une automobile, classez-les par catégories: visuelles, auditives ou kinesthésiques et essayez de lui vendre l'automobile en utilisant ces termes. Si vous ne savez pas de quel mode d'apprentissage il fait partie, devinez. Concentrez votre boniment de vente dans un mode d'apprentissage précis, puis attendez de voir les réactions. Modifiez votre attitude en conséquence.

Trop souvent, certains vendeurs parlent pour ne rien dire pendant des heures, sans se donner la peine de saisir les signaux subconscients de leur client potentiel. Ce dernier ne peut pas démontrer de l'enthousiasme, car ces vendeurs ne modifient pas leurs boniments de vente. Ils se demandent ensuite pourquoi ils ne font pas de ventes. Ils récitent exactement le même laïus, quelle que soit la personne, sa façon de penser ou ce qu'elle veut effectivement.

Que vous vendiez des autos ou le plan d'Amway, des cosmétiques ou de l'immobilier, des biens tangibles ou impalpables, cela ne change pas un iota au fait que ce qui compte vraiment c'est la persuasion et la communication.

Quand vous vendez, il faut que vous y mettiez de l'émotion, du sentiment. Dans un même temps, faites vibrer les cordes sensibles et ayez de l'humour. Cela plaira aux kinesthésiques. Pour séduire les visuels, vous devez faire ressortir tous les aspects visuels de ce que vous vendez et vous devez peindre avec vos mots des images frappantes pour que votre client potentiel puisse les visualiser avec les yeux de son esprit. Par ailleurs, pour plaire aux auditifs, il vous faut parler avec logique et que vous fassiez entendre au client des bruits et des sons appropriés. Il vous faut vendre de cette façon si vous voulez bien communiquer avec les représentants des trois différents modes d'apprentissage.

C'est pour ces raisons que tout politicien, orateur public ou homme d'affaires qui a du succès, s'adressera à une foule de façon bien précise. Il leur parlera comme s'il s'adressait à une seule personne, il fera vibrer les cordes sensibles, il les touchera jusqu'aux larmes, il agrémentera son discours de quelques touches d'humour et il parlera de façon rationnelle et logique. Il rejoindra autant les émotions que la raison et il utilisera les exemples pertinents. Car c'est là la seule façon de vendre aux trois modes d'apprentissage en même temps, et c'est la seule manière à votre disposition d'obtenir d'une foule une réponse favorable.

Si vous désirez des exemples additionnels sur l'art de la vente, relisez ce livre quelques fois. Vous verrez qu'il est écrit selon le modèle de ma façon de vendre. Je peins des images frappantes, je raconte des histoires pleines d'émotions et de sentiments. Dans un même temps, je fais vibrer les cordes sensibles, puis je communique ce que j'ai à dire avec logique en teintant le tout d'humour. Les kinesthésiques, les visuels et les auditifs peuvent tous se retrouver dans ce livre. C'est ainsi qu'il vous faut vendre. Plus vous en saurez et plus vous absorberez de détails à propos des gens des trois différents modes d'apprentissage, d'autant plus facile il vous sera de vendre à n'importe qui, les «je-sais-tout» inclus.

À étudier les gens, vous constaterez rapidement que les auditifs font de très bons vendeurs par téléphone, car ils n'ont pas besoin d'autre chose que d'une voix pour entrer en rapport avec quelqu'un. Les visuels, par contre sont très mauvais vendeurs par téléphone, car il leur faut voir la personne à qui ils s'adressent.

Typiquement, les visuels se plaignent que les auditifs ne leur prêtent pas attention, car souvent ces derniers ne regardent pas leur interlocuteur dans les yeux lors d'une conversation. De la même façon, les kinesthésiques se plaignent que les visuels et les auditifs sont souvent insensibles. Les auditifs déplorent continuellement que les kinesthésiques n'écoutent pas. Si vous éprouvez de la difficulté à comprendre ou à communiquer avec quelqu'un, il est à peu près certain qu'il n'utilise pas le même mode d'apprentissage que vous.

Les visuels peuvent lire rapidement, car ils n'ont qu'à regarder les mots pour les comprendre. D'un autre côté, les auditifs lisent lentement car immanquablement ils prononceront chaque mot intérieurement. Les visuels font de très bons vendeurs lorsqu'il s'agit de vendre des articles palpables comme les bijoux, les œuvres d'art, les automobiles, les vêtements et, en fait, tout ce qui doit bien paraître.

L'auditif excelle dans la vente de services impalpables comme les assurances ou comme expert-conseil auprès d'une compagnie; il est également bon pour vendre des instruments de musique et des produits et services par téléphone. Le kinesthésique peut vendre tout ce qui a un rapport avec le fait de ressentir ou de toucher. Cela inclut la soie, les fourrures, les équipements sportifs que nous pouvons palper, la vente de maisons où nous devons nous sentir comme chez nous et les voyages organisés qu'il doit lui-même pouvoir recommander. Il fait également un bon entrepreneur de pompes funèbres, un bon thérapeute et psychiatre, car il aborde avec facilité les émotions des gens.

Henry Ford a déjà fait remarquer ce qui suit: «S'il existe un secret de la réussite, il repose dans la capacité de rechercher le point de vue d'une autre personne et de voir les choses aussi bien de ce point de vue que du vôtre». Henry Ford savait comment faire cela intuitivement. Malheureusement, il n'a jamais divulgué exactement comment le profane pouvait faire de même. C'est pourtant simple: Pour devenir un vendeur capable de vendre n'importe quoi, il suffit de développer son propre mode d'apprentissage et de discerner celui de la personne à qui vous désirez vendre. En présentant votre boniment de façon qu'il soit compatible avec le mode d'apprentissage de votre client potentiel, vous lui rendez vos idées et vos produits acceptables à leur maximum. En calquant vos mots et votre stratégie sur son mode d'apprentissage, vous exercez une forte influence sur sa décision d'acheter ou non. Les moyens psychologiques esquissés dans ce chapitre sont extraordinairement puissants, car ils affectent les gens de façon subliminale au seuil de leur conscience.

Il existe un autre mode d'apprentissage dont je veux vous entretenir brièvement, sans aller en profondeur, c'est le mode olfactif. Il réfère à notre façon d'analyser le goût et l'odorat. C'est un mode d'apprentissage que nous utilisons tous, mais seulement à un degré minimal. Par contraste, le mode d'apprentissage olfactif est habituellement le plus développé chez le règne animal. Il sert à trouver la nourriture, à flairer des ennemis ou pour découvrir avec qui s'accoupler. Chez les humains, le sens olfactif n'est pas très développé. Cela n'a pas toujours été ainsi; les premiers indiens d'Amérique pouvaient renifler l'homme blanc ou un bison à une distance de 15 ou 20 km. Mais aujourd'hui, cette simple lutte pour survivre et s'alimenter n'est plus une priorité de premier plan dans le monde occidental. De là, la diminution de notre capacité olfactive.

Toutefois, elle est toujours là, en chacun de nous, et le vendeur étoile est le premier à s'en rendre compte et à l'utiliser dans son argumentaire de vente. Par exemple, une nouvelle automobile possède une odeur particulière. La première chose que je faisais quand je vendais des autos neuves était de faire entrer mon client potentiel dans l'auto pour qu'il prenne une bonne bouffée de ce nouvel intérieur. Si vous vendez des ceintures ou des manteaux, arrangez-vous pour que votre client les hume, faites appel à son système olfactif. Quand je vendais des maisons, j'avais l'habitude de les aérer pour qu'elles sentent la fraîcheur et non le renfermé, le moisi. Je le faisais remarquer de façon subtile à mes clients potentiels. Chaque fois que vous pouvez utiliser le système olfactif de quelqu'un, faites-le — il est encore là bien présent en chacun de nous et est toujours puissant. En vous servant de ce sens, vous ajouterez un autre outil à votre mallette d'outils psychologiques.

Pour devenir un bon vendeur, préparez votre boniment de vente en fonction des trois modes d'apprentissage principaux du processus de la connaissance. Si vous voulez devenir un super, super vendeur, composez la majeure partie de votre boniment selon le mode d'apprentissage que votre client potentiel utilise le plus. Dans un cas comme dans l'autre, il vous sera d'une grande utilité de cultiver les deux modes d'apprentissage dont vous vous servez le moins. C'est là que vous comprendrez vraiment la façon de procéder des autres individus. Cela peut se faire très simplement. Si vous êtes auditif, vous devez vous exercer à visualiser des choses dans votre esprit et à créer des images mentales. Vous devez également développer vos émotions et votre façon de sentir les choses. Il faut que vous deveniez plus sensible aux situations et aux gens. Cela vous aidera aussi de développer votre sens tactile. Voilà bien un autre domaine que les kinesthésiques ont su cultiver. Si vous êtes visuel, vous devez vous exercer à verbaliser des transactions en vous-même et à développer également les mécanismes du mode d'apprentissage kinesthésique. Si vous êtes kinesthésique, il vous faut vous exercer à inventer des images dans votre esprit et à monologuer intérieurement. Si vous travaillez fort à développer les modes d'apprentissage dont vous faites le moins usage, vous serez apte à vendre à n'importe qui.

Rapport subconscient

Avant d'aller plus avant dans l'approfondissement des composantes de la psychologie dynamique, je voudrais apporter une importante suggestion. Celle-ci est tellement capitale que si vous ne deviez retenir qu'une seule chose de ce livre, il faudrait que ce soit celle-là: Le vaste subconscient est littéralement le fondement de tout ce que nous faisons.

Il est prouvé que le subconscient monopolise la plus grande partie de notre esprit. Nous l'avons déjà utilisé pour visualiser, fournir des eurêkas! et pour résoudre des problèmes. Quand nous vendons, nous devons diriger la plus grande part de nos efforts à pénétrer le subconscient de notre client potentiel. Nous devons nous rendre au seuil de sa conscience, là où nous pouvons le toucher de façon subliminale.

L'une des plus importantes choses à faire est d'établir un rapport subconscient avec notre client potentiel. Voilà le grand secret dont j'ai parlé plus tôt qu'utilise tous les super, super vendeurs, sans même s'en rendre compte. S'il existe un dénominateur commun à la race des super, super vendeurs, c'est que, paradoxalement, ils sont tous différents, sauf pour un point: Ils établissent tous, sans exception, un rapport subconscient avec leur client potentiel avant même d'essayer de lui vendre quoi que ce soit.

La meilleure façon d'établir un tel rapport est d'observer de façon très subtile les habitudes subconscientes de votre client potentiel. Cela doit se faire à la fois au plan verbal et non-verbal. S'il respire doucement, adoptez exactement son rythme et sa façon de respirer. S'il s'avère qu'il est asthmatique, respirez profondément et difficilement comme lui. Il boit probablement son café d'une certaine manière. Copiez celle-ci du mieux que vous pouvez. Il est à prévoir qu'il clignera des yeux de façon lente ou rapide et il se peut qu'il devienne troublé. Quoi qu'il fasse inconsciemment, faites en sorte que vos mouvements s'ajustent aux siens et imitez-le subtilement. Les super, super vendeurs font cela et ne s'en rendent même pas compte.

J'ai souvent fait remarquer à ces super, super vendeurs comment ils agissaient. Ce n'est qu'après leur avoir fourni plusieurs exemples de leur comportement subconscient qu'ils m'ont cru. Un vendeur prenait soin d'emporter avec lui les marques de fabrique de cigarettes les plus populaires. Quand son client potentiel allumait une cigarette d'une certaine marque de fabrique, ce vendeur faisait en sorte de lui offrir une cigarette de la même marque. Il trouvait que ça «faisait bien» de pouvoir offrir à son client potentiel la marque qu'il avait l'habitude de fumer. En vérité, ce vendeur établissait un rapport subconscient avec son client, et il ne s'en apercevait même pas.

Si votre client potentiel caresse ses cheveux, vous aussi, quelque temps après, devriez faire de même. Assurez-vous que ce ne soit pas de façon trop manifeste. N'oubliez pas que vous essayez simplement de rejoindre le subconscient de votre client potentiel. Vous ne voulez certainement pas qu'il s'en rende compte *consciemment*. Ce client éventuel enlèvera peut-être ses lunettes et les essuiera d'une certaine manière. Imitez-le de façon précise.

Plus votre imitation sera conforme à ses activités subconscientes, à la fois verbales et non-verbales, plus vite vous établirez un rapport subconscient — et serez sur la même longueur d'onde.

Vous aurez peut-être affaire à un dur à cuire qui crache par terre de temps en temps. Eh bien! c'est là une habitude subconsciente et plus vite vous la singerez, plus vite vous arracherez de l'argent à cet homme!

Si vous déjeunez avec un client éventuel et que celui-ci commande une salade et un jus d'orange, vous allez vous l'aliéner en commandant pour vous-même du ragoût et une coupe de vin. Pour ma part, non seulement je commanderais la même chose que lui, mais j'imiterais aussi ses manières et sa façon de manger. J'ajusterais mon rythme au sien et je terminerais mon repas en même temps que lui. Je ferais ainsi savoir à son subconscient que nous sommes sur la même longueur d'onde.

Si un client potentiel m'offre une tasse de café, j'accepte. Je présume automatiquement que cette personne boit une tasse de café tous les après-midi à 17 h. C'est là une habitude subconsciente et je la suis à la lettre. Le fait d'agir ainsi établit un rapport subconscient, m'en abstenir m'éloigne de manière subconsciente de mon client potentiel. Vous pouvez agir de même. Le rapport subconscient crée automatiquement des amis.

La réussite est en grande partie due au puissant rapport subconscient avec le client potentiel plutôt qu'aux autres facteurs ou méthodes de la vente. Il faut que les gens puissent entrer en relation avec vous. La plus grande partie de ce rapport s'établit à un niveau subconscient.

Il faut vous rendre au-dessous du seuil de conscience, là où vous touchez de façon subliminale. Nous avons déjà expliqué comment y parvenir. Pour réussir, un vendeur doit apprendre différents types de comportements, à la façon d'un acteur, pour que plusieurs personnalités différentes puissent s'identifier à lui. Plus il adoptera et endossera de comportements différents, plus les gens s'identifieront à lui et plus il aura de succès. Imitez cette expression faciale de votre client potentiel, imitez également sa façon de tenir son martini et de s'accouder au comptoir. Mimez-les avec précision. Faites savoir à son subconscient que vous êtes tous les deux sur la même longueur d'onde. Si votre client potentiel frappe dans ses mains, contracte sa lèvre supérieure ou se frotte les sourcils, imitez à la lettre son comportement.

Le subconscient de votre client potentiel est ainsi capable de s'identifier au vôtre et ce qu'il voit en réalité, c'est son propre miroir — ce qui peut ne pas s'avérer mauvais. En effet, c'est comme si son subconscient disait: «Quand tu me sers ton boniment de vente de cette façon, comment puis-je argumenter avec moi-même?»

En parlant et en vous comportant de la même manière que votre client potentiel, vous lui donnez l'impression que son monde intérieur est compris. Vos mots et vos gestes ont un profond effet sur son subconscient. Si jamais il prend conscience du jeu de votre comportement, c'est que vous en mettez trop. Soyez plus nuancé.

Mes modèles de comportement peuvent varier dramatiquement, compte tenu de la personne avec qui je fais affaire. Lorsque je vendais des motocyclettes aux Hells Angels, je portais un jean, les cheveux longs et je me comportais comme eux. Quand j'étais conseiller d'affaires pour une société commerciale évaluée à plusieurs millions, je portais les cheveux courts et des complets d'allure sportive et j'étais virtuellement un petit prodige. Et quand je vendais des appareils domestiques à des ménagères, je portais un pantalon, un chandail et un veston sport — donc, une tenue attrayante et sans cérémonie.

L'un des signes de l'efficacité de ma méthode était que dans tous ces groupes entièrement différents, on disait de moi: «Il est l'un des nôtres!» J'espère que cela vous fait bien comprendre à quel point je suis capable de modifier mon comportement. Je le modifie encore davantage lorsque je fais affaire avec des individus différents des autres. À plusieurs occasions, on m'a surnommé: «Le maître de l'art de la persuasion». On devrait plutôt m'appeler: «Le maître de l'art d'établir un rapport subconscient» — car sans ce rapport, il n'y a pas de persuasion et sans celle-ci, il n'existe pas de vente.

Il faut également que vous établissiez ce rapport subconscient en imitant la façon de discourir de votre client potentiel, le ton de sa voix, le rythme et la structure des phrases. Supposons qu'il parle avec une prune dans la bouche, regardez-vous dans un miroir et faites comme lui. Ou bien, s'il parle comme un voyou ou s'il blasphème, imitez également ce comportement. Le ton y est pour beaucoup et ne perdez jamais de vue le fait suivant: Il est futile d'essayer de vendre à quelqu'un avant d'avoir établi un rapport subconscient.

Je crois que la chose la plus importante est d'utiliser la même structure de phrase que votre client potentiel. Quand je dis «structure de phrase», je veux simplement dire de vous servir du même type de vocabulaire qu'il emploie pour décrire les choses. Il utilisera soit des mots visuels, auditifs ou kinesthésiques pour raconter ses expériences et ce qu'il ressent. Par exemple, supposons qu'en ma qualité de conseiller d'affaires, j'ai en face de moi un client qui me dit: «Voyez-vous ce que je veux dire» ou bien «J'essaie de vous donner une perspective claire de...» Ma réponse est: «Je vois très bien le portrait». Le client s'exprime comme un visuel, je réplique donc en utilisant le même langage subconscient.

Un autre client me dit: «Je me sens comme si...» ou bien «Il est particulièrement difficile de se retrouver face à un solide mur de briques». Je lui réponds donc: «Oui, je suis persuadé que nous pouvons adoucir les choses en manipulant avec précaution les créanciers et...» Ce client utilise des mots qui font appel aux sentiments, je lui réponds donc de la façon kinesthésique.

Un troisième client me dit: «Je sais que cela peut résonner comme des jérémiades, mais lorsque ces créditeurs m'engeulent et font claquer le fouet, cela me fait littéralement hurler». Je réponds à celui-ci à la manière auditive: «Nous pouvons, de façon simple, nous mettre au diapason de vos créanciers en les rencontrant et en essayant d'harmoniser toute la situation — ils n'auront plus alors aucune raison de crier à tue-tête».

Ne perdez jamais de vue que même si votre client potentiel pourrait de façon consciente ne pas apprécier le fait que vous utilisez la même structure de phrase que lui, cette utilisation aura quand même un effet profond sur son subconscient. Pour chaque cas, je m'ajuste à la voix et au ton, au rythme ou débit, et j'utilise la même structure de phrase que lui.

Le vendeur amateur, lorsqu'on l'écoute, semble faire exprès de s'aliéner son interlocuteur. Voici un échange typique. Le client potentiel dit: «Oui, le problème est tel que nous avons l'impression de pouvoir voir à travers, pourtant je suis encore en pleine brume en ce qui a trait aux détails et je me sens incapable de porter mon regard sur...» Le vendeur amateur lui répond: «Ouais! cela sonne comme si...» Il se sert ici des mots d'un auditif et il commence sa phrase en disant: «Ouais!», alors que son client éventuel utilise le «Oui» et les mots d'un visuel. Ce vendeur amateur ne vendra rien à ce client potentiel.

La façon la plus facile d'établir un rapport subconscient avec un client potentiel est de pénétrer dans sa réalité intime. Pour profiter de cette intimité, il faut que vous en fassiez partie. En parlant de la même façon que lui et en utilisant les mêmes structures de phrase, vous établissez automatiquement une confiance subconsciente. Cette confiance est extrêmement importante quand vous essayez de soulager un client potentiel de son argent.

Un certain individu, possédant plusieurs propriétés foncières enviables, causait de l'anxiété à mes associés, car ils étaient incapables de négocier avec lui. En fait, c'était lui qui ne voulait pas. Nous convoitions un terrain dont nous avions besoin pour nous permettre de posséder une étendue de terre complète sans tiers dessus.

Une lettre de recommandation pour ce propriétaire foncier me fut remise et j'allai le rencontrer. Je trouve amusant aujourd'hui le fait qu'il regardait la télévision à mon arrivée. Je me suis assis et j'ai écouté la télé avec lui. J'ai adopté la même posture et le même rythme de respiration que lui. Le programme terminé, il éteignit le poste et nous commençâmes à parler. Au début, nous avons jasé de ce type qui m'avait donné la lettre de recommandation. Je remarquai que mon client potentiel parlait très lentement, je lui parlai donc de cette manière tout en copiant sa posture et la cadence de sa respiration. Après un peu plus d'une heure, il me demanda soudainement si j'avais envie de prendre un verre dans un bistrot au coin de la rue. Nous venions tout juste d'y pénétrer, que déjà le ton et la façon de discourir changèrent complètement. Il se mit à parler très vite, de tout de rien. Et je dis bien de tout!

J'augmentai le débit de ma voix pour m'ajuster au sien et je bavardai des mêmes choses que lui. Mais ce qui est encore plus important, je constatai que mon client éventuel employait plusieurs mots comme «faire valoir», «ressentir», «froid», «bien-être», «saisir» et «relation». Ce sont là tous des mots qu'utilisent les kinesthésiques, à mon tour, je glissai exprès dans la conversation des mots comme «serrer», «s'occuper de», «réchauffer», «dur» et «doux» — qui sont également des mots utilisés par les kinesthésiques. Après le bistrot, de retour chez lui, il recommença à parler très lentement et je le suivis dans ce nouveau rythme. Ce soir-là, je le laissai sur une note joyeuse et je l'assurai que je reviendrais. Je n'avais pas parlé affaire de toute la soirée. Pourquoi? Je n'en voyais pas encore l'avantage. J'avais passé la soirée à établir un rapport subconscient.

Quelques jours plus tard, j'y retournai et je suivis la même façon de procéder, à commencer par le rythme lent de la conversation. Quand il me demanda à nouveau si je désirais aller au bistrot, j'acceptai. Une fois là, le tempo s'accéléra, alors que de retour à la maison, il ralentit à nouveau. J'imitais et me modulais évidemment avec soin à la posture de son corps, les mouvements de ses mains, le rythme de sa respiration, la structure des phrases et le style de son discours.

Je le visitai ainsi à cinq ou six reprises. Puis un soir, alors que j'étais chez lui, je lui demandai s'il voulait aller prendre un verre. Il accepta, et ce fut le début de ce rapport que j'avais cherché à établir. Je laissai, pendant un certain temps, la conversation passer d'un sujet à un autre, puis finalement je suggérai d'aller dans un autre bistrot. Lorsque mon client potentiel suivait mes suggestions et mon comportement, je savais que j'avais établi un rapport subconscient. Je pouvais maintenant négocier avec lui selon mes conditions. Ce que je fis — avec succès. Ce client avait un comportement schizophrénique, en cela qu'il adoptait une personnalité pendant une heure, et une autre dans l'heure qui suivait. Il n'y a pas de limites à la variété du comportement humain. La seule chose que les différents comportements ont en commun, est qu'ils peuvent être imités et reflétés. Il se peut que vous n'ayez jamais à changer tour à tour votre comportement comme je l'ai fait dans une situation précise, mais si l'occasion se présente, vous devez y être préparé.

Il faut que votre comportement et votre façon de vous présenter soient flexibles tant et aussi longtemps que vous n'avez pas encore obtenu le rapport et la réponse que vous désirez. Plus que tous les autres facteurs de vente, il vous faut vous efforcer de ressembler à votre client potentiel. Faites savoir à son monde intérieur que vous êtes tous deux sur la même longueur d'onde.

Il y avait un autre client potentiel avec lequel mes associés ne pouvaient pas non plus négocier. Ce client particulier était du type nerveux, agité. Pendant la première heure de notre rencontre, il échappa sa cigarette trois fois sur le plancher. N'étant pas fumeur, j'imitai son comportement en laissant tomber mon stylo à trois reprises de la même manière que lui avec sa cigarette. Je remarquai qu'il respirait très fortement et qu'il était très tendu sur sa chaise. Je copiai son comportement à la lettre. De plus, quand il donnait des explications, il gesticulait de façon agitée et il s'embrouillait fréquemment dans ces mots. J'imitai exactement le mouvement agité de ses mains et je m'empêtrai dans mes mots de la même manière que lui. Ce type employait plusieurs mots utilisés par des auditifs dans ses structures de phrases et je pris soin de faire de même. Ses expressions favorites étaient: «Cela sonne comme une cloche», «Cela a de la résonance pour moi», et «Je t'entends, bonhomme». Il utilisait également plusieurs mots comme «hurler», «crier», «harmoniser» et «tonalité». J'employai donc autant de mots utilisés par les auditifs que je le pouvais: «fort», «amplifier», «mélodie», «entendre» et «écouter». Je trouvai moyen de vendre à ce type dès notre première rencontre.

Souvenez-vous d'une chose, un client potentiel résistant, ça n'existe pas, car c'est vous qui résistez à devenir comme lui. À cause de votre attitude, il ne deviendra pas comme vous et ne vous comprendra jamais. Vous devez le convaincre que vous possédez des intérêts analogues et des âmes sœurs. Établissez un rapport subconscient, puis vendez-lui votre produit.

À la même époque, j'essayai de motiver un troisième individu d'augmenter le chiffre d'affaires d'un de mes magasins. J'avais remarqué que chaque fois qu'il se trouvait en ma présence, il éternuait fortement à trois reprises toutes les 10 ou 15 minutes. Je l'imitai donc, mais en prenant soin de le faire de façon moins audible. Je copiai aussi au moins six autres de ses tics. Il utilisait d'ailleurs des mots comme «point de mire», «clair», «brillant» et «rouge», aussi bien qu'il pouvait dire: «Je vois ce que vous voulez dire», «Ça m'a tout l'air que...» qui sont tous des mots ou des phrases qu'emploient les visuels. Selon mon habitude, j'utilisai la même structure de phrase que lui, en incluant des mots comme «voir», «vague», «image», «éclair» et «bleu» tous des mots employés par des visuels. Je réussis à motiver ce type jusqu'à son plein potentiel en me plaçant simplement sur sa longueur d'onde, puis, graduellement, je l'amenai à se moduler sur la mienne.

Il faut que vous preniez conscience que presque tout ce que vous faites influence le subconscient de votre client potentiel. Votre façon d'agir peut vous en faire un allié ou vous en éloigner. Pour établir un rapport subconscient, il vous faut devenir comme lui.

Semblable en cela à la partie immergée d'un iceberg, le subconscient occupe huit fois plus d'espace que la partie visible ou que l'esprit conscient et il est infiniment plus puissant. Il vous faut reconnaître votre pouvoir individuel, la puissance de votre subconscient et vous devez cesser d'agir comme ceux qui n'ont même jamais réfléchi sur le sujet. Lorsque vous essayez de vendre à un acheteur potentiel, tout ce que vous faites à un niveau conscient a peu ou pas d'effet, par comparaison avec la vaste influence que vous pouvez exercer sur le subconscient de quelqu'un. Le rapport subconscient fabrique de grands vendeurs et il vous permet de communiquer avec n'importe qui.

Messages et signaux subconscients

Lorsqu'un client potentiel me dit qu'il n'est pas «sûr», s'il me dit «non», ou s'il se comporte négativement, je ne le crois jamais. Je crois cependant aux signaux que transmet son subconscient.

Laissez-moi vous en donner un exemple: Lorsque vous étiez enfant et que vous faisiez quelque chose comportant quelques dangers, votre père a pu vous réprimander tout en vous donnant une petite tape dans le dos en souriant. À une autre occasion, alors que la situation familiale semblait incertaine, votre mère a pu vous dire que tout allait bien pourtant, elle avait les dents serrées, les mains froides et la larme à l'œil. Il se peut que quelqu'un vous ait dit qu'il vous aimait, mais sans jamais vous parler avec chaleur, vous louanger ou vous aider. Dans ces cas-là, vous n'avez pas vraiment cru ce qu'on vous disait. Vous avez cru au message subconscient.

Peu importe ce que vous disent les gens, ce sont les signaux subconscients que vous devez déchiffrer. Si votre client potentiel vous transmet des signaux subconscients négatifs, vous devez modifier votre tactique de vente jusqu'à ce que vous obteniez la réponse désirée. Ce faisant, regardez et écoutez attentivement pour mieux voir si ce que vous dites intéresse votre futur client.

Les signaux subconscients les plus puissants peuvent se percevoir dans les yeux. Les yeux d'une personne possèdent leur propre langage subconscient. Rudolph Valentino n'a pas dit un seul mot pendant toute sa carrière cinématographique, pourtant, ses yeux l'on fait «vendre» à des millions de spectateurs, particulièrement des femmes. Ces yeux-là étaient remplis d'amour et de romance. Charlie Chaplin était un autre acteur dont les yeux pouvaient exprimer toute une gamme de sentiments: l'humour, l'amour, la tristesse, la stupidité ou toute émotion qu'il voulait communiquer.

Lors d'une réception, il faut vous familiariser avec les signaux lancés par une femme à l'autre bout d'une pièce. Ses yeux vous révéleront tout ce que vous voulez savoir. Vous devez aussi reconnaître les regards que votre femme ou votre petite amie vous jette quand elle vous voit regarder cette même femme par-dessus votre épaule. Vous avez sûrement déjà entendu les expressions suivantes: «Si le regard pouvait tuer», ou «Elle m'a fait de l'œil» ou «Il a le cafard — regardez ses yeux tristes». Dans la même veine:

«Elle a un œil sur toi», «Il avait les yeux pétillants», et «Il ne voudrait pas se battre avec moi car il sait que je gagnerais, il le voit dans mes yeux».

C'est par leur langage subconscient que les gens vous révèlent littéralement quel mode d'apprentissage ils utilisent. En général, lorsqu'une personne essaie de se faire une image de quelque chose, ses yeux regardent en haut; si quelqu'un ressent des émotions, ses yeux regardent vers le bas et à droite; et si quelqu'un se parle intérieurement, ses yeux se pointeront vers le bas et à gauche. Cette information revêt une valeur de la plus haute importance pour un vendeur, car elle lui permet de saisir mieux et rapidement l'état d'esprit de son client potentiel. Si les yeux de ce dernier regardent en haut de façon régulière, il semble évident que son mode d'apprentissage est celui de la visualisation, vous devrez donc transiger avec lui à un niveau visuel. Vous ferez ressortir les aspects visuels, faites-lui voir des images et utilisez des moyens visuels. D'un autre côté, si les yeux de votre futur client regardent en bas vers la droite, vous devrez transiger avec lui à un niveau kinesthésique et rejoindre ses émotions. Après avoir établi quel mode d'apprentissage votre client potentiel utilise le plus souvent, vous pourrez vraiment lui vendre à un niveau qui lui plaira.

Vous pouvez vérifier la validité de ce que j'ai dit à propos des mouvements de l'œil en réunissant votre «comité d'experts pour vous conseiller» — vos guides proches — et en leur demandant d'imaginer plusieurs choses différentes.

Dites-leur de ne pas vous répondre verbalement. Faites en sorte que ce processus se déroule intérieurement. Par exemple, donnez-leur à traiter des informations visuelles. Demandez-leur d'imaginer l'apparence de leur mère; dites-leur d'essayer de se rappeler quelle est la couleur du haut des feux de signalisation et dans quel ordre ils se présentent; ou dites-leur de visualiser un éléphant. Si vous surveillez les yeux des gens que vous questionnez, vous remarquerez qu'ils pointent vers le haut lors du traitement d'une information visuelle.

Demandez-leur maintenant de traiter une information auditive. Faites-leur imaginer le vrombissement d'une automobile de course; qu'ils imaginent le bruit d'un robinet qui fuit; ou le vacarme d'un jet lors d'un décollage. Regardez bien leurs yeux se diriger vers le bas à gauche.

Essayez maintenant des énoncés kinesthésique: Que ressent-on en touchant du papier de verre? Comment vous sentez-vous lorsque vous êtes fâché? Que ressentez-vous au moment du réveil? Lorsque les gens traitent une information kinesthésique — toutes les informations ayant rapport au toucher, aux sentiments ou aux émotions — dans ces cas, leurs yeux regardent vers le bas à droite.

Lors de vos exposés des avantages et arguments de vente, vous devriez observer les yeux de votre futur client et remarquer à quel endroit ses yeux se posent le plus souvent au moment où il analyse des informations. Vous pourrez ainsi découvrir son mode d'apprentissage et ajuster votre boniment de vente en conséquence. En second lieu et d'une égale importance, lorsque ses yeux vont dans une direction ou une autre, vous pouvez présumer qu'il s'isole en lui-même pour soupeser ces renseignements. C'est à ce moment même que vous devez cesser de parler pendant quelques instants pour lui laisser le temps de traiter ces informations. Si vous parlez pour ne rien dire comme le vendeur amateur, vous ne ferez qu'embrouiller votre futur client. Tous ont besoin de temps pour traiter le matériel qu'on leur présente. C'est pourquoi je vous demanderais d'arrêter de lire un moment et d'examiner les suggestions que je viens de vous transmettre. Est-ce que cela a l'air, s'entend ou se ressent bien?

Une autre chose que les gens font habituellement, est de manifester par leurs gestes quel mode d'apprentissage ils utilisent. Par exemple, une personne qui emploie le mode kinesthésique, se frottera le menton, se frictionnera la cuisse ou se caressera les bras. Elle vous révélera ainsi bel et bien comment elle se sent. L'auditif a la drôle de manie de se tenir les oreilles ou de toucher à ses lèvres. Il vous fait ainsi voir de façon subconsciente qu'il est en train de se parler intérieurement et d'écouter les voix qui se font entendre dans sa tête. Le visuel se frotte doucement les yeux comme pour dire qu'il est visuel, ce qui bien sûr est exact.

Pour devenir un vendeur étoile, vous devez faire usage de tous ces signaux subconscients. Certains vendeurs ne tiennent aucunement compte des signaux subconscients même s'ils savent qu'il peut leur arriver de dire exactement le contraire de ce qu'ils pensent ou ressentent vraiment. Vous ne pouvez vous fier qu'à ce que votre client potentiel vous révèle de façon subconsciente.

J'ai souvent rencontré des soi-disant vieux hommes d'affaires rusés qui restent imperturbables, même catatoniques, avec le visage fermé des joueurs de poker, dans le but de ne pas montrer de signaux subconscients. Ils prennent très peu conscience du fait que les humains ne peuvent pas «ne pas communiquer». La communication est omniprésente dans toutes les rétroactions. Voilà ce qu'il vous faut savoir quand vous apprenez à «lire» les gens. Pour ce qui est de ceux qui croient qu'ils n'offrent aucune possibilité de communication, il est évident que leurs yeux bougent vous révélant ainsi leur mode d'apprentissage et c'est précisément ce que vous désirez savoir.

Lorsqu'un garçon déclare son amour à une fille, cette dernière, si elle a un peu de bon sens, considérera davantage les signaux subconscients et la tonalité de la voix que les mots réellement prononcés. Plusieurs vendeurs attirent des résultats négatifs par le simple fait d'utiliser le mauvais ton de voix, vous pouvez obtenir de la part des gens des réponses ou des réactions entièrement différentes.

Vous devez découvrir ce que veulent les gens et quelles sont leurs vraies intentions; la seule façon d'y parvenir est de discerner les signaux subconscients. Si les signaux que vous recevez sont négatifs, modifiez votre comportement jusqu'à ce que vous atteigniez les résultats voulus. Vous n'avez pas à prendre un «non» pour une réponse définitive, car c'est vous qui en possédez le contrôle complet. Cela aide énormément de savoir que le fonctionnement interne des gens est extrêmement chaotique.

Il est troublant de penser que pour cette raison, vous pouvez vendre à la plupart des gens simplement en les comprenant et en leur vendant selon leur mode d'apprentissage de manière telle que pour eux cela semblera parfaitement sensé. Qui plus est, et je n'ai pas fini de le répéter, si ce que vous dites ou faites ne «passe» pas et ne produit pas les résultats envisagés, vous devez modifier votre comportement jusqu'à ce qu'il en soit autrement.

Faites en sorte de ne jamais bâiller en présence d'un client potentiel. Soyez entièrement averti de votre comportement subconscient. Rendez-vous compte que même si votre client éventuel ne remarque pas consciemment les aspects négatifs ou défavorables de votre comportement, il le fera sûrement de façon subconsciente.

Le vendeur qui a du succès se doit de savoir quel résultat il veut tirer de chaque transaction. Il doit également posséder toute une gamme de comportements différents et les utiliser de façon appropriée pour établir un rapport subconscient. Il doit aussi faire montre de flexibilité lorsqu'il modifie son comportement pour atteindre les réponses souhaitées; il doit également avoir assez de sensibilité pour saisir les signaux subconscients.

Même si ce seul chapitre comporte une surabondance de connaissances à propos de la vente, votre véritable savoir vous viendra des discussions que vous aurez avec les membres de votre «comité d'experts à vous conseiller» à propos de ces techniques. Lorsque vous verrez effectivement les mouvements des yeux et les signaux subconscients dont je vous parle, vous deviendrez rapidement habile dans l'utilisation de ces outils psychologiques.

Si vous rencontrez quelqu'un dont les mouvements des yeux n'obéissent pas aux modèles que j'ai décrits, ne paniquez pas. En observant de façon attentive, vous constaterez que cette personne suit toujours son propre modèle; c'est-à-dire, si elle regarde en haut pour traiter les questions kinesthésiques et en bas à gauche pour traiter les questions visuelles, c'est donc ce modèle qu'elle suivra toujours.

Ayez du plaisir, vous et votre «comité d'experts» à discuter des signaux subconscients et des modes d'apprentissage. Apprenez-en le plus possible avant de réellement mettre votre savoir à l'épreuve. Croyez-moi, il existe des raisons précises qui nous rendent capable de vendre n'importe quoi à n'importe qui, et ces raisons sont énoncées dans ce présent chapitre extrêmement puissant. Le but de la psychologie dynamique est de vous rendre apte à utiliser habilement les techniques appropriées. Vous ne réussirez qu'en vous exerçant. L'ultime succès de tout professionnel de la persuasion est de réussir à persuader de façon subconsciente. Le secret du succès est de ne pas laisser voir à votre client potentiel que vous copiez son comportement, relevez ses signaux subconscients, établissez un rapport et que vous lui vendez selon son mode d'apprentissage particulier.

Lorsque vous vendez, il est impérieux que vos messages subconscients verbaux et non-verbaux correspondent aux mots que vous utilisez pour vendre à votre client potentiel. Voici un exemple: Eddie faisait la promotion du plan Amway. Il disait à tous ses futurs clients combien ce plan l'excitait et l'enthousiasmait. Toutefois, il ne riait ou ne souriait jamais. Ses gestes ne trahissaient aucune fébrilité; il n'agissait pas de façon enthousiaste. Par conséquent, il ne parraina jamais personne. Ses clients potentiels déchiffraient immédiatement les signaux subconscients qui faisaient état de son malaise et de son abattement.

Kathy était agent de change. Elle conseillait ses clients au mieux de leurs intérêts, mais ils ne tenaient jamais compte de ses conseils. Même si ses mots sonnaient juste, les signaux subconscients qu'elle émettait trahissaient aux yeux de ses clients son manque de confiance en elle-même. Aussi, comme le font la plupart des gens, ses clients réagissaient-ils selon ses signaux subconscients.

Melvin était un agent immobilier. Malgré ses nombreux efforts, il ne pouvait pas obtenir assez d'inscriptions ou vendre suffisamment de maisons. En le rencontrant, je me rendis compte que ses signaux subconscients révélaient à tous et chacun qu'il pensait que les maisons étaient surévaluées et en piteux état. Son seul ton de voix, terne et monotone, était suffisant pour dissuader les gens.

Il est primordial que vous fassiez les choses suivantes. Premièrement, sachez reconnaître vos propres signaux subconscients. Deuxièmement, modifiez ces signaux jusqu'à ce qu'ils s'accordent avec vos mots. Soyez attentif aux signaux subconscients verbaux et non-verbaux de votre client éventuel, car peu importe ce qu'il vous dit, la seule chose digne de foi est ce qu'il vous dit de façon subconsciente. Qui plus est, si les signaux qu'il émet sont négatifs, en modifiant votre comportement, votre ton, votre rythme et vos structures de phrases, vous pouvez obtenir la réponse souhaitée.

Supposons qu'un homme entre dans votre magasin et que vous lui demandiez si vous pouvez l'aider. Il répond qu'il ne fait que regarder et vous présumez immédiatement qu'il n'est pas intéressé. C'est là une erreur, le simple fait qu'il se trouve dans votre magasin est déjà le signal qu'il est prêt à acheter, même s'il ne le sait pas lui-même. Présumons que vous expliquez le plan Amway à quelqu'un. Cette personne vous dit qu'elle n'est pas intéressée, mais elle pose toutefois la question de circonstance à propos de ce plan. De façon subconsciente, il y a un intérêt, que cela soit perçu ou non. Il vous faut reconnaître ces signaux subconscients et agir en conséquence. Vous vendez peut-être de l'assurance-habitation à un homme qui vous dit ne pas être intéressé, mais au cours de la conversation, il fait état d'un récent cambriolage chez son voisin. Eh bien! laissez-moi vous dire que cet homme est à un cheveu d'acheter, et il ne le sait pas lui-même!

Recueillir l'information en fonction de la vente

Le vendeur qui affirme qu'il peut vendre n'importe quoi à n'importe qui est un fou. Il n'a même pas commencé son apprentissage. Comment pouvez-vous vendre une maison comptant deux chambres à coucher à un homme ayant six enfants, un voilier de 20 mètres à un écolier ne possédant que 40 $ ou une robe de taille 10 à une femme qui porte du 18? Comment pouvez-vous demander à quelqu'un d'augmenter votre salaire s'il ne possède pas l'autorité pour le faire?

Le vendeur étoile clôt de nombreuses ventes, mais très tôt dans sa relation avec son client potentiel, il établit dans son esprit s'il est concevable ou non que tous deux fassent des affaires ensemble immédiatement, à un moment futur ou jamais. Si vous concluez que votre client potentiel est en position d'acheter, vous pouvez vous engager plus avant dans le processus de vente.

L'apprenti millionnaire essaie trop souvent de vendre avant même de connaître les besoins précis de son client potentiel. Je peux en parlant, en posant des questions et en écoutant, amener mon futur client à se vendre à lui-même. Ce dernier me dit simplement ce dont il a exactement besoin et ce faisant, il me donne la possibilité de lui vendre précisément ce qu'il veut selon ses raisons à lui.

En les faisant sortir de leur coquille et en les écoutant, je peux recueillir suffisamment d'informations pour me rendre apte à dire aux gens exactement ce qu'ils veulent entendre. Je prends bonne note du mode d'apprentissage et du comportement subconscient d'une personne donnée quand j'établis un rapport. Il m'est impossible d'espérer vendre n'importe quoi à n'importe qui, si je n'ai pas auparavant établi un rapport subconscient, découvert son mode d'apprentissage et rassemblé suffisamment d'informations pour me rendre apte à lui dire précisément ce qu'il veut entendre et ce qu'il a besoin de savoir.

Ce serait une bonne analogie de comparer une vente à une torpille. Les milliers de litres de combustible occupent de loin la place prédominante. Ils ne sont pas la raison d'existence de la torpille, mais ce sont des éléments vitaux pour propulser l'ogive vers sa cible. L'ogive peut être considérée comme la vente en elle-même. La prépondérance évidente du moteur et du combustible peut être comparée à la conversation et au discours subliminal qui précède la vente. Vous ne pouvez pas avoir l'un sans l'autre. Vous comprenez maintenant pourquoi il est impérieux de vendre dans le mode d'une conversation. C'est seulement après avoir fait tout cela que je peux rassembler toute l'information à propos d'un service ou produit qui rencontre toutes les raisons de mon client potentiel, à la fois conscientes et subconscientes, de vouloir acheter ce produit ou service.

En ma qualité de conseiller d'affaires, il arrive souvent que je passe cinq heures de suite avec un client. Pendant les quatre premières heures, je ne fais que poser des questions et recueillir de l'information. Comment pourrais-je l'aider à démêler ses affaires si je ne les connais pas à fond? Je consacre la cinquième heure à dire à mon client ce qu'il faut faire et ce qui peut-être fait, mais pas avant d'avoir rassemblé l'information dont j'ai besoin. Le temps que je finisse de parler, de poser des questions et d'écouter, mon client a eu l'occasion de me dire ce qui ne va pas et ce qui devrait être fait pour remettre ses affaires en ordre. Comme professionnel de la communication, mon rôle consiste en réalité à comprendre le message et voir avec lui ce qu'il importe de faire.

Beaucoup trop d'amateurs perdent du temps à parler d'eux-mêmes. Je ne vois aucun avantage à agir ainsi, mais il est très profitable de réunir le plus d'informations possible à propos de votre client potentiel et de ses besoins. Ce qui m'intéresse le plus, c'est de le faire sortir de sa coquille et de l'écouter. C'est la seule façon pour moi de garantir que tout ce que je dis l'intéressera. Je ne peux manœuvrer et persuader les gens que si je reçois des réactions de la personne à qui j'essaie de vendre.

Bien souvent, lors d'une conversation, je suis à court des vraies raisons ou explications à savoir pourquoi un client potentiel n'achète pas de moi. Je résume cette situation par un seul mot: «Mais?» Par exemple: Un homme est intéressé à acheter une automobile, mais il n'achète pourtant pas. Je le fais parler et il me dit que c'est justement la couleur, l'année et le modèle qu'il recherche. Cependant, il n'achète toujours pas. Je le regarde alors droit dans les yeux et empruntant son ton de voix, je lui dis: «mais?» Il enchaîne automatiquement en disant: «Mais c'est trop cher». Je possède alors l'information vitale manquante dont j'ai besoin pour continuer ma vente. Je peux justifier le prix, le réduire ou lui faire voir des automobiles moins chères. Sans cette information primordiale, je ne ferais que patauger péniblement comme le font plusieurs vendeurs amateurs.

Mon ami Joe utilise la tactique du «mais?» Lorsqu'il fait la promotion du plan Amway. Il rencontre souvent d'éventuels clients qui lui disent vouloir gagner plus d'argent et atteindre certains objectifs, mais ils s'arrêtent brusquement en chemin. Il imite alors leur ton de voix, les regarde d'un air narquois et leur dit: «Mais?» Ils poursuivent alors en disant: «Mais, je ne suis pas vraiment fait pour la vente» ou bien «Mais, je ne pense pas que je me verrais vendant du savon». Avec cette information qui manquait, il peut immédiatement aller au cœur du problème. Il lui est alors possible de guider et d'expliquer avec soin à ses clients potentiels ce qu'ils veulent précisément savoir, il peut aussi éclaircir certains malentendus ou donner de plus amples explications.

Lorsque vous posez la bonne question aux gens et utilisez le «mais?», vous obtenez immédiatement une image pleine et entière des désirs et des besoins de vos clients. Ils vous décrivent et démontrent effectivement eux-mêmes les véritables réponses qu'ils attendent. Ils vous disent exactement ce qu'ils veulent entendre. Vous devez découvrir avec précision ce que votre client éventuel désire. Ce n'est qu'après avoir recueilli suffisamment d'informations que vous pouvez commencer à vendre. Au moment de la vente, faites harmoniser votre produit avec les raisons pour lesquelles votre client le convoite.

Tous les éléments de la psychologie dynamique sont terriblement puissants, car ils vous permettent d'interpréter votre client éventuel et de communiquer avec son monde intérieur.

Avant de discuter plus à fond des éléments qui composent la psychologie dynamique, je veux, pendant un bref moment, vous parler de magie. Pour les besoins du sujet, je vais présumer que vous ne faites pas personnellement de magie. Je voudrais que vous imaginiez combien il est difficile de faire apparaître un lapin, que ce soit d'un chapeau ou de nulle part. Imaginez également de faire disparaître et réapparaître à volonté des pièces de monnaie. Tout magicien a eu à pratiquer ces tours pour détourner ou amuser les gens. Certains tours demandent des mois, voire des années de pratique, pour que le magicien soit capable de les faire en douceur, sans un accroc. Pratiquer, pratiquer et encore pratiquer, voilà le secret de tout bon magicien.

La vente est selon moi ce qui se rapproche le plus de la magie, et à plusieurs occasions, des gens m'ont vu conclure des transactions que d'autres vendeurs avaient précédemment jugées impossibles à clore. Ces mêmes vendeurs viennent me voir et me disent: «Je ne sais pas comment tu t'y es pris. Ta façon de vendre est magique» ou bien «Il y a quelque chose de magique dans ta façon d'amener les gens à faire ce que tu veux qu'ils fassent». Je suis d'accord, il y a de la magie là-dessous, mais plus exactement, il s'agit de pratiquer, pratiquer, pratiquer, tout comme le magicien. Cela s'acquiert à force d'œuvrer dans le domaine, de parler et de vendre aux gens. Je fais mon approche de vente comme si j'étais un magicien, puis je fais un autre pas. Je ne fais pas seulement de la magie, j'essaie d'être magique. Je m'efforce d'apporter de la magie dans la vie des gens. Vous pouvez faire de même. Pratiquez, pratiquez, pratiquez. N'ayez pas peur d'utiliser ces puissants outils psychologiques. Tous ceux qui aspirent à devenir quelqu'un les emploient déjà depuis plusieurs années. Ne soyez pas un magicien, soyez magique!

Citations — Histoires — Comparaisons — Métaphores

Il est parfois nécessaire, pour plusieurs bonnes raisons, de dire des choses insolentes, tapageuses, déraisonnables à un client éventuel. Il faut parfois être brusque, arrogant ou très indiscret. Évidemment, vous ne pouvez pas agir de cette façon avec un futur client si vous voulez obtenir de lui de l'argent. En utilisant des citations, des histoires, des comparaisons ou des métaphores, vous pourrez tout dire sans ambages sans que personne ne s'en offusque. Par exemple, en ma qualité de conseiller d'affaires, j'eus un jour un client qui ne cessait de m'interrompre alors que je lui expliquais comment mettre de l'ordre dans ses affaires. Je lui dis alors: «J'ai reçu un client la semaine dernière qui n'arrêtait de m'interrompre, et j'ai dû lui dire: «Fermez-la! Taisez-vous! Bouclez-la! Je suis tellement content que vous ne soyez pas comme ça». Mon client ne m'a plus jamais interrompu et il n'était pas offusqué. Il pensait vraiment que je parlais d'un autre client, il était probablement fier de ne pas être «comme ça».

Mon ami Joe utilise une brillante anecdote lorsqu'il explique le plan Amway pour une seconde ou pour une troisième fois à des gens. Il s'assoit en compagnie des clients potentiels et leur dit: «Plus loin sur cette route, vit un couple qui me parle continuellement de leurs rêves et projets, comment ils envisagent ceci ou cela, mais ils ne font jamais un seul geste dans ce sens. Après un certain temps, vous commencez à vous questionner à propos de la sincérité de telles personnes». Les gens à qui il s'adresse se motivent enfin et décident d'agir, car ils se reconnaissent un peu à travers ce couple indolent et de mauvaise foi qui habite plus loin sur la route. La raison pour laquelle ce genre d'anecdotes n'offensent pas les gens, c'est qu'elles évitent complètement l'esprit conscient. Elles atteignent directement le subconscient que vous vous devez de rejoindre en votre qualité de vendeur.

J'ai déjà eu à m'occuper d'un vendeur incroyablement non-chalant. Il avait beaucoup de potentiel, mais ne l'utilisait pas. Je décidai de le secouer de façon subconsciente. Je m'approchai de lui, le regardai dans les yeux, et lui dis: «Je ne peux pas y croire. Un homme est venu me voir ce matin, m'a regardé droit dans les yeux et m'a dit: «Vous êtes la personne la plus apathique que je connaisse, que vous arrive-t-il, pourquoi ne pouvez-vous pas vous motiver? Allez sur le terrain et vendez! Vendez! Vendez! Vous êtes capable de le faire! — Ne soyez plus aussi indolent! — Agissez! — Faites-le maintenant!» Puis, il partit brusquement. Que feriez-vous si quelqu'un vous disait la même chose? Je ne sais vraiment pas quoi en penser!» Sur ce, je le quittai précipitamment. Le type absorba le choc sans en connaître la provenance. Je lui avais dit ouvertement tout ce que je voulais et il ne s'en rendit même pas compte. Consciemment, il pensa que quelqu'un m'avait réellement dit toutes ces choses. De façon subconsciente, il savait que la personne concernée, c'était lui-même. En l'espace de deux mois, ce vendeur atteignit le meilleur chiffre d'affaires de sa carrière. Je ne saurais vous dire toute la puissance du subconscient. Les mots sont incapables d'exprimer cette grande force.

Le fait d'utiliser des citations vous fournit une influence psychologique extraordinaire. Cette méthode vous offre l'occasion rêvée de faire l'essai de nouveaux comportements avec les gens et de vous en tirer à bon compte. Analysez les résultats de ces nouveaux comportements et tenez-vous-en à ceux qui vous conviennent le mieux.

Revenons à mon cabinet de conseiller d'affaires. J'ai très souvent devant moi des clients en très mauvaise position financière dont les entreprises sont acculées au pied du mur. Je compare leurs entreprises à un bateau, ce qui est moins déprimant pour eux et beaucoup plus efficace ainsi. Je leur parle «que le bateau coule», de «boucher les trous», de «rendre le bateau étanche», «d'écoper le bateau» et de «ne jamais abandonner le bateau». Ces clients, plus souvent qu'autrement, se retrouvent à la barre du gouvernail à piloter le navire. Ce langage imagé rejoint leurs subconscients. D'après ce que certains de mes clients éventuels m'on dit, ils ont même vaqué à leurs affaires à la façon d'un capitaine de bateau. Ils ont agi comme le ferait ce dernier pour sauver son bateau, et ce faisant, ils rescapèrent leurs entreprises. Ils ne firent que prendre la situation en main de façon subconsciente au lieu de jeter le blâme sur quelqu'un d'autre. S'ils avaient fait cela au début, leurs entreprises n'auraient peut-être pas connu autant de problèmes.

Ben Feldman, qui avait la réputation de vendre chaque année pour 100 000 000 $ d'assurance-vie, utilisait une comparaison pour conclure la vente d'une police d'assurance particulière. Monsieur Feldman voulait éviter d'avoir à parler de la mort du client potentiel et de la nécessité de subvenir aux besoins des survivants. Il se mit cependant à parler de la mort d'Ernest Hemingway et de sa succession, qui pouvait très bien se comparer à celle de son client potentiel. Ben Feldman révéla que Ernest Hemingway n'avait jamais contracté une assurance et que, par conséquent, sa famille en avait souffert. Cette comparaison faite à dessein permit à Ben Feldman de toucher à tous les aspects émotionnels pertinents de la mort de son client éventuel sans obliger ce dernier à se confronter directement avec l'éventualité de sa propre mort. Bien entendu, le client potentiel acheta la police d'assurance.

Vous pouvez dire n'importe quoi à n'importe qui, du moment que vous utilisez ce genre d'histoires ou de comparaisons. Celles-ci vont au fond du subconscient des gens, qui eux-mêmes, les racontent à d'autres personnes.

J'ai eu affaire un jour à un type qui refusait obstinément d'assurer son auto contre le vol. S'étant déjà fait voler deux autres véhicules, la prime avait grimpé. Au moment de partir, je lui racontai une histoire à propos d'un homme travaillant dans une scierie. Un type entra dans la scierie et découvrit un opérateur de machines qui tenait sa main ruisselante de sang. Il se tenait à côté d'une immense scie circulaire: «Que vous est-il arrivé?» demanda le premier. L'opérateur de machines répondit: «La scie m'a coupé un doigt. Je n'ai fait que ce geste-là. Aie! en voilà un autre de moins»! Sur ce, je quittai mon client potentiel. Le jour suivant, il me téléphona et me demanda de rédiger moi-même sa police contre le vol car disait-il, il ne voulait plus perdre d'autres doigts.

À un moment donné, j'eus devant moi un couple ayant différents problèmes d'affaires. Ces problèmes en eux-mêmes étaient relativement faciles à résoudre, et je sentais que la source de leur dilemme était beaucoup plus profondément enracinée. La femme avait piètre allure, elle ne portait aucun maquillage et n'accordait aucune fierté à son apparence. L'homme n'avait rien à lui envier et qui plus est, tous deux n'avaient aucun respect l'un pour l'autre. Je pouvais difficilement dire ouvertement à ce couple quel était leur véritable problème sans être quelque peu blessant. Je leur parlai donc d'un autre couple semblable que j'avais également pour clients. J'entrai exprès dans les détails à propos de la fierté qu'accordait cette femme à son apparence, tout l'amour que son mari lui prodiguait et le respect mutuel qu'ils entretenaient. Ma façon de raconter cette histoire donnait l'impression que je ne parlais que de cet autre couple sans faire de comparaisons avec le couple que j'avais devant moi. Ce dernier couple, soudainement transformé, me retint longuement ce jour-là.

Réflexe conditionné

Ivan Petrovitch Pavlov, le physiologiste russe, a posé les bases de ce qu'on appelle l'étude des «réflexes conditionnés» en faisant une série d'expériences utilisant des chiens. En principe, monsieur Pavlov faisait sonner une cloche et donnait immédiatement de la nourriture à un chien. Le «réflexe conditionné» consistait dans le fait qu'après un certain temps, le chien associait le son de cloche à de la nourriture. Il salivait donc au coup de cloche, qu'on lui présente ou non de quoi manger.

Les gens réagissent automatiquement à différentes choses, car ils ont été conditionnés pendant de nombreuses années dans ce sens. Plusieurs personnes ont été conditionnées à penser, parler et communiquer de manière nonchalante. Pour cette raison, l'une des premières choses que vous devez faire est de trouver un nom ou un surnom facile à se rappeler ou à prononcer. Les gens ont été conditionnés à se souvenir de noms faciles à retenir. Personne n'avait entendu parler de Cilla White jusqu'à ce qu'elle change son nom en celui de Cilla Black. Elle fit alors fortune en chantant de merveilleuses chansons. Adolf Schickelgruber n'aurait probable-. ment pas causé de ravages au niveau mondial s'il n'avait pas changé son nom en celui d'Adolf Hitler. Certains noms nous disent quelque chose, d'autres pas. Un vendeur nommé C. Stone changea de nom lorsque quelqu'un lui fit remarquer qu'on pouvait compter des milliers de «C. Stone». Il devint W. Clement Stone. Et qui donc voudrait transiger avec «Jean Getty?» Le nom J.Paul Getty touche sûrement une corde plus sensible. Si vous recherchez la richesse et la célébrité, il faut que votre nom dise quelque chose aux gens. Cependant, il ne faudrait pas pousser aussi loin que cet homme qui changea le sien en celui de «Sortie» rien que pour avoir son nom dans la lumière.

Joe Girardi prit le nom de Joe Girard et fut nommé à 12 reprises «Le plus grand vendeur du monde» au livre des records Guinness. Il se peut que vous ayez à retrancher un «i» à la fin de votre nom ou à le changer complètement. Quoi qu'il en soit, cela est très important. Vous n'avez peut-être jamais entendu parler de Samuel Clemens, mais il est très probable que le nom de Mark Twain vous rappelle quelque chose. Il avait une raison précise de changer son nom. Tout comme Cassius Clay, qui devint Muhammed Ali. Leonard Slye changea de nom et devint le cow-boy millionnaire de l'écran, Roy Rogers. Il faut que votre nom dise quelque chose aux autres. J'ai personnellement raccourci le mien: Ronald Lewis Maynard Holland est devenu Ron Holland.

On a conditionné les gens à penser que la grandeur est «très haute» et l'échec «très bas». Nous avons «le très haut et puissant» et «le plus faible des faibles». C'est Freud qui fut le premier à utiliser ce qu'on appelle le «stratagème de Freud». Le divan du grand psychanalyste en est à l'origine. Il s'agit de placer le patient à un niveau plus bas que le psychiatre. Cela donne au patient l'impression d'avoir les pieds en l'air alors que le psychiatre a les siens rattachés fermement au plancher. Pourquoi pensez-vous que dans les films ou à la télévision, on place la caméra en contre-plongée pour filmer les personnages haut en couleur? Cela les fait paraître plus grands et plus puissants.

Cette manière de procéder peut nous aider de plusieurs façons. Dans mon cabinet de conseiller d'affaires, on a raccourci tous les pieds des chaises, sauf la mienne, de trois centimètres. Au niveau du subconscient, cela donne l'impression que je suis plus grand et que j'ai la situation bien en main. Cela est vraiment très commode, si vous gardez à l'esprit que chaque homme d'affaires qui vient me voir doit supporter de m'entendre lui dire qu'il a tout fait de travers et que je dois le guider à agir de plusieurs façons nouvelles et différentes.

J'utilise également le stratagème de Freud lorsque je vends. Si je veux jouer serré ou souligner un point important, je m'assois plus haut que mon client potentiel. Pour ce, il peut arriver que j'aie à m'asseoir sur la table du bureau ou sur le dossier d'une chaise. Lorsque je veux dominer la situation, je m'assois toujours plus haut que mon interlocuteur. Cependant, lorsque je sens mon client potentiel et que ce dernier pourrait y voir de l'arrogance, je m'assois humblement plus bas que lui, que ce soit sur un lit ou même sur le plancher. Je me place plus haut ou plus bas selon le cours de la conversation et les réactions que je perçois chez mon client potentiel. Ma façon de m'asseoir dépend toujours des circonstances.

La majorité des gens de ce monde ont un complexe d'infériorité. Leur réflexe conditionné est que chacun se croit seul à se sentir inférieur, car tous les autres sont conditionnés à dissimuler leur complexe d'infériorité. Certains ont un complexe de supériorité, mais dans la plupart des cas, il s'agit de surcompensation: donc d'un complexe d'infériorité à rebours. Je présume toujours que la personne assise devant moi se sent inférieure. Lorsque j'établis un rapport, je m'assure que l'autre ne se sent pas inférieur en me parlant. Je prends bien soin également de jouer le second rôle. Lorsque mon client potentiel me parle de ce qu'il a accompli, je n'essaie jamais de renchérir sur lui, comme le font plusieurs vendeurs amateurs. Je l'écoute et je respecte tout ce qu'il me dit. Je vais m'enthousiasmer à propos de son auto, sa maison, son appareil photographique, ses vêtements, son travail son jardin et ses passe-temps.

En fait, mon client potentiel est la personne du jour, et je m'arrange pour qu'elle se sente importante; je fais en sorte qu'elle se sente vraiment quelqu'un de grand. Pour une fois dans sa vie, cette personne ne se croira pas inférieure. Je suis même prêt à être la victime d'une de ses farces. Je peux faire le bouffon, mais je ne suis pas fou. Tous aiment rire, mais personne ne veut faire des affaires avec un fou, car c'est une insulte pour l'intelligence. En agissant comme un bouffon plutôt que comme un fou, les gens se confieront à vous. Ils vous trouveront inoffensif et de bonne compagnie. Pour l'instant, je sais que vous vous sentez inférieur et il est difficile pour vous de vous faire plus petit que vous ne l'êtes déjà. C'est un paradoxe de penser que pour devenir plus grand que nature, il faut, initialement, paraître plus petit que nous ne le sommes en réalité.

Les ancres

Vous venez à peine de lire à propos des réflexes conditionnés, c'est-à-dire le phénomène qui fait que les gens répondent automatiquement d'une certaine manière à différentes choses après avoir été conditionnés dans ce sens pendant une longue période de temps.

Les ancres sont d'une nature similaire, mais contrairement au réflexe conditionné, elles peuvent affecter les gens dans un court laps de temps, dans certains cas plusieurs heures, dans d'autres quelques minutes ou dans des cas extrêmes, immédiatement.

Avant de vous expliquer comment utiliser cet instrument de manipulation, je vais vous parler de certaines ancres que vous connaissez déjà. Lors d'une guerre, il se peut que quelqu'un souffre d'une psychose traumatique à la suite d'éclatements d'obus, cette psychose demeure tellement «ancrée» dans son esprit qu'il réagit à une simple sirène ou à une forte explosion. Même après plusieurs années, lorsqu'il entend une forte détonation, les souvenirs de la guerre reviennent à la surface. Le viol est un événement comparable. Pour la femme violée, l'idée d'avoir été touchée par quelqu'un reste souvent «ancrée» dans sa mémoire. Si quelqu'un d'autre la touche, toutes les sensations et les émotions de cette terrifiante expérience reviennent la hanter jusqu'à ce que, avec le temps, l'ancre disparaisse ou que cette femme soit traitée par un psychiatre.

L'expérience d'une morsure de chien peut rester «ancrée» dans votre esprit; et toute rencontre éventuelle avec des chiens ramènera la peur d'être mordu. Il ne suffit parfois que d'une seule expérience pour qu'elle s'ancre profondément dans votre esprit et qu'elle ramène son cortège de souvenirs et de sensations. Une chanson ou une mélodie réveillera souvent des souvenirs chers, surtout si vous vous sentiez particulièrement heureux et romantique au moment où vous l'avez entendue pour la première fois. Plusieurs couples, lorsqu'ils entendent une chanson précise, diront: «C'est notre chanson!» Cela est «ancré» en eux. Les parfums peuvent rappeler le souvenir d'une femme ou d'un rendez-vous précis, et le ton de voix d'une personne peut également faire revivre une expérience passée.

Aussi longtemps qu'une personne garde pleinement en mémoire une expérience donnée, on peut délibérément «ancrer» cette expérience dans son esprit grâce à un stimulus extérieur. Vous pouvez faire revivre à cette personne les mêmes sensations, selon votre volonté, en déclenchant le stimulus approprié, «l'ancré». En ce qui nous concerne, la méthode de «l'ancre» nous rend capable de contrôler et manipuler les émotions et les sentiments des gens à volonté.

Il n'existe aucune limite aux différentes sortes d'ancres ou aux expériences que ces ancres peuvent faire resurgir dans le présent. Ce procédé de «l'ancre» est l'un des outils psychologiques de manipulation les plus puissants utilisés de nos jours par les vendeurs de premier ordre et par les gens du domaine de la communication.

J'ai déjà amené un gérant de banque à me prêter d'importantes sommes d'argent, sans garantie, par l'utilisation du procédé des ancres. Je savais exactement ce que je voulais de lui; je négociais avec lui depuis plusieurs années. Pour bien «ancrer» mon idée dans son esprit, je me servis du moyen suivant: m'éclaircir la voix de façon audible en sa présence. Chaque fois que je le rencontrais, je lui souriais et lui disais combien j'étais content de le voir. Aussitôt que je croyais que ses sentiments intérieurs de bonheur et d'allégresse étaient à leur maximum, je m'éclaircissais la voix, assez fort pour qu'il m'entende.

Lorsque nous discutions de transactions à notre mutuelle satisfaction, je m'éclaircissais la voix de la même façon, chaque fois que je sentais que ses émotions étaient au comble du bonheur. J'établissais ainsi une «ancre» au moyen de laquelle le gérant de banque se mettrait, de façon subconsciente, à associer ses propres émotions positives et satisfaisantes à mon geste de m'éclaircir la voix. Il est fort possible que cette «ancre» ait fonctionné dès la première fois où je me suis éclairci la voix, mais comme je n'étais pas particulièrement pressé de clore cette transaction, je continuai de renforcer mon «ancre». Lors de quelques rencontres, des plaisanteries furent échangées et «j'ancrais» à nouveau les émotions positives en m'éclaircissant la voix de façon audible.

Le jour où je lui demandai un énorme prêt sans garantie, je commençai et terminai ma requête en m'éclaircissant la voix. Mon prêt fut consenti sans problème et le gérant de banque alla jusqu'à dire que, même si cela allait à l'encontre de la politique générale de la banque, il se sentait quand même bien face à cette transaction.

Vous pouvez utiliser la méthode que vous désirez pour établir une «ancre». Pour ce faire, il n'y a littéralement aucune limite en ce qui a trait aux façons de procéder, quelques-unes de ces façons comprennent: une poignée de main, le geste de toucher l'épaule de l'autre, une petite tape sur la jointure du doigt (kinesthésique); agiter la main, hocher la tête ou cligner des yeux (visuel); s'éclaircir la voix, tousser ou employer un slogan ou une expression passe-partout (auditif); ou bien employer un parfum particulier ou une lotion après-rasage (olfactif).

À une certaine époque, j'avais plusieurs employés qui travaillaient pour moi dans un important bureau. De temps en temps, le moral baissait comme partout où travaillent des gens ensemble. Lors d'une de ces occasions, tous les employés étaient réunis, occupés à discuter. C'était une discussion très amicale et la camaraderie était à son plus fort. Je leur racontai une très bonne plaisanterie à propos de trois lapins. Je mis subtilement une emphase particulière sur le mot «lapin» chaque fois que je le prononçais. Tous éclatèrent de rire, puis finalement le groupe se dispersa. Par la suite, chaque fois que le moral général baissait, j'entrais nonchalamment et je criais soudain: «Lapin!» Bien sûr, le moral remontait alors automatiquement, car des sentiments de joie, d'humour et de camaraderie avaient été ancrés «dans l'esprit de mes employés au moment de la plaisanterie à propos des lapins. Le déclenchement de «l'ancre lapin!» rendait ces sentiments bien présents.

Vous pouvez ancrer une idée dans l'esprit des gens par une expression faciale, un bruit, une odeur, un ton de voix, en secouant la main ou en vous grattant la tête. Plusieurs personnalités de la télévision vont ancrer une idée précise dans l'esprit des spectateurs par le moyen d'un slogan accrocheur. Ces «ancres» sont si puissantes que bien des gens les répètent sur le même ton de voix que ces personnalités et provoquent les mêmes réactions chez d'autres personnes.

L'une des «ancres» que j'utilisais souvent lorsque j'étais conseiller d'affaires était de me frotter les mains ensemble avec jubilation en disant: «Argent! Argent! Argent!» avec beaucoup d'enthousiasme. J'utilisais cette «ancre» le plus souvent possible en la jumelant aux sentiments positifs émis par mon client. Chaque fois que je sentais que les sentiments de mon client atteignaient leur pleine expression, je me servais à nouveau de «l'ancre», utilisant exactement les mêmes mots et le même ton de voix: «Argent! Argent! Argent!» Lorsque mon client devait payer des honoraires, il semblait manifestement déprimé, j'attendais donc le moment approprié pour lui rappeler qu'il était maintenant sur le point de remettre ses affaires en ordre et que bientôt, il disposerait de beaucoup d'argent. Je frottais alors mes mains ensemble et lui disais: «Argent! Argent! Argent!» Cela ramenait ses bons sentiments à la surface et tout rentrait dans l'ordre. Il est très difficile de soulager les gens de leur argent quand cela ne les satisfait pas ou ne les décontracte pas.

Ce genre «d'ancre» est particulièrement efficace quand on veut faire débourser de l'argent aux gens. D'après mon expérience, c'est là une des choses les plus difficiles à faire, mais l'utilisation de cet outil psychologique fait que les gens s'en portent bien. Comme vous pouvez l'imaginer, il est très commode de pouvoir rendre quelqu'un heureux, confiant et enthousiaste au moment précis où vous désirez qu'il en soit ainsi.

Lorsque vous utilisez ces «ancres», vous devez être conscient de ce que vous faites. Il ne serait d'aucune utilité «d'ancrer» des sentiments négatifs ou déprimants. Personnellement, je générerais à dessein des réponses enthousiastes, positives et heureuses de la part de mes clients et «j'ancrerais» ces sentiments au moment précis où je les sentirais à leur maximum. Cela se voit à l'éclat des yeux des gens, à leur sourire, au ton de leur voix et à leur posture décontractée qu'ils sont dans le plus parfait état de bonheur et de bien-être.

Ne sous-estimez jamais le pouvoir des «ancres» — cela fonctionne — cela a toujours fonctionné. C'est que vous ne les avez tout simplement pas reconnues auparavant. N'ayez pas peur d'utiliser les puissants outils de manipulation esquissés dans ce chapitre. Servez-vous d'un seul à la fois jusqu'à ce que vous soyez habile à l'utiliser. La réussite ultime est de parvenir à les utiliser tous avec un client potentiel sans même devoir penser à ce que vous faites. En d'autres mots, apprenez à vous servir de ces outils de manipulation de façon subconsciente.

Lorsque je vendais des assurances, mon «ancre» était la poignée de main. Je secouais fermement la main de mon client éventuel tout en rehaussant son ego, en lui disant à quel point j'étais content de le rencontrer et toutes ces choses qui le menaient irrémédiablement au septième ciel. Lors de mon argumentaire, lorsque nous arrivions à une entente mutuelle sur un point particulier, je lui disais: «Eh bien, voilà au moins un point à propos duquel nous pouvons nous serrer la main».

Vous avez probablement rencontré de ces gens qui donnent continuellement des poignées de main, ils le font dans ce sens et à dessein. Au moment de la troisième poignée de main, mon client potentiel est littéralement rayonnant car chaque fois que je lui serre la main, les sensations que je lui ai inspirées lors de notre première rencontre refont surface. Il m'est arrivé quelques fois d'échouer dans ma tentative de conclure une affaire, puis de donner une dernière poignée de main à mon client potentiel, et que sur-le-champ les sentiments positifs resurgissent en lui et qu'il me dise: «Rédigez-moi une police d'assurance!»

Ces «ancres», comme tous les outils psychologiques, ne sont pas faciles à remarquer. Je peux vous assurer que si nous nous rencontrions demain, vous et moi, que vous sachiez d'avance qui je suis et que vous cherchiez à découvrir des «ancres», vous ne les reconnaîtriez pas. Qui plus est, je vous certifie que je pourrais ancrer une idée dans votre esprit dans les cinq premières minutes de notre rencontre, sans que vous en ayez conscience.

Une «ancre» que je vous conseille fortement d'établir pour vous-même est celle de votre propre motivation personnelle. Pour ce faire, vous devez revenir à une époque où vous étiez très motivé, vous vous atteliez à une tâche et en étiez heureux. Rappelez-vous cette tâche dans les moindres détails. Dans votre esprit, voyez-vous faire ce que vous faisiez. Voyez-le clairement, dans tous les détails et en couleurs. Le succès de cette expérience repose non seulement dans le fait de vous souvenir, mais de vous imaginer vraiment à nouveau à cette époque. Cela fait appel à votre mode d'apprentissage visuel.

Écoutez maintenant les sons et les bruits ambiants que vous entendiez lorsque vous étiez fortement motivé et heureux. Verbalisez en vous-même à propos de cette séquence de vie retrouvée par la mémoire. Rendez cette expérience vivante, comme si elle était réellement en train de se produire. Utilisez votre mode d'apprentissage auditif de toutes les façons imaginables.

Maintenant, ressentez chacune des émotions que vous viviez lorsque vous avez accompli cette tâche. Utilisez votre mode d'apprentissage kinesthésique à son plus haut degré. Ne faites pas que vous rappeler ces émotions et sentiments, revivez-les réellement.

Finalement, souvenez-vous de toutes les odeurs qui étaient alors présentes. Utilisez les quatres modes d'apprentissage autant que faire se peut. Lorsque ces modes en arrivent à leur maximum d'expressivité, saisissez votre poignet gauche avec votre main droite et serrez-le fortement. Chaque fois que vous avez besoin de vous souvenir de cette sensation de motivation positive personnelle, utilisez cette «ancre» et serrez votre poignet en exerçant la même pression que vous avez appliquée lorsque vous avez établi cette «ancre» la première fois. Vous serez alors autant motivé que vous l'étiez à l'origine.

J'ai formé un vendeur à utiliser les différents outils psychologiques; il le fit brillamment jusqu'à ce que nous discutions ensemble de l'utilisation préméditée des «ancres». Il soutenait qu'il était déraisonnable de suggérer que le procédé des «ancres» fonctionnât d'une façon aussi simple. Le point central de sa divergence d'opinion était le suivant: Si on peut ancrer une idée particulière dans l'esprit des gens par un simple contact physique, il peut très bien arrivé qu'on établisse également ces «ancres» accidentellement, sans même s'en rendre compte.

Je lui expliquai que c'était malheureusement le cas, et que l'un des exemples les plus courants est celui des couples heureux qui, de façon soudaine, cessent de se toucher mutuellement. Dans les premiers temps de leur mariage, les conjoints s'étreignent, s'embrassent, se touchent et tout est pour le mieux. Puis, un jour, le mari se sent déprimé pour une raison ou une autre. Sa femme, sans le savoir, s'approche, lui fait un gros câlin et lui demande de se dérider un peu. Malheureusement, elle a «ancré» son geste à des sentiments dépressifs. Plus tard, lorsqu'elle étreint à nouveau son mari, ces mêmes sentiments dépressifs reviennent soudainement hanter ce dernier sans raison apparente. L'«ancre» s'est installée et le mari associe de façon subconsciente les câlins de sa femme à des sentiments de dépression. Pour cette raison, je conseille fortement aux couples de s'étreindre, s'embrasser et se toucher que lorsqu'ils sont d'humeur heureuse. Il est tragique de penser que des millions de couples ont cessé de se toucher mutuellement, après n'avoir vécu que peu de temps ensemble, simplement pour avoir ancré des sentiments négatifs et déprimants dans leur vécu quotidien.

Au moment où je terminais d'expliquer cela à mon vendeur, celui-ci avait le visage pâle et les jointures de ses mains étaient devenues blanches à force de serrer les poings. Il m'expliqua que c'était exactement ce qui s'était produit dans son propre mariage. Je lui dis que le remède était bien simple: «Il fallait qu'il s'en aille chez lui, en discuter avec sa femme et se réconcilier avec elle. On résout facilement ce genre de problème lorsqu'on arrive à en prendre conscience.

Lorsque vous-même établissez des «ancres», n'ancrez que des sentiments positifs et profitables et ne les ancrez que lorsque ces sentiments sont à leur summum. Utilisez une méthode que vous seul pouvez déclencher, et souvenez-vous que pour faire resurgir un sentiment ancré en quelqu'un, vous devez utiliser exactement le même stimulus dont vous vous êtes servi pour ancrer ce sentiment dans l'esprit de cette personne. Il faudrait, par exemple, que vous vous éclaircissiez la voix de la même façon, d'une fois à l'autre, en ce qui a trait au son lui-même que vous émettez et à son intensité. Pareillement pour votre poignée de main, la pression que vous exercez doit être exactement la même, pour ainsi pouvoir déclencher le processus de l'«ancre»

La vente négative

Je n'aime pas parler de ce qu'il faut faire pour conclure une vente, mais je peux dire que la psychologie dynamique est le moyen le plus puissant en ce monde pour conclure une affaire ou pour forcer les gens à acheter vos produits.

La vente négative a été utilisée depuis des millénaires et la nature humaine s'y laisse toujours prendre. C'est la vente ultime, et en l'utilisant, vous vous protégez en même temps vous-même du remords de l'acheteur. Vous êtes probablement familier avec la tactique des garçons et des filles, appelée avec justesse «travailler fort pour obtenir». Plus il est difficile d'obtenir les faveurs d'une fille, plus elle devient désirable. Ainsi, plus vous dites à votre client de ne pas acheter avant d'avoir vu d'autres autos ailleurs ou de prendre son temps et de comparer vos prix avec ceux des autres compagnies d'assurances avant d'acheter une police avec vous, plus vous le mettez en confiance et d'autant plus convaincu est-il de conclure la bonne affaire avec vous.

Tout comme pour la psychologie dynamique, on ne voit pas tous les dessous de la vente négative. Un vendeur dira à un client potentiel d'aller voir d'autres automobiles avant de se faire une idée définitive. Cet acheteur potentiel reviendra et achètera de ce même vendeur. Un autre vendeur fera la même proposition à un client éventuel et il ne le reverra jamais. Eh bien, que fait donc le super, super vendeur pour conclure effectivement ces ventes, alors que pour le commun des mortels, il semble évident que ce vendeur fait de son mieux pour ne pas vendre?

Nous avons déjà examiné comment vendre et comment établir un rapport subconscient. Il s'agit, au fond, de vendre dans le même mode d'apprentissage que celui de notre client potentiel et de se comporter de la même manière que lui. Il s'ensuit automatiquement que si nous voulons briser ce rapport et nous éloigner de notre futur client, nous devons alors lui vendre selon un mode d'apprentissage différent du sien et nous devons cesser de nous comporter comme lui.

Voici une illustration simple de la vente négative d'une automobile: Le client potentiel est un auditif, vous avez donc mis beaucoup d'emphase sur le ronronnement du moteur, le crissement des pneus radiaux, la fermeture silencieuse des portières, la radio-stéréo de qualité supérieure et le bruissement léger des glaces électriques. Vous avez également établi un rapport subconscient avec vote client éventuel. Vous parlez dans la même tonalité de voix et de la même manière que lui. Vous copiez aussi son comportement. Vous savez, d'ores et déjà, que vous avez rendu votre éventuel client fort désireux d'acheter l'automobile. Vous voulez maintenant qu'il mette vraiment sa confiance en vous et conclure la vente. Vous lui dites: «Écoutez, pourquoi n'allez-vous pas voir si un autre concessionnaire a un véhicule qui ressemble à ce que vous cherchez et voyez si ce qu'il a offrir correspond à ce que vous imaginez. Vous vous ferez une image plus exacte de ce que vous cherchez en comparant d'autres véhicules aux nôtres.» Tout cela dit sur un ton très sincère avec beaucoup d'authenticité. Ce client achètera de vous sans même aller chez l'autre concessionnaire. Pourquoi? Qu'avez-vous dit pour qu'il en soit ainsi? Eh bien, pour commencer, vous avez utilisé un ton légèrement différent pour briser le rapport. Vous avez également cessé de vous comporter comme le client potentiel et finalement vous avez vendu de façon négative en utilisant presque exclusivement des mots visuels alors que votre client potentiel était auditif. Même si ce dernier vous a entendu consciemment lui dire telle ou telle chose, cela n'avait aucune signification pour lui, car le rapport était inexistant.

Pour ces mêmes raisons, il m'est arrivé de voir un vendeur amateur vendre dans un premier temps une auto puis, la minute suivante, en dissuader le client de l'acheter. Au cours de la demi-heure qui suivit, il avait à nouveau persuadé l'acheteur, mais une dernière manœuvre décida le client potentiel à aller jeter un coup d'œil chez un autre concessionnaire. Le client partit, et notre vendeur amateur ne le revit jamais.

Certains clients potentiels ont réellement besoin d'amener des objections avant d'acheter quoi que ce soit. En surmontant ses objections, vous lui rendez vos produits encore plus désirables.

D'autres clients potentiels sont immédiatement rebutés par des vendeurs qui s'imposent trop fortement. Dans une situation précise, je sentis qu'un type qui regardait les autos usagées pensait que je me mettais trop en avant. Il était intéressé par une auto en particulier. Toutefois, lorsqu'il me demanda le prix de celle-ci, je la lui vendis de façon négative. Je lui dis que je pensais que cette automobile n'était pas à vendre, car nous venions tout juste de l'acheter et compte tenu de son excellente condition, le patron voulait la garder pour lui. Cela rendit ce client vraiment avide. Il se devait donc maintenant de m'acheter cette auto, au lieu que ce soit moi qui la lui vende... Je ne peux pas mieux insister sur l'importance d'un comportement flexible.

Pour certains clients, l'inaccessibilité de certains produits rend ces derniers immédiatement plus désirables. Chaque personne avec qui vous transigez doit être traitée de façon différente et si vous n'obtenez pas la réponse désirée, vous devez alors modifier votre comportement.

Cela est également vrai lorsqu'il s'agit de motiver des gens. De façon générale, si vous prodiguez des éloges et des encouragements, vous pouvez motiver la plupart des gens. Toutefois, j'ai constaté à plus d'une reprise que cela ne fonctionne pas pour tout le monde. Il se peut que vous ayez à être négatif pour obtenir des résultats positifs. J'ai tout essayé avec un certain vendeur, et cela ne mena nulle part, jusqu'à ce que je devins négatif. Je lui dis que je pensais qu'il ne serait jamais un bon vendeur. Je ne pensais tout simplement pas qu'il possédait ce qu'il fallait. Je continuai ainsi longuement sur cette trajectoire négative. À la fin, il devint si enflammé qu'il lui fallait me prouver que j'avais tort — aussi me quitta-t-il sur-le-champ et il vendit, vendit, vendit.

Un bon service ou produit

Il m'est arrivé souvent d'échouer en affaires en introduisant un produit ou service non compétitif. Je pensais, qu'étant un vendeur étoile, je pouvais convaincre n'importe qui de n'importe quoi. Je pouvais habituellement me défaire de quelques machins inutiles ou de gadgets sans valeur aux dépens de quelques acheteurs sans méfiance, mais vous ne pouvez pas méduser continuellement tout le monde. Le produit ou service se doit d'être impeccable. Toute l'élite des super super vendeurs que j'ai rencontrés, étudiés ou lus, vendaient tous un bon produit ou service. Si au départ, ce produit ou service n'était pas au point, ils le modifiaient jusqu'à ce qu'il le soit.

Si quelqu'un me demandait la définition d'un bon produit, il me faudrait répondre qu'un bon produit est le résultat du subconscient. Cela ne sous-entend pas que vous devez dessiner ou manufacturer vous-même ce produit. Cela veut tout simplement dire que le produit que vous vendez est adéquat lorsque votre subconscient vous le dit — adéquat pour vous de le vendre à un moment particulier de votre vie. Vous ne serez jamais à court d'un produit adéquat à vendre si vous suivez fidèlement les directives des chapitres précédents. On vous a montré comment créer des eurêkas!, qui sont des idées infaillibles de réussite. Le présent chapitre vous montre comment vendre ces idées et les convertir en argent.

Maintenant que vous savez comment vendre, nous allons soulever la question du prix d'un produit ou d'un service. Le facteur prix représente 60 % de toute résistance à un achat. Le problème du prix d'un produit est facilement surmontable si vous en prenez conscience adéquatement. Je considère comme un avantage psychologique, pour moi, d'en parler en premier. Voyez-vous, en faisant cela, vous minimisez le problème, mais n'oubliez pas qu'il est toujours présent, que vous le vouliez ou non, que ce soit vous ou votre client potentiel qui en faites mention. Si je suis le premier à soulever le facteur prix, le client potentiel se détend automatiquement, car le problème est ainsi mis en lumière même s'il n'est pas encore résolu. Il sera vite résolu car je comprends bien cette barrière de la résistance à un prix donné et j'ai fait mes devoirs. Je communique mon argumentaire de vente de façon logique. Voici maintenant un fait intéressant. Je trouve avantageux de faire ressortir aussi bien les mauvais côtés d'une transaction que ses bons côtés. Cette façon d'agir rend même le client potentiel plus heureux que si je n'avais mentionné que le bon côté. Cependant, mon effort principal se concentre sur les bons côtés, sans faire grand cas des mauvais côtés.

Je ne précipite jamais mon boniment de vente. Je ne suis jamais pressé de m'éloigner de mon client potentiel. J'ai tout le temps pour lui. Et même si une douzaine de rendez-vous sont inscrits à mon horaire, je ne le bousculerai pas. Vendre n'est pas une affaire de délit de fuite. C'est un art.

Si la vente a été menée en utilisant tous les éléments présentés ici, sur le ton de la conversation, le marché se conclura de lui-même.

Gros plan!

1. Vous connaissez maintenant l'un des plus grands succès de la réussite de tous les temps. Il consiste simplement en ceci: Les super, super vendeurs établissent un rapport subconscient avec un client potentiel avant même d'essayer de lui vendre.

2. Les gens traitent l'information qu'ils reçoivent de façon auditive, kinesthésique ou visuelle. Lorsque vous vendez selon le mode d'apprentissage que votre client potentiel utilise, vous lui rendez vos idées et vos produits acceptables au maximum.

3. Si vous étudiez votre client potentiel soigneusement, vous verrez qu'il vous révélera de façon subconsciente toutes les réponses que vous avez besoin de connaître.

4. Il y a de la magie dans le fait de pouvoir dire à un client potentiel tout ce qu'il veut entendre. Posez simplement les bonnes questions, écoutez-en les réponses et vous serez alors apte à pouvoir dire à ce client potentiel ce qu'il veut entendre.

5. En utilisant des citations et des histoires, vous pouvez dire n'importe quoi à n'importe qui sans les offusquer. Qui plus est, en agissant ainsi vous atteignez directement le subconscient.

6. Trouvez-vous un nom facile à retenir, qui se prononce facilement. Lorsque vous parlez à des gens, modifiez votre façon de vous asseoir par rapport à eux selon que vous voulez dominer la situation ou diminuer votre propre importance. Le fait de présumer que tous ceux avec qui vous transigez ont un complexe d'infériorité, est un outil psychologique.

7. Utilisez des «ancres» pour faire revivre des sentiments heureux, bons et positifs aux autres et à vous-même.

8. Certains clients potentiels ont besoin de soulever des objections avant d'acheter quoi que ce soit. Cela fait partie de la

psychologie de leur caractère. D'un autre côté, certaines personnes ont besoin de se faire dire qu'elles ne peuvent pas accomplir certaines choses pour enfin se motiver à agir.

9. Cela semble évident, mais il faut que vous disposiez d'un bon service ou produit à vendre même si vous êtes un excellent vendeur. Malheureusement, les gens persistent encore à essayer de faire fortune avec de la camelote. Vous ne pouvez pas continuellement méduser tout le monde.

Chapitre 7

Le pouvoir est dans l'action

*«L'action fait plus de riches que
n'en fait la prudence».*

Luc de Clapiers Vauvenargues

Après avoir beaucoup discuté à propos du temps qu'il
faut prendre pour méditer, des 3S (silence, sérénité,
solitude), et de l'accomplissement de l'action par la non-action,
nous devons faire très attention de ne pas être contradictoire. Ne
vous y trompez pas, le pouvoir est dans l'action, mais le genre
d'actions privilégiées par la majorité des gens ne représente pas la
puissance. L'action n'est puissante que lorsqu'elle est pertinente.
C'est en suivant les eurêkas! du subconscient que nous obtenons
ces actions pertinentes. Les eurêkas! seront offerts à ceux qui
entrent en action, munis des outils et idées qu'ils possèdent à
portée de la main, pourvu qu'ils prennent le temps de méditer en
S.S.S. et qu'ils consacrent un certain laps de temps à visualiser
quotidiennement.

Même avec toute la méditation, les 3S, les eurêkas! et toute
la puissance de la volonté qui se trouve dans ce monde, si vous
n'agissez pas, vous n'accomplirez rien. Il n'est pas nécessaire que
vous entrepreniez les travaux d'Hercule, mais il vous faut agir. En
utilisant votre subconscient selon les directives déjà établies, vous

ne pouvez pas faire autrement que d'en arriver à des idées lumineuses et percutantes de réussite. Si vous n'agissez pas selon les idées que le subconscient vous transmet, rien ne se produira. Comme Ralph Waldo Emerson le proclamait: «Agissez d'abord, le pouvoir viendra par la suite». L'agir et le pouvoir vont de pair.

Imaginez que vous faites un gâteau et que vous oubliez un des principaux ingrédients, la poudre à pâte. La pâte ne lèvera pas, ce sera un fiasco. Ainsi en est-il de la philosophie du succès. Omettez un des ingrédients et rien ne se produira. Omettez l'action et vous restez en plan. Le temps est votre ennemi, il n'est pas de votre côté. Nous recevons tous ces éclairs de génie que nous appelons les eurêkas!, et demain semble toujours être le moment approprié pour les mettre en action. Cela me rappelle le petit garçon qui me dépassa en courant l'autre jour, en soufflant et en haletant, presque hors d'haleine. Il courut jusqu'au pont du chemin de fer et descendit de l'autre côté, mais ne réussit qu'à voir le train disparaître à l'horizon. Un porteur lui sourit et dit: «Si tu avais couru plus vite, mon gars, tu l'aurais attrapé». Le garçon répliqua: «J'ai couru suffisamment vite, monsieur, mais je ne suis pas parti assez tôt». L'action est le facteur clé vital dans votre quête de la richesse.

Pendant que vous étiez au cinéma, Ray Kroc se mit à l'œuvre et acheta un seul stand d'hamburgers en Californie des frères McDonald et en fit une affaire de 500 000 000 $. Je pourrais aussi ajouter qu'il avait 52 ans lorsqu'il a commencé. Vous avez tout ce qu'il faut pour commencer maintenant, et n'oubliez pas que NOW (maintenant) épelez en commençant par la fin devient WON (gagner). Le pouvoir se trouve dans ces choses que nous n'avons pas faites, les amis que nous n'avons jamais connus, l'amour qui n'a pas servi et les idées que nous n'avons jamais mises en œuvre. Eussions-nous fait ces choses, le pouvoir serait déjà nôtre. Action! Action! Action! Je devrais, par conséquent, je peux.

Le colonel Harlan Sanders, du fameux poulet frit à la Kentucky, se mit à l'œuvre alors qu'il était retraité et âgé de plus de 65 ans. Les franchises du poulet frit à la Kentucky se vendirent aux États-Unis, au Canada, en Grand-Bretagne et au Japon. Le fait que plus d'une centaine d'hommes d'affaires devinrent million-naires en achetant la franchise du poulet frit à la Kentucky est d'autant plus révélateur. En 10 ans, les ventes du poulet frit à la Kentucky dépassaient les 100 000 000 $ par année. Monsieur Sanders avait conçu une idée et la fit fructifier. Il fit tout cela alors que vous étiez allongé sur la plage, ou bien n'étiez vous pas en train de jouer aux cartes chez votre copain Roger? Vous étiez peut-être en train de regarder la télévision, mais non, souvenez-vous: Vous étiez au bistrot avec 10 000 000 de vos cousins.

Benjamin Disræli dit un jour: «La vie est trop courte pour la vivre avec petitesse». Pourquoi donc alors restons-nous assis, attendant le bon moment d'agir? C'est toujours le bon moment quand le subconscient nous fournit une idée, suivez-la à la lettre, même si elle vous semble illogique à prime abord. Il vous faut agir sur-le-champ.

Les choses s'enveniment lorsque nous permettons à quel-qu'un d'autre de décider pour nous ou lorsque nous choisissons de faire ce que notre esprit conscient nous dit de faire. L'esprit subconscient ne fait jamais d'erreurs. Son action prendra la forme verbale, pour persuader les gens de vous aider, pour qu'ils vous prêtent de l'argent ou qu'ils achètent vos produits. Une fois que le subconscient vous a transmis son plan, vous êtes littéralement en position de saisir que *La parole est d'argent*.

Il n'y a aucune excuse à ne pas agir. Une éducation limitée, un emploi peu prestigieux ou des buts modestes ne sont pas des raisons acceptables. L'orateur le plus inspiré et qui a réussi le mieux en ce monde a commencé sa vie en étant humble charpentier. Il est mort crucifié sur une colline voilà presque 2 000 ans et son nom ne sera jamais oublié.

Lorsque des amis vous disent que vous ne pourrez jamais faire ceci ou cela, parce que vous n'êtes qu'un charpentier, un assistant d'atelier, un caissier ou un serveur, rappelez-vous seule-ment que cela n'existe pas: «N'être qu'un charpentier».

Il me faut maintenant être honnête avec vous — je n'ai jamais éprouvé de difficultés à pousser les gens à agir la première fois, et à les entraîner dans des façons de vivre et dans des secteurs d'activités nouveaux et excitants. Il est difficile par contre d'inspirer des gens qui ont véritablement essayé, puis échoué à plusieurs reprises. Ils perdent confiance, deviennent démoralisés, déprimés, fatigués et ils abandonnent. Cela se produit si souvent que j'ai consacré un chapitre entier à l'échec.

Sur le campus universitaire Harvard, un étudiant préparant son diplôme était étendu sur la pelouse lorsqu'un professeur s'approcha de lui et lui demanda ce qu'il faisait: «Je tue le temps», répondit l'étudiant. «Je crois que tu as tort», dit le professeur. «C'est le temps qui te tue!» Ne tuez jamais le temps. Il y a tellement à faire. Et cela sans même disposer d'argent.

Pendant que vous jouiez au «frisbee», Robert Ringer vendait de l'immobilier. Alors que vous jouiez aux dards avec Roger, Charles et Elsie Marsh tenaient une réunion. Au moment où vous lisiez le journal du soir, Chuck et Jean Strehli avaient eux aussi une réunion. Vous étiez à la pêche (vous n'avez rien pris) pendant que Joe Girard vendait des autos, et au moment où vous ramassiez vos articles de pêche, Edna Larsen faisait sa dixième vente de cosmétiques de la journée.

Le soir où vous étiez agité et tourniez et retourniez une douzaine de différentes idées sans pouvoir vous reprendre en main, W. Clement Stone travaillait à son bureau d'assurances jusqu'à 23 h 30, comme il le fait presque chaque soir (avec la seconde équipe de dactylos et de secrétaires).

Pendant que vous étiez à une vente d'objets usagés, à dépenser de l'argent pour de la camelote, Joe M. Gandolfo était au téléphone à vendre de l'assurance-vie. Alors que vous faisiez du lèche-vitrines, Bernice Hansen se rendait à une réunion, et au moment où vous regardiez le match de base-ball à la télévision, Mary Hudson achetait des stations-service.

Vous ne retirez de la vie que ce que vous y faites entrer; la prose suivante contient la source secrète de cette affirmation:

> «Un être simplet entra dans une banque et dit avec
> le plus grand naturel:
> «J'aimerais retirer 1 000 $ en billets de 20 $, s'il
> vous plaît».
> Le caissier répliqua: «Ah bon! Pardonnez mon sou-
> rire, monsieur,
> Mais vous ne pouvez rien retirer, car vous n'avez rien
> déposé«!»

Même avec toute la bonne volonté du monde, vous ne pouvez tout simplement pas vous asseoir et inventer des idées brillantes comme la planche à roulettes, le hula hoop, une poupée troll, une poupée comique en tissu, les hamburgers, les beignets Dunkin, les bandes dessinées ou tout autre affaire lucrative importante. Nous savons, sans l'ombre d'un doute, que les grandes idées nous viennent alors que nous ne pensons pas. Le secret est alors d'agir à partir de nos propres idées au moment où elles se présentent. Voici maintenant une étrangeté du subconscient. Il nous fournit des idées si habiles, si faciles, profitables, excitantes, grandioses, si magnifiques que nous sommes portés à nous effaroucher et à les mettre en veilleuse. Vous croyez alors que l'idée est si brillante qu'il doit y avoir quelque chose qui cloche dans cette idée. Vous pensez que cette idée est si simple que quelqu'un d'autre y a songé avant vous et si profitable que cela ne peut tout simplement pas être vrai, et vraiment pour vous.

Eh bien, laissez-moi vous dire que vous avez peut-être raison; quelqu'un d'autre a peut-être imaginé ces mêmes idées, mais il ne les a probablement pas pensées de la même manière que vous, il ne les a jamais mises de l'avant. Le livre *Réfléchissez et devenez riche** de Napoleon Hill est sur le marché depuis plus de 30 ans. Il est reconnu comme un best-seller international et on considère

---

*   Publié aux éditions Un monde différent ltée sous forme de cassette audio.

qu'il est le classique des livres de motivation. La suite évidente est: *La parole est d'argent*. Des centaines et même des milliers de personnes ont certainement eu la même idée. Mais personne n'a agi, sauf moi!

Faites quelque chose, ne serait-ce qu'un petit geste. Prenez le départ avec les outils que vous possédez et plus tard d'autres de qualité supérieure s'ajouteront à votre panoplie. Pour citer un ancien proverbe anglais: «Chacun doit ramer avec les avirons qu'il possède». Tellement de gens attendent ceci, cela ou quelqu'un d'autre, en disant: «Tout vient à point à qui sait attendre». En ce qui me concerne, la mort est la seule chose qui vient à point pour ceux qui l'attendent.

Mon poème préféré en est un de Harvey Scott, et il serait judicieux pour vous de le mémoriser:

«J'ai vu le vieux voleur, notre père le Temps,
Venir sur la route en titubant;
Il portait un sac sur son dos
Un plein fardeau de temps perdu.
Il l'ouvrit et le montra
Non pas des minutes, mais une multitude d'années,
    de décennies, un siècle et plus de minutes perdues.
«Je veux acheter une année», lui dis-je
«Et je vous paierai bien».
«Même si ce métal de la terre était d'or pur,
Vous ne me décideriez pas à vendre
Car je possède des minutes dérobées à des rois,
Enlevées à Milton, Shakespeare, Bach,
Comment pourriez-vous acheter de si précieuses choses,
Votre or banal n'est que pacotille».
Il attacha son sac et dit: «Adieu,
jeune homme, j'ai mon dû».
Car pendant que j'essayais de le forcer à me vendre
    une année,
Il me déroba une heure de mon temps.»

154

Passez à l'action immédiatement, et parlez, parlez, parlez. Parlez aux jeunes gens, renseignez-vous auprès d'eux à propos des plus récentes tendances, des toquades et des dernières modes. Parlez avec eux, demandez-leur ce qu'ils font pendant leurs temps libres. Mêlez-vous à eux, tenez-vous au courant de ce qui se passe autour de vous. Plusieurs idées lucratives ont leur origine dans les jouets d'enfants. Comment se fait-il que certaines personnes ont des maisons magnifiques, des automobiles extravagantes et divertissent leurs amis sans compter? Font-ils quelque chose que vous ne faites pas, passent-ils à l'action? Je vous ai déjà mentionné que le pouvoir réside dans les choses que nous n'avons pas faites. Forcez-vous à agir!

En Angleterre, il existe une histoire classique à propos d'un type débrouillard. Le récit se déroule dans les collines de Cumbria, voilà plusieurs années. L'histoire raconte qu'un type débrouillard frappa à la porte d'une maison de ferme pour essayer d'emprunter du lait et quelques œufs. Une vieille dame répondit à la porte et donna les œufs et le lait que ce dernier avait demandés. Il était connu dans la région, et il ne fut donc pas particulièrement surpris lorsque la vieille dame l'invita à prendre un café. Une fois dans la maison, la vieille dame lui désigna par la fenêtre de la cuisine sa ravissante fille, laquelle était en train de nourrir les poules. Cette fille avait une taille de guêpe, de longs cheveux blonds et un joli visage. «Si vous acceptez d'épouser ma fille», dit la vieille dame, «vous pourrez garder la ferme et toutes nos économies à la banque. Le type avala d'un trait son café, s'enfuit de la maison de ferme et conduisit sa charrette vers la maison délabrée de sa mère. Lorsqu'il parla à sa mère de l'incident, tous deux partagèrent la même opinion. Il devait y avoir une attrape là-dessous; ils étaient sûrs d'y perdre quelque chose. Ils passèrent plusieurs heures à tenter de résoudre ce problème, mais n'arrivèrent à aucune conclusion.

Quelques années plus tard, le type débrouillard se retrouvait dans la même région et retourna à nouveau à la maison de ferme où l'incident avait eu lieu, incident qu'il avait d'ailleurs oublié. Il frappa à la porte pour demander quelques œufs et, à sa surprise, c'est la ravissante jeune femme qui vint lui ouvrir. Il lui revint aussitôt à la mémoire l'offre faite par la mère de prendre la fille, et la ferme et l'argent. Piqué par la curiosité, le type débrouillard ne put s'empêcher de demander: «Quelle était donc l'attrape, il y a quelques années, lorsque votre mère m'a demandé de vous épouser?» La fille répondit: «Il n'y avait aucune attrape, j'étais simplement amoureuse de vous, mais j'étais trop timide pour vous l'avouer. Ma mère a donc fait la demande pour moi. Hélas, elle est décédée maintenant et j'ai épousé le fermier d'une ferme voisine». Le type s'en alla, ébranlé par cette expérience. Voyez-vous ce type ne possédait rien, rien du tout, il n'avait jamais rien possédé. Lorsqu'on lui offrit la jeune fille, la ferme et les économies à la banque, tout ce qu'il pouvait en penser était: «Où est donc l'attrape, que vais-je perdre?» La morale de cette histoire est la suivante: Quand vous avez tout à gagner et rien à perdre, faites-le maintenant.

Il est tragique de constater que des centaines de milliers de jeunes hommes et femmes qui ont une éducation supérieure sont sans emploi. Ils possèdent des diplômes, des connaissances, le pouvoir potentiel, mais ne font rien. Ils attendent que l'emploi idéal se présente, la bonne occasion, ils veulent simplement faire ce qu'ils aiment faire. Les occasions vont et viennent et ils ne font toujours rien.

Il y a plusieurs années, un vieux sage dit à un aspirant yogi qu'une certaine pierre de touche pourrait représenter beaucoup d'argent pour lui, car c'était un diamant incrusté dans l'or. La pierre de touche ressemblait à n'importe quel caillou trouvé sur une plage, la seule différence était que la pierre de touche était chaude alors que toutes les autres pierres étaient froides. Le yogi partit en quête de sa fortune, à la recherche d'une pierre de touche. Il fouilla toutes les plages et tous les rivages. Il ramassa des cailloux par centaines, par milliers, les touchait et s'ils étaient froids, les rejetait à la mer. Un jour, il ramassa une pierre qui était sans l'ombre d'un doute une pierre de touche, car elle était définitivement chaude. Cependant, le yogi avait tellement l'habitude de rejeter les cailloux à l'eau, qu'il lança également celui-ci. De la même façon, nous traversons la vie sans saisir les occasions qui se révèlent à nous, tout comme pour la pierre de touche. Nous continuons de les repousser, suivant ainsi une longue tradition, par la force de l'habitude, à cause de notre seconde nature, nous échouons à reconnaître les occasions en ne recherchant que la bête noire, l'attrape. En traversant la vie, faites de ce qui suit votre but: Cherchez le beignet et non pas le trou.

Il y a tant à faire, lorsque vous savez quoi faire, par où commencer, et cela sans même avoir d'argent. Le pouvoir est dans les choses que nous n'avons pas faites. Tous les gens léthargiques et oisifs; les êtres monotones, ennuyeux, lunatiques; les introspectifs et les inactifs — tous ces gens peuvent réussir dans leurs tentatives s'ils font des choses qu'ils n'ont jamais faites. Si vous portez la barbe, coupez-la; si vous ne portez pas de barbe, faites-en pousser une; si vous conduisez l'automobile pour aller travailler, prenez le bus. La répétition des mêmes gestes et la routine tuent. Si vous n'écrivez jamais à des amis, c'est maintenant le temps. Si vous n'avez aucun ami, faites-vous-en. Si vous allez danser, arrêtez d'y aller. Faites quelque chose de différent. Si vous n'allez pas danser, allez-y ce soir. Souvenez-vous, ce soir, pas demain!

Faites quelque chose de différent, levez-vous et partez, même si vous ne savez pas trop bien où vous allez. Le docteur Joost A.M. Meerloo disait: «Le changement et la croissance des horizons personnels sont parmi les plus importantes découvertes scientifiques en psychologie, selon un consensus adopté par les psychologues». Il ne faut pas à penser à ces choses, il faut les faire. Si un héros de guerre devait penser à chaque fois qu'il doit sauter hors d'une tranchée pour attaquer, il préférerait probablement battre en retraite. Les héros agissent impulsivement, ils font des choses, mais ne s'arrêtent pas à y penser. «Action spontanée», voilà le nom du jeu. Le stress occasionné par une indécision prolongée est beaucoup plus dommageable que les conséquences d'une erreur particulière. L'indécision tue. Ne soyez pas indécis, levez-vous et partez. Dans le manuel de l'infanterie des États-Unis, il y a une phrase à propos du sens de la décision: «Tout plan, même mal conçu s'il est exécuté avec audace, vaut mieux que l'inaction». Inscrivez la note suivante dans votre journal personnel: «La personne indécise ne finit jamais de commencer. Rien n'arrête la personne de décision.» Prenez la décision aujourd'hui d'être une personne de décision et d'action.

Changez tous les meubles de votre maison, achetez une autre automobile, faites du racquet-ball ou du squash. Si le soir vous vous habillez sans cérémonie, portez donc un complet à la place, et vice et versa le jour. Le pouvoir est dans les choses que nous n'avons pas faites. Au lieu d'aller dans les bars chaque soir, faites un peu de méditation en S.S.S. Pour changer, consacrez du temps à votre propre personne, et je dis bien du temps rien que pour vous.

C'est en faisant les mêmes choses, de la même façon, jour après jour, que nous ankylosons notre esprit d'initiative. Si nous sommes esclaves de la routine, si nous n'avons pas l'habitude d'agir lorsque le subconscient nous révèle un eurêka!, il est sûr que nous n'agirons pas si nous trouvons une idée lumineuse. Commencez aujourd'hui, sans aucun délai. Arrangez une pièce chez vous qui servira pour votre propre méditation silencieuse. Puis, prenez vos plus beaux vêtements, mettez-les, et allez voir quelqu'un que vous n'avez pas vu depuis longtemps, même si c'est au tour de cette personne de venir vous visiter. Si vous avez imaginé différentes autres choses à faire, faites-les. Du parachutisme, du pilotage, du ski nautique, de la plongée sous-marine, ou quoi que ce soit d'autre que vous inspire votre imagination, faites-le aujourd'hui. Tout cela a un rapport direct et un contrôle total en ce qui a trait à votre habilité de vendeur.

Il est peu probable que vous puissiez approcher un inconnu ou entreprendre une affaire, si vous ne bougez même pas d'un doigt pour faire les choses que vous voulez faire. Parlez à un serveur, à un journaliste, parlez à la personne assise près de vous dans un train. Dites-lui ce que vous voudriez faire, demandez-lui ce qu'il fait et ce qu'il voudrait faire. Ne soyez jamais trop pressé, pour ne pas avoir le temps de parler à ces gens. Cela est monnaie courante, chaque jour, partout, un homme se précipite vers le vendeur de journaux, lui jette une pièce de monnaie, prend le journal et repart à la course. Où cela le mène-t-il? Toute la différence est entre l'action et la précipitation. Ce sont des mondes tout à fait séparés. Et c'est là que nous faisons la plus grande erreur. L'action construit et fait progresser. La précipitation et la hâte détruisent l'esprit, le corps et l'âme.

Toutes les biographies de millionnaires que j'ai étudiées avec minutie ont un dénominateur commun: Ces gens-là veulent de l'argent et prennent les moyens pour en obtenir; ils savent parfaitement que l'argent n'a pas de jambes — c'est donc eux qui se déplacent vers l'argent. Ils se rendent très bien compte que pour chasser l'éléphant, il faut se rendre en Afrique ou en Inde et non pas à New York. Dans la même veine, ils vont où se trouve l'argent et s'en accaparent. Ils ont conscience qu'il n'existe pas un moment idéal précis pour agir. Nous sommes continuellement confrontés avec des problèmes d'inflation, d'économie en crise, de guerre, de capitaux qui se font rares, d'un personnel inadéquat, d'inondation des marchés; il y a toujours de nombreux problèmes à résoudre. Les millionnaires savent que ce n'est jamais exactement le bon moment pour agir, mais ils agissent pourtant sur-le-champ avec les outils et les idées qu'ils ont à portée de la main. Ils savent aussi que si on accorde au subconscient du silence et du temps, celui-ci assimilera toutes les connaissances à sa portée et créera sa propre idée lumineuse.

Pendant que vous jouiez au bowling, Aristote Onassis achetait des pétroliers de 200 000 tonnes chacun. Et pendant que vous étiez allongé paresseusement sur votre chaise-longue, attendant anxieusement que quelque chose d'excitant se produise, J.Paul Getty achetait des réserves de pétrole.

Ces millionnaires n'ont pas peur de l'échec. S'ils échouent, ils se relancent à nouveau dans l'action et reviennent en force. Le docteur William J. Reilly opinait dans ce sens lorsqu'il écrivit: «La seule personne qui ne fait pas d'erreur est celle qui ne fait rien, et c'est là la plus grande des erreurs».

159

Le secret est donc de commencer à changer des petites choses et de faire des petites choses. Les grandes choses suivront, croyez-moi, je le sais, car cela s'est avéré absolument véridique dans mon cas.

Par où faut-il commencer, me direz-vous? Accomplissez la tâche la plus immédiate, la tâche suivante se révélera alors d'elle-même. Le fait d'utiliser les minutes gaspillées peut faire toute la différence entre le succès et l'échec. Vous rendez-vous compte que si vous êtes un Américain moyen, vous gaspillez 50 journées, qui pourraient être lucratives, chaque année, à boire du café. La pause-café dure en moyenne 35 minutes. Deux de ces pauses chaque jour et nous arrivons à un total annuel de 50 journées de huit heures de travail chacune. Quel gaspillage! Vous avez donc amplement de quoi agir.

Lorsque j'étais vendeur d'automobiles, j'ai participé à une situation qui illustre particulièrement bien le fait que le pouvoir est dans l'action. En ma qualité d'apprenti millionnaire, j'étais entraîné dans différents projets visant à acquérir de l'argent. Le commerce des automobiles usagées est, de ces projets, celui où j'ai le plus appris. Voyez-vous, lorsque vous vendez des autos usagées, vous entrez en relation avec toutes les catégories de personnes inimaginables. Les médecins, les avocats, les toxicomanes, les manœuvres, les menuisiers, les infirmières et les professeurs achètent tous des automobiles. Vous rencontrez également des gens ayant différents types de personnalités et pendant une certaine période, après l'achat, la vente ou au cours d'une reprise de pièces ou d'une réclamation de garantie, certaines situations surgissent. L'opération commerciale se doit d'être solide si vous voulez générer un profit.

L'incident auquel je fais référence se produisit dans un commerce d'automobiles usagées où j'apprenais le métier d'apprenti millionnaire. Le directeur commercial mit une annonce pour trouver un vendeur. Un premier vendeur se présenta et quitta l'emploi à la fin de sa première journée. Il laissa une note adressée au directeur commercial à l'effet que la compagnie devait dépenser

5 000 $ en publicité, 50 000 $ pour mieux approvisionner le commerce, et 10 000 $ pour peindre et décorer l'emplacement. Il fit remarquer que seuls quelques clients s'aventuraient pour venir voir les quelques autos dont nous disposions. Pour qu'il reconsidère sa décision, il fallait que les conditions qui précèdent soient remplies.

Le jour suivant, un autre vendeur se présenta. J'ai beaucoup appris de cet homme. Son attitude était la suivante: «Au diable les combines, fonçons tête baissée et allons en profondeur». C'est ce qu'il fit. Son mot préféré était: «Au poil!» Il arrivait à 7 h précises et commençait immédiatement à rendre les lieux «au poil!» Chaque automobile était frottée soigneusement avec un linge de chamois pour enlever la poussière déposée pendant la nuit. Il faisait démarrer chaque automobile, chargeait chacune des batteries d'accumulateurs et nettoyait impeccablement l'intérieur de chaque véhicule. J'appliquai ce qu'il m'apprit, non seulement au commerce des autos usagées, mais à toutes mes affaires en général. Il s'assurait particulièrement que chaque véhicule démarre sur-le-champ; rien ne peut faire avorter plus rapidement une vente qu'une automobile qui ne démarre pas au moment de la faire essayer par un client potentiel.

Ce super, super vendeur m'a enseigné à voir au bon fonctionnement de chaque détail: que tout soit organisé, efficace, «au poil» lors de la venue d'un client potentiel. Ensemble, nous avons fait des étiquettes «au poil» pour chaque clef d'autos et les avons accrochées au mur pour qu'ainsi nous puissions retrouver immédiatement la clef du véhicule correspondant. Puis, nous avons réorganisé le bureau; nous assurant que toute la documentation et les formulaires de financement soient promptement disponibles.

Pour augmenter notre inventaire sans pour cela débourser un sou, nous téléphonions à d'autres concessionnaires pour savoir s'ils nous permettraient de vendre l'excédent de leur inventaire sur la base d'un profit partagé. Parfois, ils acceptaient, en d'autres occasions, ils refusaient. Cependant, une chose est certaine, nous faisions quelque chose pour améliorer notre affaire. Nous nous jetions dans l'action. Nous n'en sommes pas restés là. Chaque jour, nous faisions au moins deux actions positives pour que notre commerce progresse: Nous nettoyions les vitrines de la salle d'exposition, nous téléphonions même à des gens que nous connaissions pour savoir s'ils désiraient une automobile, nous envoyions de la documentation par courrier, ou bien, nous changions fréquemment l'emplacement des véhicules dans notre parc de stationnement, sur le terrain. Cette attitude de «faire quelque chose» peut et doit être adoptée quelle que soit la vocation de votre entreprise. L'argent n'est pas nécessairement généré par un capital, mais par l'action. De plus, lorsqu'un euréka! se révèle à vous, qui par sa définition est une idée infaillible de réussite, si vous n'agissez pas, rien ne se produira. John Wanamaker dit avec sagesse: «Rien n'arrive par la seule pensée».

Pendant que vous étiez en train de penser, j'ouvrais sept magasins de vente de motocyclettes et alors que vous dormiez, je dirigeais mon cabinet de conseiller d'affaires. Au moment où vous alliez «faire une promenade», j'étais promoteur dans la construction et alors que dans des magasins d'antiquités, vous regardiez sans acheter, pour ma part, je vendais des antiquités. Pendant que vous lisez ce livre, je travaille non seulement à le vendre ici et là, j'en écris également un autre. Et lorsque j'en aurai terminé la rédaction, un autre suivra.

Henry Ford croyait fermement que le pouvoir est dans l'action. Chaque fois qu'un problème surgissait dans son entreprise, que ce soit dans l'atelier de montage, le service de comptabilité ou l'atelier d'outillage, il n'en voyait pas chercher la personne responsable du service en question, il s'y rendait lui-même. Lorsqu'on lui demandait pourquoi il affrontait un point de conflit au lieu de convoquer quelqu'un pour obtenir des explications, il répliquait: «Cela sauve du temps, je peux échapper à l'autre individu beaucoup plus rapidement que lui peut me quitter!» Henry Ford donna à notre monde une automobile économique, fiable, et cela ne se fit pas accidentellement. J'ai l'impression que Henry Ford utilisa comme devise les mots de A. W. Robertson: «Si un homme ne fait que ce qu'on exige de lui, il est un esclave. À partir du moment où il en fait plus, il est un homme libre».

Vous comprenez maintenant toute la nécessité d'agir. Vous pouvez constater que même lorsque la compagnie de boisson gazeuse Coca-Cola eut acheté et payé pour la géniale idée «de l'embouteiller», ils durent quand même passer à l'action et l'embouteiller. Il est triste de constater que la plupart des gens restent là, à tuer le temps, à s'inquiéter à propos de futilités et à repenser aux choses du passé, au lieu d'agir maintenant pour se préparer un meilleur avenir.

Lorsque Will Rogers disait: «Ne laissez pas le passé gaspiller le présent», il avait plus ou moins à l'esprit la même pensée qu'Alexander Woollcott lorsque ce dernier disait: «Plusieurs parmi nous passent la moitié de leur temps à espérer des choses qu'ils obtiendraient s'ils n'employaient pas leur temps à espérer». Il vous faut cultiver cette forme de conscience dont je ne cesse de vous entretenir: le temps et l'action. Tant que vous ne serez pas pleinement conscient de la signification de ces mots, vous êtes voué à la médiocrité. N'oubliez pas, je ne bois qu'à la santé des génies.

Examinons maintenant une dernière situation au cours de laquelle vous êtes étendu sur votre lit de mort. Votre vie est à son terme et il ne vous reste que quelques secondes à vivre. Les pensées qui se bousculent dans votre tête peuvent très bien ressembler à ce qui suit: «Si seulement j'avais invité cette fille à sortir, si seulement j'avais parlé à monsieur O'Keefe et essayé de lui vendre mes idées, si seulement j'avais poursuivi mes idées jusqu'au bout, si seulement j'avais fait ce que je voulais faire, car maintenant je sais, même s'il est trop tard, que personne au monde n'aurait pu m'arrêter».

Si le chapeau vous fait, mettez-le et allez de l'avant!

Gros plan!

1. Quel que soit le nombre de brillants eurêkas! que vous recevez, si vous ne les poursuivez pas jusqu'à leur conclusion, rien ne se produira. Comme le disait Ralph Waldo Emerson: «Fais ce que dois, le pouvoir suivra».

2. Vous pouvez commencer à mener votre campagne pour l'action en vous ménageant une pièce dont vous ne vous servez pas, pour les besoins de votre méditation personnelle.

3. Si vous avez toujours désiré faire quelque chose de différent, faites-le: du parachutisme, du pilotage, du ski nautique, de la plongée sous-marine; peu importe votre fantaisie, réalisez-la aujourd'hui. Imprimez dans votre subconscient le message suivant: «Je suis un homme ou une femme d'action».

4. Ne gaspillez pas 50 jours par année, comme le fait l'Américain moyen, à boire du café — au lieu de cela, passez immédiatement à l'action.

5. On doit travailler chaque affaire avant qu'elle ne devienne rentable. Finies les combines, il faut travailler en profondeur.

6. Au lieu de regarder la télévision et d'attendre que quelque chose se produise, pourquoi ne passeriez-vous pas à l'action pour que cet événement se produise?

Chapitre 8

Le pouvoir de l'échec

«*Vous êtes sur la route du succès
quand vous prenez conscience que
l'échec n'est qu'un détour*».

William G. Milnes jr

La plupart d'entre nous ont déjà entendu le dicton suivant:
«Chaque échec porte en soi une semence deux fois plus
importante que l'adversité, si vous usez d'un réel discernement».
Nous comprenons que nous pouvons tirer profit de nos erreurs en
ne les répétant plus. Pourquoi donc alors tellement de vendeurs,
d'entrepreneurs, de cadres supérieurs et, en fait, des gens de toutes
conditions sociales, échouent dans la réalisation de leurs buts, ne
réussissent pas à être à la hauteur et n'atteignent pas le succès.

Même si les gens prennent conscience que l'expérience de
l'échec comporte une leçon à propos du pouvoir, ils ne savent pas
comment s'y prendre. Lorsque leur première entreprise échoue,
ils haussent les épaules, tournent la chose en plaisanteries et d'une
façon ou d'une autre s'arrangent pour recommencer à nouveau.
Cependant, s'il se produit à nouveau des erreurs qui mènent pour
une seconde fois à l'échec sans pour autant engager nécessairement la responsabilité de l'entrepreneur, il devient alors un peu
plus difficile de recommencer à nouveau. Il devient également plus

difficile de reprendre confiance en soi-même et même de grimper le premier barreau de l'échelle. Chaque échec successif complique les choses. Finalement, on en arrive à la devise suivante: «J'ai essayé, j'ai échoué, à quoi bon persévérer?»

Plusieurs enfants ont eu une éducation stricte au cours de leur enfance. On leur a probablement enseigné parmi différentes choses à se soucier de ceci, faire attention à cela. Si vous disiez face à vos parents: «Je ne m'en soucie pas», ils vous martelaient sûrement de la sentence suivante ou d'une semblable:

«Je ne m'en soucie pas» a été créé pour se soucier,
«Je ne m'en soucie pas» a été pendu,
«Je ne m'en soucie pas» a été emprisonné,
Et inventé pour jouer du tambour.

J'admets que cela est très facile à retenir, mais trop de ce bourrage de crâne annule le caractère énergique et entreprenant dont nous avons besoin pour réussir. (Notez bien que «entreprenant» ne signifie pas ici «entreprenant à l'excès», ce qui pourrait s'avérer aussi désastreux que la timidité sur le chemin de la réussite). Nous nous soucions trop de ce que les autres pensent de nous, et ce n'est que lorsque nous nous en fichons comme de l'an quarante que nous pouvons emprunter la route de la fortune et de la célébrité. Nous craignons la critique advenant un échec et cela est en opposition directe avec l'attitude du «je m'en fiche comme de l'an quarante» qu'il nous faut adopter pour réussir. Gabriele d'Annunzio, cet homme qui participa à l'unification de l'Italie, portait un porte-bonheur à l'effigie de Bouddha à son cou. On pouvait y lire l'inscription suivante: «Je m'en fiche comme de l'an quarante».

Plusieurs jeunes pilotes de chasse qui se battirent lors de la Seconde Guerre mondiale avaient des nerfs d'acier, n'éprouvaient aucune peur et «s'en fichaient comme de l'an quarante». À plusieurs occasions, on leur fit savoir de se «considérer comme déjà morts». Ce n'est qu'après avoir adopté l'attitude de «s'en ficher», qu'ils devinrent des pilotes de chasse couronnés de succès. De la même façon, vous devez choisir cette attitude pour réussir dans votre travail.

Lorsque vous subissez un échec — cela est inévitable car le succès se construit à partir de l'échec — je voudrais que vous vous rappeliez de Winston Churchill, ce grand orateur, quand il frappait le plancher avec sa canne en disant: «Il ne faut jamais, jamais abandonner!» C'est ainsi que les Britanniques furent motivés à passer à l'action contre ce qu'on a appelé «la plus grande force armée jamais rassemblée de toute l'histoire de l'humanité».

Il y a de cela plusieurs siècles, Ésope raconta une fable à propos de deux grenouilles qui, au cours de leurs voyages, trouvèrent par hasard un grand bol de crème. Elles sautèrent sur le bord du bol et l'inévitable se produisit, elles tombèrent dans la crème. En peu de temps, l'une des grenouilles fut submergée par la substance blanche et crémeuse et se noya. L'autre grenouille, cependant, tenait toujours bon, elle gigotait de ses pattes palmées, se démenait et résistait avec acharnement. Elle ne voulait pas se soumettre. Après un certain temps, la crème se changea en un beurre consistant, la grenouille sauta alors hors du bol.

Lorsque Abraham Lincoln ne savait plus à quels saints se vouer et que la pression était à son maximum, on l'a souvent entendu dire «Cela aussi va passer». Tout finit par passer. Cinq cents ans avant Jésus-Christ, Héraclite disait: «Seul le changement est permanent». Les choses changent continuellement, l'échec n'est qu'une étape passagère. Thomas Edison échoua plus de 10 000 fois avant de réussir à produire l'ampoule incandescente. Pouvez-vous dire que vous avez échoué 10 000 fois? Bien sûr que non!

Soichiro Honda était presque en faillite lorsqu'il décida de se lancer dans le domaine de la motocyclette. En quelques années il s'empara de plus de la moitié des marchés américain et européen. La persistance remporta là une autre victoire. Walt Disney fit faillite, mais il persévéra quand même. Aujourd'hui, l'empire Disney génère un profit brut de 300 000 000 $ par année.

Si vous avez étudié l'histoire anglaise, vous vous souvenez peut-être de Robert Bruce. Il se tenait caché, inquiet, essayant d'imaginer une stratégie pour combattre les Britanniques à la bataille de Bannockburn. Il examina une araignée qui tentait de tisser une toile. Malgré tous les efforts déployés, l'araignée ne parvenait pas à filer les fils de la vierge pour en faire une toile qu'elle essayait de tisser entre deux colonnes. L'araignée ne se tenait pas pour vaincue, elle continuait d'essayer. Robert Bruce était impressionné par la persistance de cette petite créature. Quelques instants plus tard, comme par magie, l'araignée parvint à ses fins, elle tissa sa toile; elle avait atteint son but; elle avait gagné! Robert Bruce exprima cela de la façon suivante: «Si vous ne réussissez pas du premier coup, essayez, essayez, encore et encore». Cette expérience l'aida à surmonter ses différents échecs. Le succès est obtenu et conservé par ceux qui essaient et continuent d'essayer. Voici une citation du *«Cahier de notes»* d'Elbert Hubbard: «Le seul échec est de ne pas persister».

La réussite apporte une multitude d'amis. Cependant, aussitôt que vous échouez, les amis disparaissent. Lorsque vous échouez, les petits sourires narquois que vous voyez sur le visage de vos amis ne sont pas une création de votre imagination. Ils sont en fait ravis. Car cet échec vous ramène à leur niveau. Orson Welles écrivit dans le New York Times: «Lorsque vous êtes sur le pavé, c'est habituellement vos amis qui lèvent le nez sur vous». Attendez-vous à cela et ignorez-le. C'est votre test de persistance, celui qu'il vous faut passer plusieurs fois avant de réussir. Comme vous le savez, j'ai consacré beaucoup de temps, d'études et de recherche sur la réussite, et sur le pourquoi et comment certains hommes et femmes deviennent riches et couronnés de succès. Rétrospectivement, je considère que j'en sais plus long à propos de l'échec que de la réussite, car toute personne qui a du succès, a échoué beaucoup plus de fois qu'elle n'a réussi.

J'ai échoué plusieurs fois et je n'ai pas honte de l'admettre. Je me suis construit à dessein une carapace imperméable à l'échec. C'était ou bien cela ou être un perdant, ce qui ne me convenait absolument pas. Lorsque les choses devenaient difficiles, et cela se produisait souvent, j'avais l'habitude de penser aux blattes. Ces petites créatures existent depuis plus de 500 000 000 d'années et elles sont toujours là. Lorsqu'on considère toutes les espèces qui se sont éteintes pendant cette période de temps, il y a de quoi se poser des questions. Les scientifiques ont prouvé que les blattes sont à l'épreuve des radiations atomiques, et qu'elles ont survécu à la chaleur, au froid, à la famine, à la sécheresse et aux inondations.

Lors d'une expérience, on plaça cinq blattes dans un bocal scellé pendant une année sans nourriture et sans eau. Au terme de cette année, on enleva le couvercle. Les blattes ne s'étaient pas entredévorées et aucune n'avaient péri; pour survivre, elles avaient abaissé leur métabolisme à son plus bas niveau. Rappelons-nous que peu importe notre taille, nous pouvons quand même être individuellement inattaquables, et je suis convaincu qu'une carapace est très utile dans ce sens.

Les yogis peuvent accomplir des choses similaires aux blattes. Ils peuvent retenir leur respiration, abaisser le niveau de leur métabolisme et arrêter les battements de leur cœur, s'ils le veulent. Ils accomplissent cela en conjonction, la plupart du temps, avec un but spirituel. Lorsque vous libérez votre esprit pendant la méditation, vous construisez un bouclier psychique qui empêche les pensées d'échecs de vous atteindre, et ce faisant, vous vous protégez vous-même d'influences négatives.

Lorsque d'anciens amis vous croisent quelque part et vous disent par dépit: «Eh bien! que vas-tu faire maintenant que tu as échoué et que tu n'as plus d'argent?» ou bien ils vous disent: «J'ai essayé de t'avertir que tu n'étais pas à la hauteur». Vous pouvez facilement voir à travers ces gens et savoir en votre for intérieur que vous progressez dans la bonne direction. Le succès n'existe pas sans l'échec, car l'échec est l'un des principaux éléments du succès.

Lors de vos recherches en votre qualité d'étudiant du succès, vous devez lire les biographies, non seulement d'hommes d'affaires importants, de leaders mondiaux ou d'entrepreneurs reconnus, mais également celles d'alpinistes, de plaisanciers solitaires, de pilotes de voitures de courses et de scientifiques, car c'est là que vous découvrirez ce que signifie vraiment la persévérance, ce que veut dire réellement s'acharner à continuer. Si vous voulez atteindre votre but, vous devez adopter l'attitude «de vous ficher comme de l'an quarante de ce que les autres pensent».

Edward Bok a affirmé ce qui suit avec beaucoup de vérité: «La pauvreté est l'expérience la plus enrichissante qu'un homme puisse connaître», une expérience dont toutefois il conseille fortement de se démarquer le plus rapidement possible. Je sais que vous avez perdu votre identité et votre confiance en vous-même. Vous devez continuer de lutter pour retrouver votre estime personnelle. Ce n'est qu'à ce moment-là que vous vous sentirez mieux et que vous commencerez à connaître à nouveau le succès. Rien ne nous réussit autant que le succès. Pour ce, nous devons grimper au premier échelon de l'échelle, nous devons faire un premier pas en avant. La prochaine fois que vous vous sentirez quelque peu déprimé, un peu plus anxieux que d'habitude, relisez le distique suivant:

«J'avais l'habitude de pleurer, car je n'avais pas de souliers, Jusqu'à ce que je rencontre sur la rue un homme qui n'avait pas de pieds».

Une des causes les plus courantes de l'échec est de tenter l'impossible. Plusieurs personnes agissent ainsi sans le savoir à cœur de jour. Leur style de vie, leurs automobiles, leurs vêtements et leur compte créditeur témoignent éloquemment de leurs excès par rapport au revenu net de leurs entreprises. S'il vous faut beaucoup dépenser, vous devez premièrement vous assurer que votre entreprise génère suffisamment de revenus pour défrayer les extravagances à partir de profits réels et non simplement à même la marge brute d'autofinancement. Si vous voulez réussir, vous devez tenir compte de ces réalités et bien comprendre. Vous avez sous les yeux la formule infaillible pour échouer: *Dépensez plus que vous ne gagnez.*

Lorsque survint l'effondrement des cours de la Bourse de Wall Street le mardi 29 octobre 1929, plusieurs Américains subirent d'énormes pertes et connurent un désastre financier. Un millionnaire a perdu toute sa fortune. Il décida de se suicider en se noyant, la tension était devenue pour lui insoutenable. Il se rendit à la plage, mais au moment d'atteindre le bord de l'eau, il se pencha et ramassa un joli et précieux coquillage. Le millionnaire ruiné médita un instant et pensa que si un coquillage aussi fragile pouvait survivre à des mers tumultueuses qui pouvaient couler des milliers de tonnage, il pouvait sûrement survivre à son présent échec. Il se demanda ensuite comment la mer, turbulente et terrible, pouvait submerger tous ces bateaux, alors que le délicat petit coquillage réussissait à survivre. La réponse lui vint, non pas à l'instant même, mais plus tard dans la quiétude de sa maison, alors qu'il avait déjà tout oublié à propos des expériences de la journée. Il se rendit compte que les navires résistaient et combattaient les vagues et par conséquent faisaient naufrage, alors que le minuscule coquillage se laissait aller au gré des tempêtes et des vagues et en sortait indemne. Ce coquillage particulier, soit dit en passant, est connu sous le nom de strombe «aile de l'ange».

Vous devez accepter l'échec comme l'une des réalités de la vie. Reconnaissez le fait que l'échec porte en soi toute la potentialité du succès. Il est tragique de constater que quand une personne échoue, essaie à nouveau et se rend compte qu'elle ne peut y parvenir, elle raconte le plus souvent qu'elle a besoin d'idées, de locaux commerciaux et d'un capital. Elle ne comprend pas que la formule du succès est nettement incluse dans son propre échec.

Si vous analysez tous vos échecs, vous trouverez une ou plusieurs raisons qui ont occasionné ces derniers. Le succès est entièrement explicable par l'échec, car il existe une raison précise pour chacun de nos échecs. Recherchez cette raison et vous découvrirez le succès.

Il pourrait même vous arriver de doubler ou tripler votre taux d'échecs, car l'échec renferme une puissance qui peut s'avérer dévastatrice. Ne faites pas l'erreur de croire que l'échec est l'ennemi du succès — il ne l'est pas. L'échec est un professeur sévère, mais c'est quand même le meilleur. L'échec peut vous décourager ou vous pouvez vous en servir pour apprendre.

Lorsque Satan lui-même annonça qu'il se retirait des affaires une fois pour toutes, il mit en vente tous les outils de son métier. Toutes ses jarres et ses fioles reposaient dans des allées propres sur de longues étagères, chaque récipient était étiqueté et coté. L'une des jarres portait le nom de tromperie, une autre s'appelait mesquinerie, une autre jalousie; on y trouvait aussi la vengeance, l'envie, la gloutonnerie, la malhonnêteté, la rancune, l'égoïsme, la malice et la haine. Tout était là, toutes les astuces et les ruses de Satan. Le prix de toutes était bien marqué et elles étaient prêtes à être vendues. Cependant, il y avait une immense jarre, plus grande que toutes les autres, mais presque vide dont on n'avait pas marqué le prix. Satan la regarda en œillades et dit: «Je ne charge rien pour celle-ci, une seule pincée de ce qu'elle contient et un homme m'appartient; je peux alors utiliser cet individu selon mon bon vouloir. La jarre est presque vide maintenant, car je m'en suis servi avec presque tout le monde, et ce qu'il y a de drôle, c'est que ce ne sont que les apprentis millionnaires qui savent qu'elle m'appartient!» Il est écrit sur la jarre: découragement.

Je le répète, l'échec peut vous décourager ou vous donner l'occasion d'apprendre. Allez donc de l'avant et faites des erreurs. Faites toutes celles que vous pouvez, car rappelez-vous, c'est là que vous découvrirez le succès: à l'extrémité de l'échec.

Lorsque vous êtes découragé, pensez à ce que disait Jacob Riis: «Quand rien ne me semble d'aucune aide, je m'en viens voir un tailleur de pierres qui martèle plus de 100 fois la pierre avant qu'une fissure ne se fasse. Puis, soudain, à la 101e fois la pierre se détachera en 2 et je sais que ce n'est pas dû au seul dernier coup, mais à tous ceux qui sont venus avant.» Continuez à persévérer. Portez une petite carte sur laquelle vous inscrirez les mots suivants de Charles Dickens: «Chevauchez! Au galop si besoin est, au trot si cela suffit, mais chevauchez! Sautez par-dessus tous les obstacles et gagnez la course!»

Florence Nightingale a mené une lutte désespérée pour se trouver elle-même. Elle écrivait dans son journal personnel: «Dans ma 31ᵉ année, je ne vois que la mort qui soit désirable». Pourtant, elle s'accrocha et au bout du compte, elle réussit. Son travail lui gagna la célébrité et fut reconnu à travers le monde. Elle vécut jusqu'à l'âge fort avancé de 90 ans. Tout le monde connaît son nom et très peu d'Occidentaux ne sont pas au courant de ses réalisations. Je peux vous assurer que peu importe le nombre de fois que vous avez échoué, si abattu que vous soyez maintenant, le succès se trouve à l'extrémité de l'échec.

Il y a quelque temps de cela, avant que le manuscrit de ce livre ne soit envoyé chez les éditeurs, un ami à moi, Paul Henry, me téléphona pour me rencontrer. Il m'apparut évident que Paul ne se débrouillait pas comme il aurait dû et je lui laissai lire une copie du brouillon de ce manuscrit, en lui disant que j'espérais que ça l'aiderait dans la situation difficile qu'il vivait. Je l'invitai également à m'apporter des idées et des critiques constructives. Le jour suivant, Paul vint me remettre le manuscrit. Ses yeux étaient brillants et il semblait plein d'enthousiasme même s'il avait passé toute la nuit à lire mon texte. Il me dit qu'il était impressionné. Il alla encore plus loin en disant: «Ron, ton livre m'a beaucoup appris, il m'a donné un nouveau bail avec la vie. Si ça ne te dérange vraiment pas que je t'apporte quelques critiques, voici quelques questions que je voudrais te poser». Il me tendit une liste qui se lisait comme suit:

1. *Tu répètes souvent que si je médite en S.S.S., les choses vont réellement se produire. Est-ce vraiment la vérité?*

2. *Je comprends ce que tu veux dire quand tu parles de visualiser chaque soir et chaque matin, mais cela fonctionne-t-il vraiment?*

3. *Tu mentionnes souvent le fait que le tout-puissant subconscient ne fait jamais d'erreurs, et qu'il est là pour nous donner de brillantes idées de réussite. Ce que je voudrais*

savoir, c'est comment discerner si une idée vient du subconscient ou de l'esprit conscient?

4. *Comme dernière critique et non la moindre, tu sais que je suis présentement dans un réel bourbier; au chapitre 8 «Le pouvoir de l'échec», je trouve qu'il est très bien de parler de grenouilles dans un bol de crème, de blattes, de toiles d'araignées et de «l'aile de l'ange», mais cela ne fait que m'engourdir, car mes problèmes, eux, sont réels.*

Eh bien, je crois, Ron, que tout y est, j'espère que ces critiques ne t'offusqueront pas.

Ton redevable ami

Paul

Après avoir terminé de lire les commentaires de Paul, je me rendis compte que je lui étais redevable aussi, car il avait fait ressortir quelques points très valables. Nous les avons examinés les uns après les autres et voici le résultat de la conversation qui s'ensuivit!

1. Ce qu'il te faut comprendre c'est que ce que je te dis n'a rien à voir avec la magie ou la sorcellerie, ce ne sont que des principes psychologiques de base utilisés par les super vendeurs et les hommes d'affaires éminents du monde entier. Oui, Paul, pour que des choses se produisent, l'esprit doit pouvoir profiter de périodes régulières de quiétude pour te rendre capable d'entendre ces choses que ton subconscient peut te révéler.

2. Je le répète, ce n'est pas par magie, mais par des principes psychologiques et grâce à la visualisation que le subconscient connaît nos désirs et commence à imaginer un plan «dans les limites de nos capacités» pour nous permettre d'atteindre nos buts.

3. Les idées qui nous viennent du subconscient «se ressentent bien». Elles viennent sous la forme d'eurêkas! («J'ai trouvé!»),

c'est comme si ton cerveau était réellement submergé par une vague. Les solutions aux problèmes et les idées fondent soudain sur toi et tu sais que ce sont les bonnes, car tout s'ajuste à la perfection. Lorsqu'un eurêka! se révèle à toi, l'idée est tellement bonne que tu ne pourras jamais la prendre en faute ou la mettre de côté. Plus tu méditeras en S.S.S., et plus tu visualiseras, plus tu deviendras «éclairé». Le subconscient est tellement puissant que tu comprendras rapidement ce que je veux dire en pratiquant régulièrement.

4. Paul, je pense que tu devrais relire le chapitre à propos de l'action (chapitre 7). Je veux faire comprendre de façon définitive que le secret du succès se trouve dans les choses que nous n'avons pas faites et que tous et chacun pensent et agissent différemment face à la vie. Vois-tu, à cause de ce qui précède, le secret du succès de l'un sera différent du secret du succès de l'autre. Un homme peut avoir de la persévérance, mais non la foi. Ce n'est que lorsqu'il découvre la foi qu'il découvre son secret du succès. Un autre individu a peut-être la foi, mais aucune habileté pour la vente. Ce n'est qu'en apprenant comment vendre qu'il découvrira le secret de son succès.

Le pouvoir réside dans les choses que nous n'avons pas faites. Si vous avez été en affaires et n'avez pas fait fortune, ou essayé d'accomplir quelque chose de plus et n'avez pas réussi, mais qu'en même temps vous n'avez pas complètement échoué, voici le secret dont vous êtes tributaire: *Vous n'avez pas essayé suffisamment de tout risquer pour gagner lorsque la roue tournait.* Si d'un autre côté vous avez déjà échoué et n'avez pas encore vraiment réussi, vous y êtes presque. Votre secret se trouve dans votre échec et dans le fait d'essayer de découvrir à quel moment vous vous êtes trompé et quelles ont été vos erreurs. Ne soyez pas tenté de scruter de trop près d'autres personnes, ne sondez que vous-même.

Je demandai à Paul ce qu'était pour lui le secret du succès. Il avait lu plusieurs livres de motivation et les biographies de plusieurs industriels, vendeurs et financiers américains. Je le questionnai à savoir s'il était d'accord que chacun des exemples suivants représente, de façon concluante, le secret du succès. Henry Ford a déjà dit que le secret de son succès tenait dans le fait qu'après avoir terminé un travail particulier, il ne disposait plus d'aucune réserve d'énergie. Il voulait dire par là qu'il s'investissait complètement dans chacune de ses tâches. Un célèbre dompteur de lions, lorsqu'on lui demanda un jour quel était le secret du succès, répondit: «Un dompteur de lions doit toujours précéder le lion d'un geste, car si le contraire se produit, cela mettra fin à sa carrière de dompteur de lions». Le secret du succès consiste peut-être à devancer ses compétiteurs et de demeurer en tête du peloton dans sa propre sphère d'activités commerciales.

Le regretté George Caldough, du *Business Ideas Letter* de Londres écrivit ce qui suit: «Plusieurs personnes ont passé à côté de l'essentiel de ce que Napoleon Hill dit dans son ouvrage classique *Réfléchissez et devenez riche*[*]. Ce ne sont pas les idées *nouvelles* qui font que quelqu'un s'enrichit, car il y a très peu d'idées nouvelles authentiques. C'est le fait d'ajuster une ou plusieurs idées déjà existantes à ses propres capacités et moyens qui vous aidera à créer votre avenir».

Paul ne semblait toujours pas vraiment satisfait et il me dit soudain: «Eh bien, Ron, fournis-moi des exemples spécifiques de ce que tu as fait personnellement dans ta vie pour surmonter les échecs». Paul m'avait pris au dépourvu et je n'eus pas d'autre choix que de révéler toute l'histoire.

«Paul, je savais que si je continuais d'aller au-delà de mes capacités, je finirais par échouer, mais je savais aussi que si j'étudiais l'échec, j'allais découvrir le secret du succès. Cependant, je n'avais pas pris conscience que la souffrance et le remords viennent aussi avec l'échec — la solitude, la gêne et l'humiliation

---

[*]   Publié aux éditions Un monde différent sous format de cassette audio.

— autant de malaises sur lesquels, d'une façon ou d'une autre, j'avais fermé les yeux auparavant, me submergèrent soudain.

«Il faut que tu te rendes compte, Paul, que l'échec dont je parle n'était pas un de ces nombreux échecs subis à mes débuts, pour lesquels je m'étais acquitté de mes dettes tout en créant par la suite plusieurs entreprises à partir de rien. L'échec dont je parle se produisit au moment où j'étais au sommet de la réussite, je volais haut et je m'assoyais sur mes lauriers. Et crois-moi, plus tu tombes de haut, plus ça fait mal! À l'époque, je n'avais pas compris que même s'il y a beaucoup de places au sommet de l'échelle, ce n'est pas la place pour s'asseoir!

«Je suis le premier à te dire que si habituellement tu refuses de t'attaquer de front à un problème, tu apprends bien peu; je ne te recommande donc pas de fuir un échec, mais je vais quand même te dire ce que moi j'ai fait dans cette circonstance. J'ai mis une distance de 5 000 km entre mes échecs, mes créanciers, tous ceux qui me considéraient comme un homme fini, et moi.

«Puis, je pris conscience que même si je m'étais élevé jusqu'au sommet, personne ne me devait de gagner ma vie, à ma place. En fait, j'eus à recommencer au bas de l'échelle, être plongeur dans un restaurant, faire n'importe quel genre de travail, de la menuiserie, nommez-en d'autres, je les ai tous faits; jusqu'à ce que petit à petit, j'en arrive à remonter la pente.

«Vois-tu, lorsque j'ai échoué, je n'ai pas seulement perdu des biens fonciers, des entreprises, de l'argent, des automobiles et autres biens, mais également ma propre estime personnelle, la confiance en moi, mon habileté pour la vente, mon sens de l'humour, mon charme et ma personnalité. J'avais envie de me cacher sous une pierre, j'étais incapable de faire face aux gens, je ne pouvais pas communiquer ou parler avec les autres — par conséquent, je ne pouvais pas vendre.

«Je considérai que le poids de l'échec était un tel fardeau sur mes épaules que je risquais de m'enliser à jamais. Je repris courage en pensant que la majorité des millionnaires qui ont réussi par leurs propres moyens ont dû faire faillite ou presque, à un moment ou un autre, et je calculai que si je laissais l'échec m'enliser, je ne pourrais jamais être en mesure d'acquitter mes dettes, de retrouver mon train de vie d'atteindre d'autres objectifs.

«Je déterminai que si je conservais mon équilibre mental, il me resterait au moins ma perspicacité d'esprit pour les affaires. Recommencer à zéro dans une communauté inconnue me semblait une meilleure alternative que d'avoir à me battre contre des créanciers dans un endroit ou tous et chacun étaient au courant de mon échec.

«John Milton a fait l'affirmation de sa vie lorsqu'il écrivit: «L'esprit est son propre maître, et il peut en lui-même faire de l'enfer un ciel et du ciel un enfer». Lorsque vous échouez, la principale lutte à finir est avec votre propre esprit.

Paul, il est difficile de marcher la tête haute, de méditer et de générer de nouvelles idées, lorsque les gens vous poursuivent et vous ridiculisent d'avoir échoué. Lorsque vous échouez, le dialogue intérieur s'accélère, les voix de notre esprit n'arrêtent pas de répéter continuellement la même rengaine à propos de nos échecs, des choses que nous aurions dû faire, et de celles qu'il aurait mieux valu ne pas faire. Il est essentiel de faire cesser le dialogue intérieur et il m'a été bénéfique de m'éloigner au moins physiquement de l'endroit où j'avais subi mes échecs pour me permettre de récupérer.»

Faites plus qu'inscrire dans votre esprit que les antidotes à l'échec se retrouvent tous dans ce livre et consistent à visualiser vos buts avec foi et conviction, à méditer en S.S.S., à faire cesser le dialogue intérieur, à écouter et à donner suite aux eurêkas!

Un étrange phénomène, appelé le «centimètre cubique de la chance», intervient lorsque vous échouez. Cela se produit probablement à d'autres moments de votre vie, mais c'est lors de l'échec que vous êtes le plus à même de le reconnaître. Le «centimètre cubique de la chance» survient lorsque vous avez le moral à plat et que vous êtes complètement abattu. Vous rencontrez alors quelqu'un qui peut vous aider ou bien une occasion fantastique se présente, occasion inattendue dans les circonstances.

Les gens les plus passionnants, les plus serviables et originaux ont fait irruption dans ma vie au moment même où j'en avais besoin. Les meilleures perspectives d'avenir de ma vie se sont présentées d'elles-mêmes alors que j'avais le moral au plus bas. Le «centimètre cubique de la chance» n'est pas toujours évident à prime abord, mais avec un recul, vous pouvez constater que si vous n'aviez pas échoué ni vécu une situation semblable, vous n'auriez pas rencontré une certaine personne ou une occasion précise ne vous aurait pas été offerte. Il semblerait que «le centimètre cubique de la chance» ne se laisse voir que par ceux qui *refusent absolument* d'abandonner, peu importent les conditions adverses. Continuez de persévérer. Dites-vous que tout arrive pour le mieux et «le centimètre cubique de la chance» se présentera de lui-même.

Lorsque je me débattais à travers la dépression, la frustration et une fatigue écrasante, j'avais l'habitude de mijoter différents projets. L'idée du suicide effleura mon esprit plus d'une fois et, vu mes connaissances de l'esprit et du cerveau, j'ai même inventé un moyen infaillible de me tirer une balle à travers la tête, dans le meilleur angle possible, me permettant ainsi de me suicider à coup sûr sans laisser de place à la possibilité que je survive à l'état végétatif, comme il arrive si souvent lors de tentatives suicidaires.

Des projets de vol qualifié et d'autres scénarios interlopes allaient et venaient dans mon esprit et je dois dire que, constatant ce penchant particulier, je suis sûr que je possède un brillant esprit criminel. J'imaginai quelques projets tellement extraordinaires que je n'ose pas les transcrire sur papier, par peur que quelqu'un ne les suive à la lettre.

Point n'est besoin de vous dire que je ne me suis pas suicidé et que je ne me suis pas tourné non plus vers le crime. Au lieu de cela, j'ai continué de persévérer — peu importe mon état de dépression, de frustration ou de fatigue. Chaque jour, je m'assurais de faire un tout petit geste pour aider à transformer mon échec en succès. Ce pouvait être de lire un livre, d'écrire une lettre ou d'effectuer un appel téléphonique. Je pris l'habitude d'écrire inlassablement ce qui suit: «On peut se procurer un savoir ultime, impossible à obtenir autrement et non disponible pour les personnes qui n'ont pas échoué». J'avais raison!

Il vous faut analyser un échec et en tirer parti, car l'échec peut être, ou bien un tremplin pour arriver au succès, ou bien une pierre d'achoppement vers la défaite.

Sophocle, 100 ans avant Jésus-Christ, disait: «Il n'y a pas de succès sans épreuve». Sénèque affirmait ce qui suit: «Le feu est l'épreuve de l'or; l'adversité celle des hommes forts». Ralph Waldo Emerson écrivit: «Chaque calamité est un aiguillon et une indication à peine voilée de grande valeur». Ils avaient tous raison!

Gros plan!

1. Lorsque vous échouez, il vous faut considérer cet échec comme la meilleure chose qui puisse vous arriver, et vous devez chercher comment en tirer profit.

2. Vous ne réussirez jamais dans la vie si vous ne vous «fichez pas comme de l'an quarante» de ce que les autres pensent de vous. Cependant, ne faites pas l'erreur d'être entreprenant de façon excessive, car cela s'avère pour le succès aussi désastreux que la timidité.

3. Si vous avez des goûts extravagants, assurez-vous que vous vous payez ces extravagances avec vos profits et non pas à partir de votre marge brute d'autofinancement. La formule infaillible de l'échec est la suivante: Dépensez plus que vous ne gagnez.

4. Vous devez faire en sorte que vos échecs vous rapportent des dividendes. Ce n'est pas sans raison que la plupart des gens qui réussissent connaissent leurs plus grands succès immédiatement après leurs pires échecs. En analysant leurs échecs, ils en trouvent la cause et découvrent ainsi les secrets du succès.

5. Lorsque vous échouez, le combat le plus difficile à mener se livre avec votre propre esprit. Emportez ce livre avec vous sur une colline et découvrez les antidotes suivants contre l'échec: méditer en S.S.S., faire cesser le dialogue intérieur et visualiser.

Chapitre 9

Apprendre à couper des liens

> *«Je dois soutenir celui qui agit de façon juste, l'appuyer aussi longtemps qu'il a raison et me démarquer de lui s'il se trompe».*
>
> Abraham Lincoln

Vous pouvez grandement accroître votre pouvoir personnel en sachant couper les liens. Pour ce, votre statut actuel importe peu, car chacun, où qu'il soit sur l'échelle financière sociale, peut couper des liens immédiatement et sans qu'il ne lui en coûte rien. Vous respirez plus librement, votre fardeau est allégé, vous en tirez des bénéfices du jour au lendemain.

Vous accroissez instantanément votre pouvoir personnel, premièrement, en coupant les liens avec les gens qui vous épuisent mentalement et physiquement, et avec ceux qui vous retiennent dans votre quête de la prospérité; deuxièmement, en coupant les liens avec certaines mauvaises habitudes qui sont devenues partie intégrante de vous; et finalement, ce qui est non négligeable, en coupant les liens avec les dépenses superflues qui vous vident financièrement de vos ressources.

Les gens

Certaines personnes se cramponnent comme de gros rats noirs, suçant votre sang et absorbant toutes vos affaires. Ces gens utilisent plusieurs déguisements et différents rôles: l'un peut étouffer vos initiatives, un autre éteindre votre enthousiasme, et un autre vous laisse continuellement tomber d'une façon ou d'une autre. Ces gens sont si habiles qu'ils passent habituellement inaperçus pendant des années, jusqu'à ce qu'ils vous occasionnent une mort soudaine par fatigue et épuisement nerveux.

Si vous vous sentez anxieux, déprimé, et si vous prenez soin d'analyser votre situation à fond, vous découvrirez que quelqu'un quelque part draine vos énergies inutilement. En tant qu'être humain, nous n'avons pas été créés pour organiser nos vies en fonction des autres. Nous avons été créés pour faire notre propre affaire de la manière et au moment que nous choisissons. Ce n'est que lorsque l'on se fait prendre sans la moindre méfiance dans la toile d'un autre que les choses commencent à tourner mal. Selon le proverbe danois: «Celui qui construit selon les conseils de tous les autres, aura une maison tordue». Trop de gens vous donneront gratuitement des conseils, souhaiteront faire entrer dans vos vues leurs projets et leurs vies, et soutireront votre énergie sans rien vous donner en retour. Ce genre de personnes vous drainent mentalement. Vous respirerez plus librement aussitôt que vous romprez avec cette catégorie de personnes. L'apprenti millionnaire n'a pas de temps à perde avec de telles personnes.

Je fais face à une tâche déplaisante, celle de vous demander d'examiner vos plus proches et plus chers amis. Il se peut qu'après analyse, votre meilleur ami soit en réalité votre pire ennemi: il se peut qu'il vous retienne dans vos tentatives de faire de l'argent. Il n'est peut-être même pas conscient de ce fait, mais cette personne vous retient et vous ne vous en rendez probablement pas compte vous-même. Je vais vous fournir deux exemples: le premier concerne une femme attrayante, mais obèse. Elle était déterminée à devenir mince. Ce fut pour elle très difficile même si elle avait plus que sa juste part de régimes et de force de volonté. Le problème venait du mari. Il n'arrêtait pas de lui offrir des boîtes de chocolats, de faire avec elle des dîners bien arrosés et lui demandait de cuisiner ces plats italiens dont tous deux raffolaient. Il ne se rendait pas compte du rôle qu'il jouait, il le jouait sans y penser. Voyez-vous, même s'ils s'aimaient mutuellement beaucoup, le mari, de façon subconsciente, ne voulait pas que sa femme perde du poids, car il pensait que lorsqu'elle serait à la fois mince et attrayante, elle se lèverait et s'en irait. Aucun des deux n'avait conscience du problème, jusqu'à ce qu'ils me demandent d'intervenir. Les craintes du mari étaient absolument non fondées et il est maintenant ravi de sa nouvelle «femme mince».

L'autre exemple est celui d'un mari très ambitieux. En apparence, sa femme semblait l'encourager dans ses efforts pour réussir. Toutefois, elle le retenait inconsciemment. Ni l'un ni l'autre ne se rendait compte de ce qui se passait, mais l'épouse se mit à éprouver régulièrement des maux de tête, voulut déménager sur la côte ouest et désira avoir un enfant. Tout cela entrait en opposition directe avec les exigences nécessaires que le mari se fixait pour réussir. Elle pensait au fond d'elle-même que son mari atteindrait la renommée et la gloire et qu'il la remplacerait par un ravissant mannequin. Il se révéla par la suite que ses craintes étaient sans fondement, car quand son mari eut fait fortune, il eut la possibilité de passer plus de temps avec elle.

Lorsque nous examinons ces exemples, nous remarquons immédiatement certains détails qui peuvent nous aider à devenir des vendeurs de premier plan. L'un de ces détails fait en sorte que nous comprenons maintenant que même si notre client potentiel est vraiment d'accord pour acheter notre produit, une tierce personne essaie peut-être, de façon subconsciente, d'empêcher que la vente se fasse.

Reconsidérons à nouveau le premier exemple: L'épouse (appelons-la la cliente potentielle) désirait devenir mince; son idée était faite, tout comme un client potentiel quand il décide d'acheter de vous. Le mari (appelons-le la tierce personne) inconsciemment ne voulait pas que sa femme perde du poids. À première vue, il désirait que sa femme soit mince. Du moins, il le lui avait dit, mais ses actions subconscientes le contredisaient.

Nous continuons également d'apprendre à propos du subconscient, cet esprit créateur, instigateur de projets. Manifestement, le mari répétait sans cesse à son subconscient qu'il ne voulait pas que sa femme soit mince, car il craignait de la perdre. Son subconscient entra en action et l'amena à acheter pour sa femme des boîtes de chocolats, à faire avec elle des repas bien arrosés, et ainsi de suite.

Vous devez analyser votre propre cas. Vous seul pouvez déterminer réellement qui vous aide et qui est un obstacle pour vous. Dans la circonstance particulière où votre épouse ou un être cher entre en opposition avec vous, il est évident que vous ne coupez pas les liens avec eux; vous allégez le problème en prenant vous-même confidentiellement l'affaire en main et en agissant comme vous l'entendez. Ne faites pas part de vos soupçons à la personne concernée car vous perdriez ainsi le contrôle de la situation. Il est beaucoup plus facile de manœuvrer, de motiver et de manipuler les gens lorsque vous le faites à leur insu.

S'il arrive que ce soit un mari, une épouse, des beaux-parents, des associés ou simplement de bons amis qui contrecarrent vos projets, vous devez éliminer la source de toute perte de pouvoir en faisant une analyse attentive des autres et de vous-même, afin de reconstituer le potentiel de votre pouvoir personnel. Il est d'une valeur inestimable que vous preniez conscience que bien des gens, même s'ils semblent vous encourager dans vos efforts particuliers, travaillent peut-être inconsciemment en opposition directe avec vous.

En général, la plupart des gens s'enlisent dans la routine. Cela peut être occasionné par la famille ou des amis qui, sans s'en rendre compte, travaillent contre vous. Plusieurs personnes ont peur du succès, même de celui d'un être cher. Ils ne veulent pas déménager dans une maison plus grande, s'installer ailleurs, avoir à se refaire de nouveaux amis ou couper leurs racines simplement parce que vous voulez gravir l'échelle du succès. Si vous pouvez reconnaître et comprendre ces choses, vous aurez moins de scrupules à couper des liens. Vous comprendrez alors que vous avez permis à ces gens de diminuer grandement votre pouvoir personnel.

Depuis que Freud a inventé le terme «libido», il y a eu beaucoup de spéculations à savoir comment transmuer les pulsions sexuelles en une opération qui génère de l'argent ou d'autres efforts créatifs. Personne ne me convaincra jamais que l'acte sexuel épuise les forces de quelqu'un. En fait, si vous prenez la peine d'étudier, comme je l'ai fait, les vies de plusieurs millionnaires et de gens qui ont réussi, vous découvrirez que la plupart avaient ou ont une forte libido. D'un autre côté, vous découvrirez également que les gens qui réussissent font preuve de prudence lorsqu'ils convoitent quelqu'un. Ils ne gaspillent pas trop de minutes précieuses à poursuivre l'objet de leurs désirs, car cette occupation demande beaucoup de temps.

Nous devons aussi faire attention au nombre de partenaires que nous possédons, non pas à cause du laps de temps consacré aux choses sexuelles, mais à cause de la période qu'il faut alors consentir aux divertissements et aux nombreux centres d'intérêt différents. Voyez-vous, si vous avez plusieurs partenaires, il est inévitable que chacun possède des centres d'intérêt divers. Vous tombez alors dans le piège épuisant et coûteux, il vous faut les divertir, jouer différents rôles et assister à des activités multiples. Cela vous éloignera inévitablement de vos buts et drainera à la fois vos énergies et vos ressources.

Pierre, un homme qui vint me voir en consultation, me confia que même s'il avait du succès «en société», ses affaires et ses buts personnels prenaient de moins en moins d'importance à ses yeux. Il ne fut pas long d'établir que l'expression avoir du «succès en société» signifiait qu'il avait trois séduisantes petites amies qu'il divertissait régulièrement de façon somptueuse. Après avoir analysé la situation ensemble, Pierre, en très peu de temps, supprima certaines vues capricieuses et rétablit son pouvoir premier.

Andrew Carnegie était renommé pour un de ses principes du succès, appelé le groupe des esprits supérieurs. Ce groupe réunissait autour d'Andrew Carnegie 50 spécialistes qu'il gardait à portée de la main pour obtenir ses aciéries efficacement. De temps en temps, il voyait la nécessité de relever certains membres du groupe de leurs fonctions. En fait, après un certain temps, presque tous les membres du groupe original furent remerciés et remplacés par des personnes aptes à s'adapter avec plus de loyauté et d'enthousiasme aux exigences d'Andrew Carnegie.

Un principe psychologique bien simple sous-tend tout cela. Les facultés mentales des êtres humains se développent et travaillent à des rythmes différents. Vous ne trouverez aucun avantage à vous associer à des êtres dont les facultés mentales ne se maintiennent pas à votre niveau. Il est inévitable que si vous visualisez et méditez en S.S.S., vous dépasserez vos employés de loin. Il est essentiel que vous agissiez à la manière de monsieur Carnegie si vous ne voulez pas être retenu dans vos efforts pour faire de l'argent.

Toutefois, ne vous entourez pas de béni-oui-oui. Vous avez besoin de vous environner de beaucoup d'énergie et de gens efficaces et positifs. Coupez tous liens avec les individus apathiques et négatifs; leur négativisme déteindra trop facilement sur vous.

Vous avez beaucoup appris à propos de l'esprit. Vous avez vu que l'esprit subconscient invente des plans pour réussir, ceux-ci sont élaborés à partir d'images mentales et de vos propres désirs. Le subconscient intervient à la manière d'un ordinateur qui analyse, assimile votre passif, votre actif et vos connaissances personnelles pour en faire un plan réalisable en vue d'atteindre vos objectifs. Vous êtes maintenant à même de comprendre un fait d'une extraordinaire importance: Pour que vos efforts soient couronnés de succès, il vous faut être un meneur et non un suiveur. La raison en est simple; si vous voulez réussir, il est essentiel que vous suiviez les directives de votre subconscient créateur. L'esprit conscient ne fait qu'agir. Pour cette raison, si vous êtes un suiveur, vous suivez les directives du subconscient de quelqu'un d'autre.

Pour atteindre vos buts, il vous faut être un meneur en suivant votre subconscient créateur. Lorsque les gens seront à votre remorque, ils le resteront, c'est leur esprit conscient qui les incitera à vous suivre. Cela a un rapport très étroit à savoir si vous réussirez ou échouerez, serez riche ou pauvre, heureux ou malheureux. Si vous êtes un suiveur, il est impossible que vous puissiez suivre les directives de votre subconscient. On dit que pour devenir un meneur, il faut se rebeller contre ce que l'on fait au jour le jour. Vous ne devez plus vous abstenir plus longtemps de prendre position et laisser aux autres le soin de décider de ce que vous allez faire de votre vie. Vous devez accepter d'être responsable et non seulement vous le pouvez, mais cela peut s'avérer très agréable.

Les habitudes

Bien sûr, vous ne trouverez pas agréable de mener les autres et vous-même si vous vous inquiétez. L'inquiétude est l'habitude la plus destructrice qui soit. Même s'il est heureux que nous possédions des connaissances étendues à propos de cette habitude, il est tout aussi malheureux de constater que la plupart des gens ne prennent pas le temps de se mesurer avec cette habitude.

L'habitude de s'inquiéter peut se diviser en trois éléments. La meilleure façon d'expliquer ces éléments est d'imaginer qu'on est en train de faire jouer une bande magnétique sur un magnétophone. L'une des bobines contiendrait les inquiétudes passées et l'autre les inquiétudes futures. Supposons que le ruban peut être mis en marche dans un sens comme dans l'autre, et que l'endroit où le ruban arrive au niveau du lecteur représente ce qui se passe dans l'esprit de quelqu'un à l'instant présent. Examinons ensemble chacun de ces éléments et débarrassons-nous une fois pour toutes de cette habitude de s'inquiéter.

Les inquiétudes passées comprennent les choses qui se sont produites et celles qui ne se sont pas produites selon notre désir. Nous traînons continuellement notre passé, toutes ces terribles choses qui sont arrivées à des êtres chers et à nous. Il nous revient constamment à l'esprit des tas de choses que d'autres ont subi à cause de nous. Nous nous sentons coupables, pleins de remords et misérables. Notre dialogue intérieur se tisse autour de ce que nous aurions dû faire pour prévenir des catastrophes et éviter de heurter nos propres sentiments et ceux des autres. Ces pensées nous rappellent constamment à quel point nous avons échoué et combien nous en sommes malheureux.

La dernière chose à faire est d'essayer de supprimer ces pensées et de les oublier. Évitez d'agir ainsi. Il serait fatal d'essayer d'enfouir ces traumatismes passés au plus profond de vous. Le secret pour composer avec les inquiétudes passées est de les exposer au grand jour. Enlevez ce fardeau de votre poitrine.

Si vous sentez que vous devez des excuses à quelqu'un, plus vite vous les ferez, mieux cela sera. D'un autre côté, si vous croyez que quelqu'un vous doit des excuses, confrontez cette personne sur ce sujet, et essayez d'obtenir ses excuses en mettant à jour avec elle le problème dans son entier. Vous aurez peut-être à écrire des lettres ou à vous déplacer pour rencontrer des gens — quoi qu'il en soit — libérez-vous le cœur de ce fardeau. Les psychologues croient que la meilleure chose à faire pour une personne endeuillée est de pleurer. Tant de gens suppriment leurs sentiments, mais ce faisant, accumulent des énergies négatives qui ressortent tôt ou tard, dans certains cas après plusieurs années. Les gens ne pleurent pas suffisamment, ne montrent pas assez leurs émotions et ne décompressent pas comme il le faudrait. La pratique admise est d'accumuler, de serrer les dents et de cacher ses émotions.

Il est absolument essentiel de ne pas enterrer vos émotions découlant d'échecs et de traumatismes passés. Confrontez-les ouvertement, même si cela doit vous faire fondre en larmes. Continuez si nécessaire de revivre un moment traumatisant jusqu'à ce que le ruban magnétique arrive à son extrémité. Il est intéressant de constater que les gens cachent leurs émotions réelles derrière le mode d'apprentissage qu'ils utilisent le moins. Si vous êtes un visuel, vous devriez essayer de mettre en évidence vos échecs et vos traumatismes en utilisant les modes d'apprentissage auditifs et kinesthésiques que vous employez rarement. D'un autre côté, si vous êtes kinesthésique, vous devriez revivre vos moments traumatisants à la fois visuellement et de façon auditive. Chaque fois que vous éprouvez une inquiétude passée, utilisez les modes d'apprentissage dont vous ne vous servez pas normalement et faites jouer ce ruban dans votre esprit à satiété. C'est la seule façon pour que les inquiétudes passées cessent de vous déranger.

Les seules personnes qui n'ont pas d'inquiétudes pour l'avenir sont dans des cimetières. L'action positive est la solution aux inquiétudes qui concernent l'avenir, car elle vous détourne complètement de ce qui vous inquiète.

Ce livre propose plusieurs suggestions sur la façon de s'y prendre pour modifier de manière spectaculaire le cours de votre vie, afin de parvenir à faire exactement ce que vous voulez et à accomplir précisément ce que vous désirez. L'ultime solution aux problèmes futurs est d'écouter son subconscient et de suivre à la lettre les directives qu'il nous donne. Appuyez ces mesures en décidant d'objectifs qui correspondent à ce que vous voulez, par des analyses que vous ferez au moyen de l'écriture, par la pensée et l'action latérale, et par toutes les ressources et moyens de résoudre les problèmes que ce livre contient, et vous verrez que l'inquiétude à propos de l'avenir ne sera même plus un problème. Cela ressemblera davantage à un jeu.

Lors de notre analogie avec le magnétophone, une des bobines concernait les inquiétudes passées et l'autre, les inquiétudes futures. Le ruban peut se dérouler dans les deux sens, mais, comme l'esprit ne peut se fixer que sur une seule pensée à la fois, c'est donc une inquiétude du passé ou une du futur qui défile devant le lecteur de bande à tout moment; et cette inquiétude, qu'elle soit du passé ou du futur, constitue à ce moment-là l'inquiétude présente.

Il est vrai que l'esprit est comme un singe qui a bu et qu'il oscille souvent d'une chose à l'autre. Il peut vous arriver de penser à des inquiétudes passées et futures en une succession rapide d'images. Les inquiétudes passées et futures doivent être traitées de la manière spécifique que j'ai exposée dans ces lignes générales. Quelquefois, pourtant, il fait bon d'être soulagé complètement de l'inquiétude. La façon évidente d'en arriver là est de faire cesser le dialogue intérieur, car ce dernier se compose exactement de toutes les pensées qui s'agitent dans notre esprit. Faites cesser ce dialogue et vous serez allégé de vos inquiétudes!

Il serait peu réaliste de ma part, et un signe de crédulité de votre part, que je vous dise que vous pouvez guérir de l'habitude de l'inquiétude, du jour au lendemain. Il vous faut au contraire y travailler ardemment. Les inquiétudes passées et futures doivent être traitées différemment. Vous devez continuer de faire le vide dans votre esprit, de méditer en S.S.S. et de lire ce livre dans la solitude de la montagne. Le fait de couper les liens avec l'habitude de s'inquiéter peut accroître 1 000 fois votre potentiel. J'ai toujours maintenu que si quelqu'un doit s'inquiéter pour 1 000 000 de petites choses, que chacune de ces petites choses soit un billet de 1 $!

Pour vous permettre d'acquérir du pouvoir personnel, il est indiqué d'être le plus en santé possible. Je suis sûr que nous sommes tous d'accord sur ce point. Toutefois, il y a controverse à propos des choses que les experts nous conseillent «de couper» pour atteindre cette santé et ce pouvoir que nous recherchons.

S'il fallait placer autour d'une table de conférence 20 ou 30 experts dans un domaine particulier, que ce soit de la théologie, de la psychologie, de l'investissement, de la médecine ou du base-ball, le débat serait loin d'être harmonieux. Dans les faits, même si les participants au débat étaient tous des experts dans un même domaine, il existerait quand même beaucoup de controverse, de désaccord et de disputes. Cependant, en notre qualité d'apprenti millionnaire, nous allons négliger l'avis de ces experts, les laisser argumenter, et à partir de maintenant, nous allons mener notre propre affaire. Nous sommes les maîtres de nos destinées, et pour nous assurer que nous nous dirigeons dans la bonne direction, nous allons constamment analyser notre environnement et nous-mêmes.

Dans le cas des fumeurs, nous constatons que les revenus générés par le gouvernement, les agences de publicité et les manufacturiers sont une raison suffisamment bonne pour ces gens de nous persuader de continuer de fumer. Pourtant, c'est le pouvoir personnel qui nous intéresse et non pas de générer de la richesse pour d'autres. Au cours de mes nombreuses années comme vendeur et de par mon expérience dans la formation de vendeurs, j'ai pu me rendre compte que le fumeur perdait plusieurs de ses ventes. Je sais pertinemment qu'on ne peut pas parler et devenir riche avec une bouche qui dégage ce que sent l'aisselle d'un gorille. C'est le simple bon sens. Plusieurs ventes n'ont pas été conclues pour la simple raison qu'un vendeur, entrant dans le bureau d'un client, constate à son grand embarras l'absence de cendriers. Cela peut sembler assez innocent à première vue, mais lorsque vous examinez toutes les implications psychologiques que comporte le fait d'avoir à demander à un client potentiel de vous trouver un cendrier, vous commencez alors à réaliser que la concentration nécessaire à une «bonne vente» vient de se briser.

J'ai connu un autre vendeur qui entra un jour dans l'automobile d'un client et se fit dire par ce dernier qu'il détestait l'odeur de la cigarette et qu'il le priait de la jeter par la fenêtre. Un contremaître que j'ai connu venait d'arrêter de fumer, et s'il arrivait qu'un vendeur se présente à lui en fumant, il lui montrait poliment la porte au lieu de prendre le risque de lui parler et de le voir lui offrir une cigarette. Les exemples que je pourrais citer rempliraient un chapitre entier, mais c'est sur le principe que je veux insister de façon tenace.

Un autre aspect que nous n'avons pas mentionné, relié à l'usage de la cigarette est celui de la résistance. À travers toutes les biographies que j'ai étudiées à propos des grands personnages, j'en suis venu à la conclusion qu'ils possédaient tous de la résistance. Si vous estimez que vous pouvez accroître votre résistance ne serait-ce que d'un léger pourcentage en arrêtant de fumer, considérez que cela en vaut la peine. Vous, en votre qualité d'étudiant du succès, avez besoin de toute la santé, la résistance, la puissance et le souffle nécessaires. Cela ne vous viendra pas d'un petit tube blanc, même si vous aspirez fortement.

L'aspect de loin le plus important dans le fait de fumer est la réduction de l'approvisionnement en oxygène qu'il cause. Les cellules sanguines sont exposées 200 fois plus à l'oxyde de carbone qu'à l'oxygène, et malheureusement c'est de l'oxygène dont nous avons un absolu besoin.

Emerson écrivit: «L'homme qui n'a pas de conversation devrait fumer». Moi, je dis: «L'homme qui a de la conversation ne devrait pas fumer». Éteignez! Coupez ce lien! Rétablissez tout le pouvoir utilisable.

Un autre aspect de la vente est de pouvoir montrer à votre client potentiel comment se permettre d'avoir les moyens d'acheter vos produits. Après tout, les gens ne disposent que d'une certaine somme d'argent, ils ne peuvent pas tout acheter. Bernice, une vendeuse de cosmétiques, avait l'habitude d'agir de la façon suivante. Elle persuadait ses clientes d'arrêter de fumer au nom de la santé et des soins de la peau, puis elle leur faisait dépenser l'argent consacré à l'achat de cigarettes pour du parfum et du maquillage. Bernice leur prêtait toujours un exemplaire du livre d'Ernest Caldwell *Comment arrêter de fumer de façon permanente* pour les aider. C'est un exemple commode à se rappeler si vous êtes en présence d'un client potentiel qui achèterait éventuellement de vos produits s'il en avait les moyens. Montrez à ce client éventuel comment se procurer l'argent et vous pourrez conclure une vente avec lui.

La procrastination est une autre habitude qui peut s'avérer fatale au succès de l'apprenti millionnaire. Ne perdez pas de temps à remettre à plus tard les choses que vous devez retrancher de votre vie. À l'instant même où vous aurez coupé certains liens, vous aurez un poids de moins sur les épaules. Le gros nuage gris, constamment suspendu au-dessus de votre tête, disparaîtra. Si vous mettez immédiatement de l'avant toutes les suggestions concernant certaines coupures que vous devez faire dans votre vie, les résultats réellement positifs que vous obtiendrez seront si concluants que vous vous débarrasserez pour toujours de l'habitude de la procrastination.

Pour chaque produit manufacturé, pour chaque passe-temps créé, pour les différents produits cosmestibles disponibles, se trouve un expert quelque part pour s'écrier: «Laissez tomber ce produit, ne faites plus ceci, cela est mauvais pour vous». Cette philosophie tourne autour du principe suivant: «Connais-toi toi-même». Il vous faut analyser quotidiennement ce que vous mangez, vos loisirs, vos amis et vos activités. Vous seul êtes à même de savoir ce qui vous donne du pouvoir ou ce qui vous en enlève. Le secret réside non seulement dans l'analyse, mais dans le fait de prendre des mesures pour corriger toute perte de pouvoir. Toute analyse est futile si vous ne coupez pas certains liens.

Frais généraux

L'intention première de plusieurs entreprises, de vendre un produit ou un service en contrepartie d'un profit lucratif, se perd de vue fréquemment. Trop souvent, certaines entreprises deviennent le lieu de reproduction idéal pour des sangsues et des profiteurs ou des colonies de vacances pour désœuvrés. Il est triste de constater que des entreprises rentables deviennent des monstres incontrôlables qui, au lieu de générer des profits légitimes, engendrent des problèmes malsains.

Il arrive trop souvent que la vie personnelle tourne au cauchemar pour s'être enlisée dans des dépenses excessives.

Les coupures dans les frais généraux sont exactement les mêmes pour les entreprises. Pendant ma période de conseiller en affaires, nous avons vécu une expérience lumineuse, mes clients et moi-même, à constater tout ce que pouvait rapporter des coupures efficaces.

Les frais généraux et les dépenses étaient inscrits en détail sur une grande feuille (vous devriez faire de même). J'amenais mes clients à noter aussi bien leurs dépenses hebdomadaires que les dépenses du bilan qui ne surgissent qu'une fois l'an ou à chaque trimestre. Souventes fois, un article était oublié. J'avais pris l'habitude de forcer mes clients à se creuser la cervelle pour qu'ils se souviennent des dépenses omises, et immanquablement, ils m'arrivaient avec deux ou trois dépenses oubliées qu'ils venaient de redécouvrir.

Une fois la liste complétée, nous la réduisions impitoyablement à son plus strict minimum. Ce n'est qu'une fois cette épuration achevée que mes clients pouvaient respirer plus librement et que leurs entreprises se mettaient à nouveau à prospérer.

Un vieil ami à moi possédait un énorme pêcher dans son verger, qui n'avait jamais porté de fruits depuis qu'il en avait fait l'acquisition. Il décida d'y remédier. Il coupa les vignes et les lierres qui étouffaient littéralement le pêcher. Aussitôt qu'il eut fait cela, l'arbre produisit des fruits en abondance. Vous devez couper toutes les dépenses inutiles qui étouffent littéralement votre entreprise et votre propre vie. Vous devez le faire impitoyablement, c'est la seule façon efficace de le faire; il ne peut pas y avoir de demi-mesures.

Malgré les justifications de mon client embarrassé, la première chose que nous tentions de faire était d'obtenir une réduction de ses locaux commerciaux. Parfois nous y parvenions, d'autres fois non. Lorsque nous ne l'obtenions pas, nous cherchions des locaux moins chers. Dans plusieurs cas, les abonnements à des magazines et à des cercles furent annulés. À plusieurs reprises, des gens comme des laveurs de vitres, les jardiniers et le personnel d'entretien de bureau furent congédiés. Ce travail fut repris par la même personne qui m'avait engagé comme conseiller, pour sauver ainsi un salaire supplémentaire. Le matériel loué, insuffisamment utilisé pour couvrir les dépenses engagées fut réexpédié. On imagina des façons moins dispendieuses de faire certaines choses au lieu de les accomplir avec du matériel loué.

Les énormes notes de chauffage furent réduites par l'utilisation d'une isolation efficace. Les notes de téléphone furent radicalement diminuées par l'emploi de taxiphones ou de téléphones avec contrôle qui ne laissent filtrer que les appels provenant de l'extérieur. L'ingéniosité est le nom du jeu — une fois que vous avez reconnu votre responsabilité. Les employés qui ne rapportaient pas vraiment ou qui étaient improductifs furent congédiés ou bien on leur donna d'une façon ou d'une autre un travail qui générerait à coup sûr des profits — ou du moins l'équivalent de leurs salaires.

J'entends trop souvent dire que certains employés ne peuvent pas être congédiés, car ils sont devenus des amis intimes, ou qu'on ne peut pas fermer certains comptes parce qu'ils sont ouverts depuis si longtemps. Vous ne pouvez pas vous permettre de ressentir de la culpabilité, de l'embarras ou de faire du sentiment lorsque vous devez trancher quelque part. Pour une fois dans votre vie, vous devez agir pour le mieux de votre entreprise et de vous-même.

Dans chaque opération commerciale qui se veut lucrative, il est nécessaire de procéder régulièrement à des coupures. Réduisez le gaspillage, sabrez dans les frais généraux, faites cesser le cafardage, compressez l'excédent de personnel. Grimpez sur chaque échelle, ouvrez chaque porte, voyez vous-même à tous les détails pratiques de votre entreprise, allez voir derrière chaque brique, ne considérez rien comme acquis. Il vous faudra faire cela vous-même. Il est peu plausible qu'un de vos employés vous fasse remarquer qu'il ne vous rapporte pas de bénéfices.

Le multimillionnaire, Jack Cohen, est réputé pour avoir dit ce qui suit: «Je suis un critiqueur, je ne fais que chercher la bête noire». Plusieurs millionnaires ou importants hommes d'affaires qui ont du succès utilisent cette tactique dans leurs entreprises. Ils analysent à fond leur entreprise jusqu'à ce qu'ils trouvent le maillon le plus faible. Ce peut être un service au complet, une seule section ou bien une idée ou une méthode surannée que l'entreprise utilise depuis des temps immémoriaux. Ils se précipitent sur ce maillon le plus faible et ils font tout le nécessaire pour qu'il devienne le maillon le plus fort, le plus efficace de leur organisation. Puis, ils piègent le prochain maillon le plus faible et s'en occupent jusqu'à ce qu'il devienne à son tour le plus fort. Ce processus en est un continu, à travers toute l'entreprise, jusqu'à ce qu'on revienne à nouveau au premier maillon le plus faible et que le processus reparte de zéro. Ce modus operanti est utilisé à tous les niveaux de l'organisation: pour les bureaux de la répartition, des achats, du contrôle financier, pour l'équipe d'entretien, les ouvriers et les magasins. Plus vous tenez la bride serrée, plus votre pouvoir grandit.

J. Paul Getty recherchait constamment des cadres supérieurs qui, de leur propre initiative, se mettaient en quête régulièrement de moyens et de procédés pour diminuer les frais généraux et les coûts de production, non seulement sur les sites d'opération de ses puits de pétrole, mais également au niveau de la raffinerie, du transport, et dans ses bureaux où il employait un minimum de personnel. Monsieur Getty savait très bien qu'une seule idée, en apparence sans importance, peut faire épargner des milliers et parfois des millions de dollars lorsqu'elle est mise de l'avant à tous les niveaux d'une entreprise, pendant une certaine période de temps.

L'industrie automobile nous fournit un exemple de la compression des coûts, car si un manufacturier peut réduire les coûts de production de 14 000 $ de chaque véhicule, d'un montant apparemment négligeable de 10 $, le manufacturier aura fait 1 000 000 $ de plus lorsque le 100 000e véhicule sortira de la chaîne de montage. Dans l'industrie automobile, les techniciens inventent constamment de nouveaux moyens et procédés pour accélérer le rendement à moindres coûts, essayant à l'occasion de sauver si possible 1 % à chaque opération. Cette coupure de 1 %, étalée sur plusieurs opérations, peut faire qu'un montant, en apparence sans importance, représente finalement des millions de dollars. L'apprenti millionnaire reconnaît la véracité de ce qui suit: «Un sou est un sou!»

Sans hésiter une seule seconde, je peux affirmer que 90 % des entreprises de ce pays emploient beaucoup trop d'ouvriers improductifs. Les rapports entre les ouvriers, les cadres et les employés de bureau sont, selon les termes de J. Paul Getty, entièrement risibles.

J'ai déjà entendu un ouvrier de Portland qui travaillait dans une carrière de pierres dire ce qui suit: «Il y a 30 ans, 320 ouvriers travaillaient dans la carrière et 4 employés dans le bureau, maintenant, il y a 4 ouvriers dans la carrière et 320 employés dans le bureau!» C'est le cas typique de trop de surveillants pour trop peu d'ouvriers. Cette situation tient vraiment de la farce, mais ce qui est également gênant, c'est qu'il est facile de s'y laisser prendre.

Il est maintenant le temps de s'assurer à savoir si vous connaissez et comprenez la différence entre une main-d'œuvre productive et une improductive. Il existe une énorme différence entre des vendeurs qui génèrent de l'argent par le produit de leurs ventes et les préposés aux salaires qui mettent ce même argent dans des enveloppes de paye sans générer eux-mêmes d'argent. À partir de l'assertion précédente, vous pouvez déduire la raison pour laquelle plusieurs hommes d'affaires qui réussissent ont des milliers de vendeurs à commissions qui travaillent pour eux. Ces hommes d'affaires, pourtant, font eux-mêmes la majeure partie ou la totalité du travail improductif.

Aucun apprenti millionnaire ne peut se permettre de ne pas se familiariser complètement avec le livre *La loi de Parkinson*, écrit à partir du principe maintenant reconnu qu'on peut faire perdurer un travail dans la mesure du temps qui nous est alloué pour son achèvement. Ce livre de C. Northcote Parkinson montre que le temps requis pour compléter un travail (en particulier la paperasserie) peut être réduit de beaucoup.

Plusieurs sociétés commerciales de premier plan engagent des «coupeurs de têtes» pour faire des coupures dans le personnel superflu. Une société allemande prit tellement conscience du besoin d'efficacité, qu'elle compressa le central du personnel de bureau de 2 000 à 250 personnes.

Il sera judicieux de vous rappeler que chaque compromis que vous faites à l'égard d'éventuelles coupures est fait au détriment d'une perte de votre pouvoir personnel. Vous vous devez à vous-même d'effectuer de telles coupures. Plus vous couperez, plus il en résultera de pouvoir pour vous.

Gros plan!

1. Soyez constamment averti que les gens peuvent vous nuire de manière subconsciente. Même si en apparence quelqu'un semble vous aider, il se peut qu'il travaille en opposition directe avec vous. Étudiez bien vos proches et ceux qui vous sont chers pour vous assurer qu'ils ne retardent pas votre apprentissage.

2. Pour réussir, vous devez obéir aux directives de votre subconscient. C'est pourquoi il vous faut mener au lieu de suivre, car si vous suivez, vous le faites avec votre esprit conscient qui n'a aucun pouvoir.

3. Pour vous débarrasser d'une inquiétude passée, n'enfouissez pas son traumatisme au fond de vous. Faites-en jouer la bande magnétique jusqu'à ce qu'elle tire à sa fin. Déballez ce que vous avez sur le cœur. Pour contrer une crainte future, changez le cours de son déroulement. Pour mettre fin à vos inquiétudes actuelles, faites cesser le dialogue intérieur.

4. En diminuant vos frais généraux, vous respirerez plus librement du jour au lendemain. N'oubliez jamais qu'un sou est un sou et qu'un sou en apparence sans importance peut vous rapporter des millions au bout de l'année.

5. Lorsque vous devez faire des coupures, ne laissez pas vos sentiments attendrir votre jugement d'homme ou de femme d'affaires. Les sentiments de culpabilité, de gêne ou d'embarras sont inappropriés. Faites les coupures nécessaires pour le bénéfice de votre entreprise et de vous-même.

Chapitre 10

Le pouvoir des livres

*«Combien d'hommes pour qui un
livre a marqué le début d'une
nouvelle ère.»*

Henry David Thoreau

L e phénomène de la «page blanche» de l'écrivain a failli
faire en sorte que ce chapitre ne voit pas le jour. Tous
les autres chapitres étaient achevés depuis un certain temps, mais
pour une raison mystérieuse «Le pouvoir des livres» était continuellement remis à plus tard. Je savais pertinemment que tout était là,
dans ma boîte crânienne, mais rien ne sortait. Soudainement,
eurêka!, cela vint. Pourquoi ce vide de l'écrivain? La réponse est
simple: Tous les entrepreneurs, les vendeurs, les hommes d'affaires d'avenir détestent lire des livres. C'est une forme de blocage
sous-jacent à la profession. Ils semblent essayer fortement d'excel-
ler, mais tout cela est trop difficile pour eux, car ils leur manquent
un outil aussi important que puissant. Le travail et la vente sous
pression ne leur laissent pas le temps pour la lecture.

Par contre, si vous entrez dans une bibliothèque spécialisée
dans le domaine des affaires, vous remarquerez qu'il y a foule au
chapitre des vendeurs de premier ordre et des hommes d'affaires
qui réussissent en jetant un regard neuf sur les choses, le prix des

actions et sur les solutions aux problèmes. Ces vendeurs d'élite ont appris le pouvoir des livres.

L'apprenti millionnaire fait souvent l'erreur de ne pas saisir le fait qu'il existe une abondance de connaissances à propos de choses déjà accomplies et qui peuvent être réalisables en ce qui concerne les choses inscrites dans les livres. Il faut lire le «pouvoir des livres» pour le croire.

W. Clement Stone, fondateur de The Combined Insurance Company of America croit au pouvoir des livres. En une seule année, il a donné 100 000 livres à reliure rigide et plus de 1 000 000 de livres de poche à des jeunes gens, à des employés, à des actionnaires de compagnie, à des associations d'anciens combattants, à des détenus, à des écoles et à des hôpitaux.

John Henry Patterson, fondateur de National Cash Register Company commença sa carrière avec un capital de 6 500 $ seulement. Son organisation se développa au point de devenir le plus important manufacturier de caisses enregistreuses avec un fonds de roulement de plusieurs centaines de millions de dollars. John Henry Patterson utilisa les livres comme partie intégrante de son programme pour enseigner à ses employés les réalités des affaires et pour les inspirer. Vous-même, pouvez inspirer et motiver vos employés et votre propre personne par le pouvoir des livres.

La croissance phénoménale de la société Amway se doit d'être attribuée à l'importance particulière accordée à la lecture de livres de motivation et à l'écoute de cassettes audio qui suscitent l'inspiration. Lorsque Amway vous accorde son parrainage, la chose la plus importante qu'on vous demande de faire — en plus d'utiliser leurs produits — est «de lire leurs livres et d'écouter leurs cassettes». La croissance lucrative de la société Amway n'est pas un accident.

Visualisez dans votre esprit l'image d'Abraham Lincoln, assis dans une pièce à la lueur d'une bougie, en train de lire près d'un éclatant feu de bûches, puis prenez conscience que les «meneurs sont des lecteurs». Abraham Lincoln ne faisait pas que lire, il absorbait. Il avait la réputation particulière de bien assimiler les informations qu'il recueillait. Il lisait un chapitre, puis il considérait avec attention ce qu'il venait de lire.

Francis Bacon reconnaissait le pouvoir des livres lorsqu'il a écrit ce qui suit: «Ne lisez pas pour contredire et réfuter, ni pour croire et tenir pour certain ce que vous lisez, mais pour soupeser et réfléchir à vos lectures.» Il est d'une extrême importance de soupeser et de réfléchir à ce que vous lisez. Ne perdez pas de vue que c'est en faisant cela à propos du livre de Napoleon Hill *Réfléchissez et devenez riche*[*] que j'ai personnellement découvert que les grandes idées nous viennent alors que nous ne *pensons pas* et que pour vendre, il faut parler.

Un individu, dont nous préserverons l'anonymat, a lu plus e 100 livres de motivation et d'épanouissement personnel. Il lisait laborieusement chaque phrase, la relisait, y réfléchissait avec soin et lorsqu'il en était satisfait, il la biffait avec un stylo feutre noir. Il ne soulignait pas la phrase, mais il la raturait, la biffait. Puis, il passait à la phrase suivante et répétait la même opération. Et finalement, il parvint au bout du livre. Il l'avait littéralement rayé et aucun mot lisible ne subsistait. Chaque phrase, chaque mot avaient été marqués avec de l'encre. Je rencontrai par hasard ce drôle de phénomène au moment où il était à raturer son 100e livre et lui demandai ce qu'il croyait être en train de faire. «Je cherche le secret du succès», me répondit-il. Comment peut-on trouver le secret du succès dans une seule phrase? Il ne peut tout simplement pas être contenu en une phrase. Il peut à peine être exprimé dans un livre. Croyez-moi, j'en sais quelque chose. Je l'ai fait avec le présent livre.

Ne lisez donc pas un livre en essayant d'y trouver une phrase qui vous assurera le succès et le nirvāna. Assimilez le livre dans son entier. Il vous faut ensuite puiser dans ce livre et par une action

---

[*] Publié aux éditions Un monde différent ltée sous format de cassette audio.

immédiate mettre en application ce que vous y avez découvert. Tous les êtres humains sont différents, c'est pourquoi chaque personne a besoin de raisons motivantes, différentes; chaque client potentiel doit être abordé différemment d'un autre lorsque vous essayez de lui vendre quelque chose. Par conséquent, pour connaître les nombreuses façons de s'y prendre, il vous faut lire. Les livres sont l'élixir de la vie, ils vous fourniront toutes les réponses, ils vous inciteront à agir, mais après, il n'en tiendra qu'à vous de ne pas cesser de progresser.

Il y a plusieurs années, j'emportai ma montre chez un bijoutier pour la faire réparer. Cette montre était vieille et représentait avant tout pour moi une valeur sentimentale. Lorsque j'allai la rechercher, l'horloger me la remit et me fit payer quelques dollars. Avant que je ne quitte le magasin, il me prodigua quelques conseils à propos des vieilles montres, qui peuvent s'appliquer pour toutes les montres à ressort. «Remontez-la dès le matin et non pas avant de vous coucher comme le font la plupart des gens». Il continua en donnant l'explication suivante: «Si votre montre passe la journée avec son ressort remonté de fraîche date, elle sera plus apte à résister aux petits coups et autres chocs, de ce fait, elle tiendra mieux l'heure qu'une montre qui s'arrête faute d'être remontée». De la même façon, si nous commençons la journée avec le «ressort» fraîchement remonté, nous aussi serons capables de supporter le surmenage, les petits coups et les chocs de la vie. Comment peut-on y parvenir? En lisant, au réveil, un chapitre de notre livre de motivation préféré. Bourrez-vous la tête de vitamines mentales, ne laissez pas de place pour les pensées négatives, destructrices, non-créatrices et improductives. Gonflez à bloc votre subconscient.

Une chose que vous ne devez jamais oublier est que si vous n'apprenez, ne serait-ce qu'une seule chose de chaque livre que vous lisez, vous progresserez de manière étonnante. Il est impossible de lire sans en tirer profit car tôt ou tard, le subconscient en utilisera l'essentiel. Plusieurs des livres que j'ai achetés pour quelques dollars m'ont rapporté 100 000 $ chacun. Cela représente un pourcentage de rentabilité qui aurait fait sourire aux anges même J. Paul Getty.

Vous avez probablement remarqué certaines personnes qui soudainement progressent de façon très rapide dans la vie. Rien ne semble les arrêter. Ils surmontent tous les obstacles dressés sur leur chemin. Puis, de façon tout aussi soudaine, ils disparaissent sans laisser de traces, ils sont finis, fauchés, sans ressources et en faillite. Il se produit dans leur cas ce qui suit. Au départ, ils sont motivés à agir de façon propice, probablement par la lecture de livres ou par l'intermédiaire du subconscient d'une autre personne. Ils visualisent des buts, ils lisent et ils progressent. Cependant, comme leurs affaires fleurissent et se développent, ces entrepreneurs, sans s'en rendre compte, passent de plus en plus de temps à négocier et acheter, à vendre et à gérer leurs entreprises en général. Tant et si bien qu'après un certain temps, leurs affaires s'arrêtent progressivement, car ces entrepreneurs en arrivent à souffrir d'épuisement. Ce qui les amène à réfléchir sur leur situation et à se rendre bientôt compte qu'ils devraient encore consacrer du temps à méditer en S.S.S., à écouter leur subconscient, à visualiser et à lire des livres de motivation. Même l'avion le plus rapide ou le moteur le plus puissant a besoin d'être constamment ravitaillé en carburant sinon il arrêtera bientôt de fonctionner. Nous avons besoin également d'être ravitaillés de façon régulière. Le mouvement perpétuel, ça n'existe pas. Ce ravitaillement doit inclure la méditation, la visualisation et la lecture.

Étant un avide lecteur de biographies et d'autobiographies, j'ai vite appris que plusieurs meneurs, orateurs, financiers ou industriels étaient des révoltés lorsqu'ils fréquentaient l'école. Ce n'est qu'après être devenus autodidactes qu'ils commencèrent rapidement à se distinguer. Cela découle d'un pouvoir que nous avons mentionné plus tôt, l'enthousiasme. Ces révoltés n'étaient pas enthousiastes à l'école; mais aussitôt qu'ils s'éveillèrent à ce qui les enthousiasmait vraiment, ils purent commencer à lire, à étudier et à apprendre réellement.

Vous avez manqué un détail très important si vous pensez que ce livre peut être lu comme un roman. Il faut le lire avec un papier et un crayon à portée de la main, pour que chaque fois qu'une remarque judicieuse est faite ou qu'un exemple pertinent est donné, vous puissiez les souligner et prendre note des moyens et des ressources disponibles pour appliquer ces conseils à votre propre situation. Griffonnez des notes, notez quelques idées, soulignez tous les passages ou citations qui vous impressionnent favorablement.

Prenez l'habitude de souligner au crayon à bille rouge tous les paragraphes, les anecdotes ou les citations qui risquent de vous inspirer ou de vous influencer. Cela aide grandement de souligner ces trucs de motivation, car lorsque vous feuilletterez à nouveau le livre, vous y trouverez immédiatement ce qui vous motive. Les auteurs préfèrent de beaucoup voir les pages de leurs livres froissées, raturées et couvertes de notes à l'encre rouge plutôt que de les retrouver sur les étagères d'une bibliothèque en train d'accumuler la poussière. Vous pouvez même acheter un marqueur feutre indélébile conçu spécialement pour souligner certains passages dans les livres. La marque la plus connue est le Hi-Liter; on peut trouver ce marqueur feutre dans un choix de différentes couleurs et il est très commode pour faire ressortir certaines phrases ou citations qui vous impressionnent.

Utilisez ce livre-ci à la façon d'un outil. Continuez de lire les principes contenus dans ce livre. En fait, lorsque vous aurez complété une quatrième lecture, votre subconscient aura pris le dessus et vous ne voudrez plus vous arrêter de lire. Utilisez ce livre comme un talisman, emportez-le partout où vous allez. Il vous apportera la richesse et la renommée, non par chance ou par magie, mais par une loi psychologique.

Un auteur peut probablement passer 10, 15 ans ou même toute une vie pour apprendre les connaissances qu'il glisse dans un livre particulier. Vous ne pouvez pas le moins du monde espérer absorber et comprendre tout ce savoir en une seule lecture d'une ou deux heures.

Cela vous intéresserait peut-être de savoir que j'ai lu le livre *Réfléchissez et devenez riche* de Napoleon Hill, 98 fois avant d'en saisir toute la signification. Un autre point intéressant concernant le livre de monsieur Hill est que les milliers de personnes entrevues, et qui avaient lu ce livre, l'ont toutes interprété d'une manière différente.

Ne faites pas l'erreur de penser, comme plusieurs qui commencent leur apprentissage, que les ouvrages à propos de la motivation sont tous pareils. Certains lecteurs vont rester fidèles à une seule philosophie, par peur que quoi que ce soit d'autre ne leur empoisonne l'esprit. Ne faites pas cette erreur. Deux livres peuvent être aussi différents que la craie ou le fromage, mais chacun renferme quelque chose que l'autre ne possède pas, chaque livre contient son propre message.

Si vous deviez fréquenter une université pour devenir titulaire d'un doctorat dans une matière donnée, il vous faudrait lire entre 2 000 et 10 000 volumes pour accumuler suffisamment de connaissances et de compréhension pour pouvoir réussir vos examens. Les apprentis millionnaires pensent néanmoins être exemptés des lectures académiques. Je serais le premier à reconnaître que le sens aigu de la vente et des affaires s'acquiert par la pratique, mais il est malgré tout vrai que le fait de lire à propos des faits et gestes des autres nous rend capable d'arrondir certains angles et nous aide à grimper plusieurs échelons sur l'échelle du succès. Par ailleurs, les livres nous donnent de nombreux aperçus, à savoir comment les hommes gèrent leurs entreprises de différentes façons. Le fondement de vos connaissances en affaires peut être obtenu en lisant ce que les autres ont fait et, ce faisant, ce savoir deviendra vôtre.

Plusieurs expériences ont été faites avec des étudiants qui avaient échoué à des examens pour une raison ou une autre. Sous hypnose, ces mêmes étudiants obtinrent des résultats remarquables, prouvant ainsi que tout ce qu'ils avaient lu avait été retenu quelque part dans leur esprit. Voilà une nouvelle passionnante pour les apprentis millionnaires; car cela signifie que, même si nous pensons avoir oublié ce que nous avons lu, tout ce bagage demeure réellement là pour que notre subconscient s'en serve lorsque cela s'avère nécessaire. Et il s'en sert! Il est important que vous constatiez que tout ce que vous lisez sert de nourriture à votre pensée et de carburant pour votre subconscient. Plus vous apportez d'eau au moulin du subconscient, plus ce dernier vous fournit d'eurêkas! révélateurs.

Plusieurs parmi nous savent que lorsque l'Écossais Andrew Carnegie se retira des affaires actives, après la vente de ses intérêts dans le domaine de l'acier, sa fortune s'élevait à plus de 1 000 000 000 $. Mais ce que la majorité des gens ne savent pas c'est qu'il attribua aux livres une bonne part de son succès. En fait, les livres l'ont tellement marqué qu'il donna des fonds pour faire construire des bibliothèques publiques à travers le monde occidental. En Écosse, dans sa ville natale de Dunfermline, l'une des premières des 2 800 bibliothèques fut érigée à la suite de ses généreuses donations.

D'ores et déjà, quoi qu'il advienne, vous vous réservez une certaine période de temps chaque jour pour vous exercer à méditer et à visualiser, pour également examiner votre album contenant en images toutes ces choses que vous désirez et qu'il vous faut «voir» à travers les yeux de votre esprit. En outre, vous devez aussi prévoir quotidiennement un certain laps de temps consacré à la lecture. Vous devez trouver le temps d'établir un programme déterminé de lectures. Voilà ce que vous devez faire en premier pour prendre conscience du pouvoir des livres.

En second lieu, vous devez vous abonner à votre bibliothèque locale. Si vous ne savez pas comment chercher un sujet, repérer un livre, faire des recherches ou bien glaner les informations dont vous avez besoin, demandez aux bibliothécaires — ils sont toujours serviables. Demandez à l'un d'eux de vous faire voir le guide de l'index des matières. Examinez les différentes rubriques comme l'art de la vente, la psychologie, la motivation, le succès, le bonheur, la méditation ou d'autres domaines avec lesquels vous désirez vous familiariser. Si la bibliothèque ne dispose pas d'un livre que vous cherchez, l'un des bibliothécaires peut parfois se le procurer d'une autre bibliothèque à peu de frais. Il existe des bibliothèques publiques gratuites, des librairies d'occasion et des éditions de poche bon marché de la plupart des livres.

Troisièmement, il vous faut dépenser quelques dollars chaque semaine pour constituer votre propre bibliothèque personnelle. J'espère que j'ai stimulé votre intérêt pour la méditation, la tranquillité, l'esprit ou pour l'apprentissage de la «non-pensée». Il existe plusieurs centaines de livres qui traitent de la méditation, dont la plupart méritent que vous y jetiez un coup d'œil même si vous n'envisagez pas de les lire en entier. Un autre fait important, dont vous devez tenir compte, est que la plupart des livres que vous lirez ont des notices bibliographiques qui peuvent servir de répertoires pour lectures ultérieures. Vous ne devez absolument pas ignorer ces bibliographies, car vous avez tout à gagner à lire plus avant tous les écrits relatifs à un sujet donné.

Ne craignez jamais de gaspiller de l'argent en achetant des livres de motivation et des ouvrages qui vous enseignent comment acquérir de l'argent. Il m'est arrivé souvent de faire parvenir 10 $ ou 20 $ à des maisons de vente par correspondance pour me procurer des livres ou des idées génératrices d'argent. Ne considérez jamais cela comme de l'argent perdu. Dans cet ordre d'idées, prenez tout ce qui passe à votre portée. Et même si vous ne pouvez pas utiliser immédiatement ce matériel, n'oubliez pas que votre subconscient est capable de s'en servir et qu'il emploiera tous les éléments qu'il peut réunir.

Il y a tant de choses à lire; cela peut vous rapporter d'investir dans certains livres qui enseignent la «lecture rapide». Des gens comme John F. Kennedy et Franklin D. Roosevelt ont étudié ces techniques inestimables. Eux aussi éprouvèrent le besoin d'accélérer leur vitesse de lecture à cause de ce formidable pouvoir à aller chercher dans les livres. Il est même fort probable qu'un cours de lecture rapide soit offert dans votre localité et, peu importe le coût, c'est peu cher payé en comparaison des profits que vous en retirerez. Vérifiez dans les pages jaunes de l'annuaire où se donne le cours le plus proche de chez vous. Allez voir également à votre bibliothèque locale, car plusieurs bons livres sur la lecture rapide y sont peut-être disponibles. Lisez-en autant que possible afin d'y trouver la technique qui vous convient le mieux.

Tôt dans la vie, les livres peuvent s'avérer être vos meilleurs et seuls amis. Pour dire vrai, au début de ma carrière, je n'avais pas que des problèmes financiers, j'avais également à me mesurer avec des problèmes émotionnels, spirituels et physiques, et au moment où les choses devinrent très difficiles pour moi, ce sont les livres qui m'ont sauvé. Et c'est ainsi que j'en vins à lire tant de livres à propos de la psychologie et de l'esprit humain. J'étais déterminé à conquérir mon esprit plutôt que d'être conquis par lui. Montesquieu disait ceci: «Une heure de lecture peut soulager n'importe quel chagrin».

Lorsque vous constituerez votre bibliothèque personnelle de livres traitant de psychologie et de motivation, n'oubliez pas de lire tout ce qui est disponible concernant votre propre orientation professionnelle. Il existe bel et bien des centaines de livres qui peuvent vous rendre capable d'élargir vos connaissances sur le genre d'entreprise dont vous faites partie ou aimeriez faire partie.

Pour accroître votre pouvoir personnel, il vous faut résoudre vos problèmes. N'oubliez pas toute l'abondance d'informations disponibles se rapportant à chaque problème que l'humanité connaît. Le fait de lire le plus possible à propos des problèmes que vous éprouvez fournira à votre subconscient de la matière à traiter et vous aidera à résoudre vos problèmes sans détour. Benjamin Franklin n'a jamais lu ce livre, cependant il disait: «La lecture rend l'homme complet, la méditation le rend profond et la conversation le rend intelligible».

Dans vos habitudes de lecture, ne vous permettez pas d'avoir une vision étroite des choses. Vous pouvez acquérir des connaissances profitables en lisant à propos des sujets relatifs à votre situation actuelle. Laissez-moi vous en fournir un exemple Lorsque j'ai été aux prises avec de nombreuses dettes, j'ai tout lu sur le sujet en plus de lire tout ce que je pouvais sur la façon de s'acquitter de ses dettes. J'ai fait des études de comptabilité et de conseiller en affaires et j'ai étudié les aspects légaux rattachés aux dettes. À cause du stress et de la tension qu'occasionnait mon problème de dettes, j'ai étudié la psychologie, ce qui m'a conduit vers l'étude de la méditation et à faire cesser le dialogue intérieur. Toutes ces études favorisèrent ma recherche axée sur la provenance des idées lucratives et sur la résolution des problèmes.

En vous intéressant à des domaines étroitement liés vous pouvez développer votre entreprise dans des directions auxquelles vous n'auriez pas pensé en temps normal. Le vendeur de noix peut trouver avantageux de vendre des casse-noix, des noix en conserves et peut-être même différentes variétés de noix.

J. Paul Getty exploitait son entreprise pétrolière exactement de cette façon. Ce dernier était non seulement intéressé par le forage, mais aussi par le raffinage, le tuyautage de mazout, le transport et la vente au détail du pétrole. Une personne qui vend des cosmétiques est certes avantagée de lire sur l'art de vendre des automobiles, de l'assurance, des ordinateurs et des maisons.

En lisant des livres sur la magie, j'ai découvert la valeur des vestons de velours, des beaux vêtements, des bagues en diamants, des fleurs, des couleurs et de la pensée. Je vous exhorte à lire des livres concernant Al Koran, Houdini et John Mulholland. Les magiciens, plus que quiconque, ont conscience de la véracité de ce qui suit: «Ce n'est pas ce que vous dites, mais ce que vous transmettez qui compte!» Ma préoccupation première est manifestement de faire de l'argent, mais il existe une abondance de richesses dans certains livres que vous ne considéreriez pas normalement comme des volumes sur l'art de la motivation ou celui d'acquérir de l'argent. Les magiciens savent très bien présenter les choses aux gens, c'est bien là l'essentiel de la vente. Ne soyez pas un magicien, soyez magique!

Les biographies et les autobiographies mettent en lumière nombre de secrets du succès dans la vie. Il est facile de constater que plusieurs personnes risquent leurs vies et tout ce qu'elles possèdent pour atteindre leurs objectifs majeurs. Nous pouvons inclure dans cette catégorie de gens, les coureurs automobiles, les alpinistes, les plaisanciers solitaires, les plongeurs en eaux profondes, les astronautes et les pilotes d'essai. À lire les récits fascinants et excitants de dangereux exploits, fait monter votre taux d'adrénaline et vous motive à expérimenter par vous-même de telles prouesses.

Livres! Livres! Livres! Lisez! Lisez! Lisez!

Oubliez les réceptions, le théâtre, votre soirée de bridge, et faites de la lecture. Qui sait, cela vous inspirera peut-être la plus grande aventure de votre vie, et si c'était en lisant ce livre? Rappelez-vous que ceux qui ne lisent pas n'ont aucun avantage sur ceux qui ne peuvent pas lire.

La psychologie est un autre domaine que je vous suggère d'explorer. Deux catégories de livres de psychologie sont disponibles. La première catégorie est celle de la psychologie classique. Elle comprend des auteurs comme Carl Jung, Sigmund Freud et Ivan Petrovitch Pavlov. Pour sauver beaucoup de temps, vous pouvez parcourir ces livres rapidement en y relevant les passages qui peuvent vous intéresser. Vous pouvez glaner des informations valables au moyen de cette technique. L'autre catégorie est ce que j'appelle les livres de psychologie «Mickey Mouse». En général, ils sont remplis de faits intéressants concernant l'esprit, le corps et les gens, mais nous épargnent toute la recherche soignée et souvent ennuyeuse. La vague actuelle pour les livres de psychologie «Mickey Mouse» inclut tous les petits manuels pratiques, aussi bien que les livres sur «comment s'aider soi-même», les livres pour progresser dans la vente et les livres de motivation et d'inspiration.

Prenez bien garde à ne pas être le monsieur Dupont qui lit chaque livre d'inspiration ou d'aide personnelle disponibles. Il écoute avidement toutes les cassettes de motivation sur le marché. Chaque week-end il se rend à tel colloque ou à cet autre atelier. Chacune de ces tentatives est assumée et faite en toute bonne foi. C'est la méditation transcendantale, suivie de la méthode du contrôle de l'esprit de Silva, puis l'atelier des relations humaines.

Tout y passe, il a suivi tous les cours, écouté toutes les cassettes avec attention et lu chaque livre avec soin. Que s'est-il produit? Rien. Monsieur Dupont, même s'il a participé activement à tout ce qui précède, n'a fait que surnager dans tout ça; il n'a pas réellement appliqué tous ces principes à sa propre vie.

La plus grande partie d'un apprentissage se fait au niveau du subconscient. Par la pratique de la visualisation et de la méditation, votre subconscient rassemblera toutes vos connaissances pour créer des expériences fertiles en eurêkas! mais rappelez-vous, il vous faut agir sur ces eurêkas! Ne perdez jamais de vue qu'aussi puissant que soit le subconscient, il ne fait qu'inciter, il n'oblige pas. Tout comme pour le golf et le ski, ce n'est pas en lisant seulement sur le sujet que vous deviendrez un expert. Lire n'est pas une fin en soi. C'est un moyen de parvenir à une fin.

Gros plan!

1. Lisez un chapitre de votre livre de motivation préféré avant de commencer la journée. Cela vous rend capable de résister aux coups et aux soubresauts de la vie.

2. Inscrivez-vous à une bibliothèque aujourd'hui même. Cela vous permettra de disposer de vastes connaissances à portée de la main et cela gratuitement.

3. Établissez quotidiennement une certaine période de temps consacré à un programme précis de lecture. N'oubliez pas que tout ce que vous lisez se fixe quelque part dans votre esprit et qu'on ne peut pas savoir quand notre subconscient s'en servira.

4. Dépensez quelques dollars chaque semaine pour constituer votre propre bibliothèque de livres de motivation, de psychologie, de méditation et de psychologie «Mickey Mouse».

5. Soulignez tout ce qui, dans vos propres livres, vous inspire ou vous motive. Cela comporte deux avantages. Première-ment, le soulignement est une affirmation positive. Deuxiè-mement, lorsque vous relisez ces livres, vous pouvez immé-diatement être au fait de l'essentiel.

Chapitre 11

La main-d'œuvre

*«Selon moi, le meilleur
investissement possible qu'un
jeune homme qui débute dans les
affaires peut effectuer, est de
donner tout son temps, toutes ses
énergies dans le travail, de
travailler âprement».*

Charles M. Schwab

L a main-d'œuvre peut se diviser en trois catégories: le travail que vous faites vous-même, celui de vos associés et le travail de vos employés. Plusieurs aspirants entrepreneurs n'ont aucun capital, aucun projet, aucune idée ou locaux commerciaux. La seule chose qu'ils ont le bonheur de posséder, comme tous et chacun, c'est eux-mêmes. Croyez-le ou non, votre propre personne peut s'avérer le plus grand avantage qui soit pour accumuler la richesse. C'est dans ce sens que nous allons jeter un premier coup d'œil sur la main-d'œuvre.

Main-d'œuvre — Vous-même

Vous devez comprendre que la création de toute richesse gagnée se mérite par un travail laborieux accompli par quelqu'un, que ce soit par vous-même ou par des gens que vous inspirez et motivez à œuvrer pour vous. Art Linkletter a écrit ce qui suit: «Certaines personnes trouvent de l'or dans les champs, des filons dans le lit des rivières et dans des poches de minerai. Quel que soit l'endroit, il faut travailler pour l'extraire».

Pour une raison qu'eux seuls connaissent, les auteurs de la plupart des philosophies du succès ont tendance à rester silencieux sur ce qui est à la fois un fait de la vie et un secret du succès: le dur labeur n'a pas son pareil. Même si je suis le premier à vous encourager à consacrer du temps pour méditer et visualiser, cela ne fait au fond que produire les eurêkas!, ces idées infaillibles dont vous avez besoin pour réussir. Pour que ces idées se concrétisent, un certain travail doit être effectué. Ne perdez jamais de vue le fait que le succès se compose de 1 % d'inspiration (l'eurêka!) et de 99 % de transpiration (la parole et la vente). En Angleterre, on a coutume de dire: «Les idées sont de drôles de choses, elles ne fonctionnent pas sans vous». Ou, pour citer un ancien proverbe: «Le travail est le père de la gloire».

Les êtres humains ont été créés pour travailler dur et de façon régulière. Cette affirmation est corroborée par le fait que vous ne pouvez pas manger 8 heures par jour; vous ne pouvez pas faire l'amour 8 heures par jour; et si vous jouez 8 heures chaque jour, vous trouverez cela terriblement ennuyeux après un certain temps. Les activités de loisirs sont d'autant plus agréables qu'elles ne durent pas trop longtemps.

La majeure partie de votre travail consistera à parler et à vendre — et ne laissez jamais personne vous persuader que cela n'est pas un dur labeur. À plusieurs reprises, après avoir passé 5 heures consécutives avec des clients dans mon bureau, je me suis senti complètement épuisé, mentalement et physiquement. Mes conférences publiques me fatiguent tout autant. Et si vous pensez que la vente porte à porte est facile, essayez vous-même. La raison pour laquelle le fait de parler et de vendre m'exténue est que je m'investis complètement dans chaque vente.

Le plus grand avantage d'être votre propre «main-d'œuvre» est que cela donne une chance égale à tous ceux qui recherchent la richesse. Même si vous ne possédez que peu ou aucun capital, si vous êtes prêt à travailler fort, particulièrement dans les débuts, le succès vous sera assuré. N'ayez pas peur de vous salir les mains. Plusieurs transactions nécessitent un travail préliminaire avant que de conclure la vente. Le fils d'un millionnaire, à la mort de son père, reçut, au lieu de l'héritage escompté, une carte sur laquelle était écrit: «Accepte ce cadeau inestimable — la joie de travailler». Un fait est certain, quelque part, en cours de route, quelqu'un doit travailler fort. La devise d'Andrew Carnegie était la suivante: «Tout ce qui dans la vie vaut la peine d'être acquis, vaut la peine de besogner pour l'acquérir!» Vous devez adopter l'attitude suivante: «Je ne suis heureux que lorsque je travaille!»

Plusieurs de vos amis et de vos proches seront étonnés de la rapidité avec laquelle vous accumulerez la richesse, une fois que vous aurez mis de l'avant cette philosophie du succès. Quand ils verront vos limousines spacieuses, votre immense maison d'été et votre voilier de 20 m, ils vous diront combien vous êtes chanceux. À ce, vous pourrez répondre: «Oui, n'est-ce pas amusant, plus je travaille fort, plus je suis chanceux.»

Main-d'œuvre — Associés

Il existe plusieurs raisons pour lesquelles les chercheurs d'argent s'associent avec d'autres personnes. Parfois, un homme d'affaires recherchera un associé qui peut injecter un capital dont il a besoin pour son entreprise. Un autre homme d'affaires peut désirer recevoir une aide digne de confiance et tout à fait honnête, et un troisième peut n'avoir besoin que d'un cerveau supplémentaire pour mieux réfléchir. Et comme disait le joueur: «Deux têtes valent mieux qu'une». Et il avait suffisamment d'argent pour le prouver.

Il faut que vous preniez conscience que ces associations ne doivent pas être nécessairement des engagements de toute une vie. Il arrive souvent que le profit soit largement appréciable tant au niveau des connaissances qu'à l'aspect monétaire, lors d'associations relativement courtes.

J'ai participé à plusieurs affaires en tant qu'associé, certaines furent profitables, d'autres non. Cependant, toutes multiplièrent par mille mon sens aigu des affaires et par un million mes connaissances dans les domaines de la psychologie et des relations de travail.

Ma première entente d'associé se fit à propos d'un certain nombre de commerces de détail et, dans ma naïveté, j'eus à faire face à toutes sortes de problèmes comme les difficultés de trésorerie, les surplus d'inventaire, la vente à perte, et, bien sûr, les conflits de personnalité avec certains employés. Heureusement pour moi, je m'étais associé avec un homme d'affaires très astucieux qui était également beaucoup plus vieux et plus expérimenté que moi. Ensemble, nous avons payé nos créanciers, réduit nos frais généraux, réorganisé le personnel et avons vendu avec une ardeur redoublée. Pour ses efforts, je lui accordai 50 % de l'entreprise, ce que je considère bon marché même aujourd'hui, car s'il ne s'était pas présenté, aussi vrai que la nuit succède au jour, j'aurais tout perdu. Cette association fut bénéfique de part et d'autre. J'acquis l'expérience d'un homme d'affaires beaucoup plus averti et je conservai 50 % de mon entreprise. Il obtint 50 % de l'affaire rien qu'en travaillant fort et en utilisant son sens aigu des affaires.

Ma participation suivante en tant qu'associé eut lieu alors que j'étais conseiller d'affaires. Je fus appelé par une entreprise qui vendait des accessoires de salles de bains, des douches et des tuiles de céramique. Après que le propriétaire m'eut vu redresser son entreprise et la rendre rentable (au coût de mes honoraires réguliers qui n'étaient pas bon marché), il me demanda s'il me plairait de devenir son associé. J'acceptai et cela se révéla également une expérience mutuelle bénéfique. Je n'injectai aucun capital dans cette entreprise, mais je travaillai durement et obtint 50 % des profits. Je participai à plusieurs autres entreprises en agissant de la même façon.

Une chose est essentielle à retenir: Il ne sert à rien d'approcher le propriétaire d'une entreprise et de lui demander qu'il vous donne 50 % des profits, et qu'en retour vous donnerez de l'expansion à son entreprise et générerai davantage de profits. Il vous faut en premier lieu faire vos preuves.

La fois suivante où je pris quelqu'un comme associé fut une expérience totalement désastreuse. Je m'associai avec un certain «monsieur Swindler». À cause de ma propre indulgence et de ma nature confiante, j'omis de faire rédiger notre entente par écrit. Je découvris fortuitement que «monsieur Swindler» avait en réalité signé une autre entente, concédant ma moitié de l'affaire à une tierce personne. Prendre des procédures légales dans de telles circonstances aurait équivalu à jeter de l'argent par les fenêtres, car c'est eux qui possédaient des documents signés alors que moi, je n'en avais pas. Cependant, lorsque je dis que je n'en avais pas, je veux dire que je n'avais rien de tangible. Même si j'ai éprouvé de l'amertume à l'époque, je considère avec un recul la somme inestimable de profits que m'ont rapporté mes échecs et mes erreurs et je me frotte les mains avec allégresse.

Le fait de s'associer peut rapporter beaucoup d'argent et de connaissances. Si nous prenons soin d'étudier les annales des affaires, nous découvrons assez vite le schéma du «devenir riche rapidement» via le chemin de l'association; en sont témoins Sears Rœbuck, Montgomery Ward, et Marks et Spencer en Angleterre, pour n'en citer que quelques-uns. Lorsque nous cherchons encore plus profondément, nous découvrons des hommes qui s'associent avec d'autres pour leurs capacités en tant que conseillers, fonctionnaires ou sous la forme d'alliances d'esprits supérieurs, même si ces hommes conservent en surface le monopole de ces associations. On les compte sur les doigts de la main: Andrew Carnegie, Henry ford, John D. Rockefeller et J. Paul Getty.

Si c'est là le raccourci qui mène à la richesse, comment se fait-il alors que tant d'associations échouent? Il est vrai qu'il se fait et se perd plus d'amis dans des associations d'affaires que dans toutes les autres amitiés réunies. La raison est simple: la psychologie dynamique ou plutôt son absence. L'échec d'une association d'affaires est rarement occasionné par la présence ou l'absence du sens aigu des affaires. Cela se résume habituellement à un manque de compréhension de la nature humaine.

Nous comprenons tous qu'il faut travailler en harmonie pour réussir, mais dans la plupart des cas, cela est plus facile à dire qu'à faire. Tout va pour le mieux dans les premiers temps, puis il se produit une détérioration graduelle qui mène finalement à une brisure éventuelle de l'association. La solution se trouve dans une formule psychologique de base que je nomme la «formule Roy Rogers», car je l'ai empruntée à ce cow-boy millionnaire de l'écran. Il disait que c'était ainsi qu'il avait réussi son mariage. Dès le début, chaque partenaire accepte de donner 90 % de lui-même et de recevoir 10 % de l'autre. Voilà ce qu'il en est, ni plus ni moins. Il en résulte une harmonie parfaite, la compréhension et le profit. On appelle cela la formule du 90 — 10 et elle peut servir dans toutes les sortes d'associations, incluant le mariage.

Il est absolument essentiel que chaque partenaire ou associé accepte cette formule et la comprenne. C'est là la seule façon de combattre ces pensées qui traversent continuellement l'esprit des gens: «Pourquoi ne travaille-t-il pas aussi fort que moi? Pourquoi n'amène-t-il pas de nouvelles idées? Pourquoi ne rencontre-t-il pas les clients? Pourquoi décampe-t-il toujours pour aller jouer au golf? Pourquoi ne vend-il pas autant que moi? Pourquoi...?» En fait, cette série de questions pourraient se poursuivre indéfiniment.

Tous ceux qui participent à une association qui se termine pensent être les seuls sur terre à entretenir de telles pensées. Ils ne se rendent pas compte qu'à peu près tout le monde nourrit de telles pensées à propos de tous et chacun. Le manque de communication et de compréhension de la nature humaine et de l'esprit humain est la raison principale de la détérioration et de l'échec d'une association. «Si au moins j'en avais parlé plus tôt», se disent les deux associés, mais ils en prennent conscience trop tard. L'un des objectifs principaux de ce livre est de vous enseigner à vous tourner vers le soleil au lieu de vous tourner vers un mur.

Si vous entretenez ne serait-ce qu'un mince doute à propos d'une entente d'association, je vous suggère de faire lire à votre associé ce qui suit et les paragraphes précédents. Il pense probablement des choses similaires sur votre compte et il est grand temps que vous vous réunissiez et ayez une conversation amicale. Je prends la responsabilité que vous disiez à votre associé que je pense qu'il devrait non seulement lire les passages qui ont trait aux associations, mais le livre au complet. Qu'il n'utilise pas votre exemplaire, qu'il en achète un et ainsi nous en retirerons tous un profit.

Main-d'œuvre — Employés

L'un des hommes les plus excellents et les plus perspicaces que j'ai connus m'a dit ce qui suit: «Si les jeunes gens en apprenaient plus long à propos des êtres humains au lieu des affaires, ils pourraient vendre le monde entier.» Voyez-vous, si vous compreniez les gens, tous achèteraient de vous; ils agiraient tous comme vous le leur demanderiez.

En ce qui a trait aux secrets du succès, vous avez été plutôt bien servis dans ce que vous avez lu jusqu'ici, mais ce que je suis sur le point de vous révéler peut être soit constructif ou destructif pour vous. Votre succès dépend largement de vos connaissances en psychologie, de votre habileté à choisir et à inspirer des hommes qui comprennent la psychologie et s'en servent dans leurs efforts pour vendre et inspirer ceux qui travaillent pour eux. Lisez entièrement ce qui suit, étudiez-le, absorbez-le et plus que tout, utilisez-le.

Lorsque vous avez un eurêka!, il vous faut vous allier avec une main-d'œuvre suffisante pour concrétiser cette idée. L'une des meilleures façons de parvenir à cette fin, est d'essayer de persuader en douceur. L'un des plus grands meneurs que l'Amérique a connus, a énoncé le secret du leadership dans les mots qui suivent: «L'amabilité est plus puissante que la contrainte». Charles Schwab a dit un jour que pour tirer le meilleur parti de ses employés il fallait: «distribuer des louanges abondamment». Vous devez continuellement distribuer copieusement des louanges si vous voulez obtenir le maximum de votre main-d'œuvre.

Dave McIntyre savait cela lorsqu'il affirma ce qui suit: «L'appréciation peut se comparer à une police d'assurance, il faut la renouveler de temps en temps.» La psychologie sous-jacente à cette puissante vérité est que tous et chacun sont intéressés à obtenir des promotions, un meilleur et plus haut niveau de vie et de liberté, de l'expansion — mais ne sont pas intéressés à être contraints de faire des choses. Le secret réside alors dans le fait que vos employés doivent être capables de voir qu'en travaillant pour vous ils progresseront. Ils doivent être capables de «voir» le prochain échelon de l'échelle, les augmentations de salaire, la sécurité, les postes supérieurs; ils doivent être capables de «voir» toutes les possibilités.

De la même façon, le consommateur, le client de vos produits et services, doit être capable de «voir» comment et pourquoi votre produit ou service améliorera son monde, son niveau de vie ou sa sécurité.

Lors de vos études comme étudiant du succès, il vous deviendra extrêmement apparent que tous les grands industriels, les hommes d'affaires importants, les financiers, les hommes d'État, les chefs d'entreprise et les grands leaders ont tous appris le secret de la main-d'œuvre, le secret de transiger avec les hommes par la psychologie dynamique en abrégé. Vous désirez devenir le chef d'entreprise par excellence, eh bien, le désirez-vous? Oui! Oui! Oui! Apprenez donc alors à propos des hommes et de ce qu'ils veulent et pourquoi ils le veulent.

Tous les grands hommes ont compris qu'il leur était impossible de tout faire eux-mêmes ou d'être à plusieurs endroits à la fois. Comment traiter avec la main-d'œuvre est un secret que la plupart des hommes prennent toute une vie à apprendre, si jamais ils l'apprennent. La main-d'œuvre a le pouvoir de faire fermer des manufactures, de demander des augmentations de salaire, de faire tourner un profit en perte d'un jour à l'autre et vice et versa. J. Paul Getty eut à faire face à un problème de main-d'œuvre réclamant une augmentation de salaire. Il dit aux syndicats, à l'encontre des conseils des experts en relations de travail, que la compagnie pouvait seulement se permettre de payer la moitié de ce qui était demandé, mais, John Paul Getty se dépêcha d'ajouter que si la production et les profits augmentaient, il serait prêt à discuter de l'autre moitié de l'augmentation la même année. Les syndicats acceptèrent et la manufacture continua son roulement sans aucune fermeture coûteuse ou grève onéreuse. Monsieur Getty avait peut-être entendu Winston Churchill dire: «Parler, parler, parler est bien mieux que guerre, guerre, guerre».

Peu importe que vous ayez peu ou beaucoup d'employés et de clients, ils sont le cœur de votre entreprise. Sans eux vous n'êtes plus dans les affaires. Un vieil entrepreneur de pompes funèbres savait de quoi il parlait quand il a dit: «Les corps sont une affaire». Malheureusement, la plupart des employés font partie de cette catégorie de gens qui aimeraient travailler 24 heures par semaine au lieu de 40. Néanmoins, le type de cadre supérieur que vous recherchez est le genre d'homme qui essaie de faire d'une journée de 24 heures, une de 40 heures. Ce sont des gens comme ceux-là que vous voulez employer à des postes clés dans votre équipe. Lorsque vous les aurez trouvés, ne les laissez pas partir. Dans les premiers temps de votre entreprise, il se peut que vos petits prodiges gagnent de l'argent de façon excessive à partir de ce que vous faites vous-même. N'ayez aucune crainte, c'est la bonne façon d'agir. Donnez, donnez, donnez. Puis, prenez, prenez, prenez. Mais il vous faut d'abord donner.

Lorsque j'ai débuté en affaires, j'ai intuitivement donné, donné, donné à mes employés; même si parfois il ne me semblait pas correct que plusieurs parmi eux aient plus d'argent que moi. À les voir remuer le fric à la pelle, je n'avais pas l'impression d'avoir un bon flair pour les affaires. Ce n'est que plusieurs années plus tard qu'il me vint à l'esprit que la seule raison qui me permettait de mettre sur pied de grandes entreprises rapidement était le simple fait que je donnais, donnais, donnais à mes employés. Mon attention fut éveillée à ce détail en observant plusieurs chefs d'entreprise essayer de faire démarrer des projets lors de leur étape initiale et échouer. Ils échouèrent tout simplement parce qu'ils voulurent le gâteau en entier et le manger sans partage. Ils désirèrent mettre sur pied une entreprise et en même temps, ils essayèrent de conserver tous les profits, les avantages et les privilèges pour eux-mêmes. Je vais répéter ici un point très important. Pour fonder une entreprise, donnez, donnez, donnez — puis prenez, prenez, prenez. Mais il vous faut d'abord donner.

À mes débuts dans les affaires, j'étais habituellement très déçu de ma main-d'œuvre; puis je commençai à comprendre ma propre façon de penser. Je découvris que si je diminuais mes attentes à propos de mes employés, ces derniers n'arrêteraient pas de me surprendre. Auparavant, j'avais toujours trop attendu de mes employés et je n'avais jamais obtenu le rendement escompté.

Lorsque vous réduisez vos attentes à propos de votre main-d'œuvre, n'oubliez pas d'avoir bien à l'œil ceux qui dépassent continuellement vos attentes. Car ce sont ces gens-là que vous recherchez pour agir en tant que cadres supérieurs, associés et conseillers.

Les apparences sont souvent trompeuses; pour être heureux au travail, les hommes ont besoin de quelque chose de plus que l'argent. Il vous faut bien comprendre ce qui suit: Votre main-d'œuvre doit éprouver de la satisfaction au travail. Plusieurs personnes ont abandonné un emploi très rémunérateur sur une chaîne de fabrication répétitive pour un travail plus intéressant, plus satisfaisant, dans lequel ils peuvent voir le produit fini de leur labeur plutôt que de répéter les mêmes opérations et manipuler les mêmes pièces quotidiennement. Ils gagnent beaucoup moins d'argent dans ce genre d'emploi, mais ils éprouvent de la satisfaction au travail, une vraie raison de vivre; ils ne sont plus des automates accomplissant un travail qui détruit l'âme.

Un autre exemple de satisfaction au travail est celui du vendeur étoile qui devient directeur commercial. En acceptant ce poste, il gagnera peut-être beaucoup moins que lorsqu'il n'était que vendeur, mais maintenant il dirige des hommes. C'est le pouvoir et non l'argent qui lui apporte de la satisfaction. Votre succès dépend principalement de votre approche personnelle de la main-d'œuvre.

Les titres et les attributs de puissance sont deux bonnes façons d'inspirer les hommes à travailler. Ils coûtent souvent moins cher que des augmentations de salaire. Le cadre supérieur à qui vous donnez un nouveau titre ou un plus grand bureau est tenu de vous récompenser généreusement en déployant plus d'efforts et en augmentant sa production. Il serait bon que vous vous rappeliez que le pouvoir sur les hommes est reçu à maintes occasions avec plus de reconnaissance que l'argent.

Au cours des guerres, le taux de suicide baisse dramatiquement — cela illustre la façon de fonctionner de l'esprit humain: Même si l'appât de l'argent n'existe pas, la main-d'œuvre possède un objectif précis. Dans le cas d'une guerre, l'objectif principal est de battre l'ennemi et de recouvrer la liberté. Même l'homme qui exerce un emploi subalterne peut ressentir son importance dans l'effort de guerre. Il fait sa part pour participer avec les autres à une cause commune. Lors d'une guerre, tous sont amis, les différences s'estompent. L'objectif majeur est de vaincre l'ennemi. Si vous pouvez organiser et motiver votre main-d'œuvre de façon qu'elle s'entende pour faire un effort pour une cause commune, vous aurez le monde dans votre poche.

Aucun employé ne travaillera plus fort que vous bien longtemps, et si vous travaillez dans le même local que vos employés, assurez-vous de donner le bon exemple. Je vais vous dire ce qui se produira si l'un de vos employés travaille plus fort que vous. Avant longtemps, il montera sa propre affaire. Si vous vous sentez apathique, malheureux et inquiet, prenez bien soin de vous tenir loin de vos employés. La dépression et l'indifférence sont aussi contagieuses que l'enthousiasme et le dynamisme. Nous savons tous que pour obtenir la richesse il faut agir, construire, créer, faire et accomplir. Tout cela est possible avec l'aide d'employés, dans l'harmonie, avec force encouragements et beaucoup de motivation. Plusieurs entreprises commerciales ont été instaurées dans lesquelles la main-d'œuvre reçoit la part du lion et l'instigateur 1 %

des profits. Voilà comment ceux qui reçoivent 1 % fabriquent ainsi des millions et l'apprenti trop avide échoue dans sa tentative de se montrer à la hauteur.

Il vous faut comprendre la psychologie sous-jacente à la main-d'œuvre. Toute personne, peu importe pour qui elle travaille, désire des choses — sinon, elle ne se donnerait pas la peine d'aller travailler; elle choisirait plutôt de vagabonder. Souvenez-vous que les employés veulent des choses. Plusieurs entreprises qui ont du succès ont été bâties sans risque à partir de ce leitmotiv. Les employés n'incluent pas seulement l'argent comme facteurs de motivation, ils y rajoutent la satisfaction au travail, les congés, les plaques, les mémentos et les livres, en guise d'encouragement. Et comme John Locke fit remarquer: «Là où il n'y a pas de désir, l'industrie sera absente».

D'ailleurs, les employés veulent également bénéficier d'un bon plan de retraite, de soins médicaux et d'activités sociales. Ceci est mis en évidence par le nombre de psychologues qu'emploient les grandes compagnies dans leur effort pour harmoniser les relations humaines. Les entreprises qui s'intéressent à leurs employés ont conscience qu'il faut leur accorder tous les avantages qu'ils requièrent et dont ils ont besoin. Lorsqu'elles sont mises de l'avant avec succès, ces mesures accroissent la production, l'harmonie et l'équilibre général.

Un autre secret du succès se retrouve dans les petits discours émoustillants d'encouragements inspirés et les conférences de motivation qu'offrent les compagnies de vente de premier plan. Ce sont les plus importantes compagnies et organisations du pays qui les donnent et ces séances aident beaucoup au maintien du moral parmi les employés. Plusieurs de ces séances comportent des chants et des histoires de vente inspirantes qu'animent des vendeurs qui ont fait leur marque. Tout comme Winston Churchill et Theodore Roosevelt pendant la guerre, servez-vous de la parole pour stimuler votre main-d'œuvre à agir. Durant la guerre, des milliers de psychologues furent utilisés des deux côtés des puissances belligérantes pour agencer une propagande démoralisante dans le but de dégonfler et de miner le moral des troupes ennemies. En temps de paix, nous employons des psychologues pour qu'ils inventent des choses motivantes, inspirantes, enthousiasmantes et excitantes pour inciter les gens à agir positivement, créativement et de façon productive. Dans un cas comme dans l'autre, cela est extrêmement efficace.

Le point de loin le plus important dont vous devez prendre conscience est que chacun de vos employés a un dialogue intérieur continuel dans sa tête. Pour savoir ce qui se trame dans l'esprit de vos employés, mettez-vous à leur place. Aimeriez-vous faire le même travail qu'eux, pour le même salaire, dans les mêmes conditions de travail? Soyez sensible à leurs besoins et à leurs sentiments. Pour ce que vous en savez, il se peut qu'un de vos employés vous déteste ou déteste le travail qu'il fait inutilement. En usant d'un peu de discernement, il vous serait possible de modifier son attitude en faisant quelques petits changements dans ses conditions de travail ou au niveau de son environnement.

Souvenez-vous également que le dialogue intérieur de votre employé se bouscule plus rapidement lorsqu'il n'a que de médiocres travaux à accomplir ou lorsqu'il éprouve des problèmes personnels. Même s'il ne vous en fait pas part, son dialogue intérieur est omniprésent. Il se peut qu'il se sente obligé de demeurer votre employé, ou bien, il se peut qu'il soit déjà à la recherche d'un autre emploi. Il peut très bien vous dire une chose et en penser une autre.

Au-delà de tout cela, la louange coûte moins cher qu'une augmentation de salaire. Trop de chefs d'entreprise d'avenir pensent qu'ils peuvent guérir tous les maux de leur main-d'œuvre avec davantage d'argent. Non seulement cela coûte très cher, mais cela ne fonctionne habituellement pas. Nous avons vu que certains employés vont accepter des emplois moins rémunérateurs pour pouvoir réellement voir le produit fini et se sentir valorisés. De la même façon, vos employés ont besoin de louanges et non pas d'être payés plus cher. Ils ont besoin de sentir que leur travail est important et qu'il est apprécié. Il coûte moins cher de louanger que de payer.

Il n'y a plus d'obstacles lorsque vous appréciez ce que fait votre employé et que vous lui montrez. Distribuez généreusement des louanges.

Gros plan!

1. Même si vous n'avez aucun capital, aucun projet ou aucun local d'affaires, ne laissez pas cela vous arrêter si vous voulez faire de l'argent. Vous n'avez besoin que de «vous-même», vous êtes votre propre entreprise. Rien ne remplace le dur labeur — et vous découvrirez que plus vous travaillez fort, plus vous devenez chanceux.

2. Il existe plusieurs bonnes raisons de s'associer avec d'autres. Comprenez bien que les associations ne supposent pas nécessairement un engagement à vie. Vous pouvez faire beaucoup de profits dans des périodes de temps relativement courtes.

3. Assurez-vous que votre associé possède un exemplaire de ce livre pour que chacun de vous comprenne bien comment l'autre s'y prend pour faire de l'argent.

4. Si les deux associés acceptent de donner 90 % et de recevoir 10 %, vous aurez découvert la façon de conduire une association profitable et pleine de succès.

5. La meilleure façon de motiver des employés: Distribuez généreusement vos louanges.

Chapitre 12

Le pouvoir de l'argent

*«C'est avec de l'argent que l'on
fait de l'argent, et l'argent que
l'argent fait, fait encore plus
d'argent».*

Benjamin Franklin

L'argent des autres

Connaissez-vous ce jeu de société au cours duquel tous les participants s'assoient en un large cercle alors que l'hôte de la soirée murmure une phrase à l'oreille d'un des invités? La phrase est ainsi répétée à tous les autres invités qui font partie du cercle. Habituellement, certains mots s'ajoutent ou se retranchent et la phrase se modifie graduellement. Lorsque celle-ci parvient à l'oreille du dernier invité, ce dernier doit se lever et dire la phrase à haute voix, la plupart du temps, au grand plaisir de tous et chacun. Lors de ce jeu, l'une des phrases était la suivante: «Je ne dirais pas nécessairement que la vie est belle, mais si j'étais millionnaire je ne serais pas déprimé». Une fois le cercle complété, cela devint: «Je ne dirais pas que ma femme n'est pas jolie, mais si j'étais un entrepreneur, je la ferais démolir».

Je suis convaincu que s'il existe certains secrets à propos de l'argent, la même situation s'est reproduite au fil des années alors que les secrets étaient transmis de père en fils, de génération en génération. Il semble que plusieurs personnes aient mal compris ces secrets, je vais essayer d'éclaircir la situation.

Dans le domaine des emprunts, la mode de penser petit s'est infiltrée sans aucune subtilité. Dans l'esprit de faire fi de toute prudence, on met trop d'emphase sur l'argent des autres — c'est-à-dire sur le fait d'emprunter un capital pour débuter et donner de l'expansion à une entreprise. Il est maintenant apparent que les chefs d'entreprise ont oublié depuis longtemps comment générer de l'argent sans s'endetter. Manifestement, «l'argent des autres» joue un rôle important dans le grand jeu d'acquérir de l'argent, mais son secret a été transmis tellement de fois que son essence même a été perdu. Emprunter de l'argent pour régler des dettes ou pour s'acheter une automobile ou des meubles est complètement absurde. Il a été dit que la seule raison pour laquelle plusieurs familles américaines ne possèdent pas un éléphant est qu'on ne leur en a jamais offert un pour 1 $ d'acompte et des versements hebdomadaires de 1 $.

On a tellement mis l'accent sur le crédit et l'argent des autres que sa vraie valeur pour les chefs d'entreprise a été oubliée depuis longtemps. Il vous faut comprendre que pour que ce merveilleux outil, l'argent des autres, fonctionne avec succès, il doit être utilisé comme il avait été pensé à l'origine. Il n'est pas valable d'employer l'argent des autres selon un système rempli d'inefficacités et de lacunes, dans lequel les frais généraux sont trop élevés et la marge bénéficiaire trop basse. Le fait d'utiliser l'argent comme substitut à la matière grise et au dur labeur est une erreur communément répandue. Avant que vous n'empruntiez de l'argent, essayez de voir si vous pouvez vous débrouiller avec votre gros bon sens.

La récession mondiale ne date pas d'hier. Le seul remède à celle-ci est l'accroissement de la productivité, l'augmentation des ventes et la réduction des emprunts. Les faits cités ici sont corroborés par la réalité mondiale actuelle où des millions de gens ont contracté d'énormes dettes avec toutes sortes d'institutions prêteuses. N'interprétez pas mal ce que je dis. Mes commentaires à propos de l'argent des autres ont porté jusqu'ici sur les raisons négatives de ne pas s'en servir et non pas sur les raisons positives de l'utiliser. Des millionnaires comme J. Paul Getty, Aristote Onassis et Walt Disney étaient de gros emprunteurs, mais ils empruntaient pour des raisons spécifiques d'affaires, et non pas pour payer des dettes, acheter des autos ou se procurer des biens. La magie de l'argent des autres vous entraînera rapidement vers la richesse avec un minimum de risques pourvu que vous suiviez quelques règles simples:

1. Assurez-vous de façon absolue que la raison pour laquelle vous voulez emprunter ne peut pas être contournée. N'utilisez pas l'argent comme substitut à la matière grise. Efforcez-vous de vous servir de votre énergie plutôt que de l'argent.

2. Assurez-vous de connaître avec précision le mode de remboursement de votre prêt, quels en sont les paiements mensuels et le montant total des intérêts pour la durée du prêt.

3. Si votre projet échoue, savez-vous comment vous allez régler votre dette et recommencer à neuf?

4. Une fois l'acompte versé pour le prêt, combien vous restera-t-il d'argent pour l'entreprise? Aurez-vous assez pour vivre et faire face à vos autres engagements?

En ma qualité de conseiller de longue date, j'entends souvent dire: «Si j'avais su ce que je sais maintenant, je n'aurais sûrement pas emprunté cet argent». Mes clients se posent beaucoup de questions à propos de la façon d'agir d'un Henry Kaiser et d'un Conrad Hilton, qui empruntèrent des milliers et même des millions de dollars sans se préoccuper en apparence des taux d'intérêt qu'il leur fallait payer, pourvu qu'ils obtiennent le prêt requis. Lorsque vous possédez une solide expérience des affaires derrière vous, il est bien sûr possible de faire des profits avec l'argent des autres peu importe le taux d'intérêt, car en fin de compte ce n'est qu'une question de chiffres. Aussi longtemps que le projet, pour lequel le prêt a été accordé, couvre les paiements des intérêts et du capital et génère des profits, tout est parfait. Évidemment, les vieux routiers des affaires savent très bien jongler avec les chiffres et, bien sûr, ils sont conscients que plus le risque est grand, plus le potentiel financier est grand également.

Je crois fermement que si vous désirez vraiment quelque chose, rien ne peut vous empêcher de l'obtenir. Je ne donne que quelques lignes directrices sur la façon d'emprunter de l'argent. En ce qui me concerne, l'emprunt lui-même est la partie la plus facile. Rembourser n'est pas aussi facile, comme plusieurs malheureux chefs d'entreprise l'ont constaté.

La première règle est que vous devez diriger votre entreprise commerciale avec honnêteté et intégrité. Vous devez prendre conscience que si vous échouez, c'est un devoir solennel pour vous de rembourser chaque cent à chaque créancier, même si vous devez les faire attendre un an ou deux avant de récupérer vos pertes.

La seconde règle est d'utiliser le plan d'action suivant: Lors de toutes occasions concevables: «Soyez simple et bref. Vous seriez bien avisé de vous rappeler ces quelques mots. Le renommé financier, J.P. Morgan, n'écoutait pas une proposition qui ne pouvait pas être saisie ou comprise en dedans de cinq minutes.

La troisième règle est de posséder des solutions de remplacement. Les banques sont en affaires pour prêter de l'argent aux gens — c'est là leur première source de revenus. Le gérant de banque est votre ami, il est également l'ami de ces gens, dont il tire l'argent qu'il vous prête. En toute équité pour ces mêmes amis et leur argent qu'il a le pouvoir de prêter, il doit s'assurer, ou du moins raisonnablement, que vous constituez un risque calculé. Il est douteux que si une banque vous refuse un prêt une autre vous l'accorde, à moins que vous ne modifiez beaucoup plus que votre histoire et votre argumentaire. Même si la personnalité de l'emprunteur et les projections à propos de la marge brute d'autofinancement comptent pour beaucoup, la banque ou le prêteur sera plus intéressé à vos propres résultats personnels et, par-dessus tout, au nantissement que vous pouvez offrir.

Le fait d'emprunter à plusieurs reprises de petites sommes et de les rembourser rapidement, puis d'emprunter une somme légèrement plus importante et de la rembourser également, peut aider à vous établir une bonne réputation de solvabilité en très peu de temps. L'apprenti millionnaire pressé, peut emprunter plusieurs petites sommes à des amis, par correspondance et utiliser cet argent comme nantissement pour un prêt plus important. Si votre maison possède une part suffisante à revenir au débiteur hypothécaire après forclusion, une première ou une seconde hypothèque peut être la façon pour vous d'obtenir un prêt qui vous permettra de vous diriger rapidement vers la richesse.

Une autre façon de contourner le problème de l'argent des autres est le suivant: Plutôt que de chercher de l'argent, recherchez des biens que vous pouvez obtenir à crédit. Vendez ces biens et utilisez l'argent pour les buts que vous poursuivez. Vous pouvez créer une entreprise d'une grande ampleur en vous servant de cette technique aussi longtemps que vous êtes conscient des embûches que cela comporte et que tout se déroule bien.

Premièrement, vous devez être apte à convertir les biens ou marchandises en argent. Deuxièmement, il vous faut disposer d'une marge brute d'autofinancement pour être capable de payer pour ces choses que vous gardez en réserve en dedans des 30 ou 90 jours de la période de crédit allouée. Il est très facile de s'endormir dans une fausse sécurité quand nous disposons d'une énorme marge brute d'autofinancement. Retenez bien ceci, car il devient particulièrement tentant de réduire le prix de ce que vous avez en stock en-dessous de son prix coûtant réel pour ainsi générer et augmenter la marge brute d'autofinancement. Cela est excellent en théorie, sauf que lorsque les choses tournent mal et que vos réserves ne se vendent pas, vous ne pouvez pas disposer alors de fonds suffisants pour payer les marchandises en réserve du mois précédent, et le fournisseur refuse alors de vous livrer de nouvelles marchandises. Un de ces jours, cela vous retombe dessus et pour avoir vendu pour moins cher que votre prix coûtant, vous vous retrouvez avec un montant insuffisant au niveau de vos finances — ce qu'en affaires nous appelons une «perte».

Voici un point très valable à propos de l'intérêt sur de l'argent emprunté: Est-ce que vous vous souvenez que j'ai mentionné dans «Le secret des buts» au chapitre 3 que si vous aviez investi 40 000 $ à seulement 7 % d'intérêt par année, 50 ans plus tard, vous seriez millionnaire? Et bien, n'oubliez pas que cette formule joue également dans l'autre sens, et si vous n'êtes pas prudent dans votre façon d'emprunter, vous pouvez très bien vous retrouver à n'être capable que de payer les intérêts sans pouvoir rien rembourser du capital de votre dette.

Voici une dernière note intéressante: À mes débuts dans les affaires, j'ai passé plusieurs heures à imaginer et à planifier des façons et des moyens de me procurer l'argent des autres avec le plus de succès possible. J'ai passé des heures au téléphone avec des banquiers, des courtiers et des prêteurs et encore davantage de temps à me rendre à leurs bureaux pour les rendez-vous que j'avais avec eux. Un fait à noter, c'est qu'après avoir beaucoup appris à propos des affaires, je me suis concentré de plus en plus à faire de l'argent, beaucoup d'argent, sans l'aide de l'argent des autres ou tout autre genre d'investissement de capital.

Développer la mentalité de millionnaire

La meilleure façon de développer la mentalité de millionnaire est de submerger votre subconscient du désir de l'argent. Plusieurs gestes doivent être effectués pour faire pénétrer ce message dans votre subconscient avant que l'argent n'abonde, ne s'entasse et ne s'accumule.

Premièrement, il vous faut une liasse dans votre poche revolver. Si comme je le soupçonne vous ne possédez pas 400 $ ou 500 $ formant une grosse bosse dans votre poche, vous devez en fabriquer une. Découpez des papiers du format des billets de 1 $ et insérez-les entre deux très gros billets. Si vous n'avez pas les moyens d'utiliser deux gros billets, des petits billets feront l'affaire. Mettez une bande élastique autour de cette liasse si vous n'avez pas encore été capable de vous payer une attache en or. J'ai fait faire mon attache en or de la forme du signe de piastre. Cela fait bonne impression. Mettez cette liasse dans votre poche, faites en sorte qu'on la voit, caressez-la, et faites pénétrer tout cela dans votre subconscient.

Chaque fois que vous avez à vous départir de votre argent, que cela ne vous arrête pas, dites-lui mille mercis et qu'il vous revienne au centuple. Développez des attitudes positives face à l'argent.

Toutes les fois qu'un vagabond vous demande de l'argent, donnez-lui le double de ce qu'il demande.. Si vous considérez qu'au cours d'une année, il peut vous arriver d'être sollicité pour une aumône environ six fois et, qu'habituellement, on vous demande 0,25 $ à chaque occasion, donnez-leur 0,50 $ — cela constitue un investissement de 3,00 $ par année. L'argent est fait pour rouler. Montrez à votre subconscient combien vous pouvez voir grand en terme d'argent. Ne soyez pas mesquin. Ce que vous conservez pour vous, perd de la valeur, ce que vous donnez, grandit. Et comme Henry Ford l'a souligné: «L'argent est semblable à un bras ou une jambe, ou bien vous vous en servez, ou bien vous les perdez».

Changez vos pièces de monnaie en billets de banque aussitôt que vous en avez suffisamment. Ne conservez jamais la menue monnaie — cela laisse voir votre mentalité et exercera une attraction sur votre subconscient. N'amassez que les billets — amassez-en un million.

Arrangez-vous toujours pour que les commerçants vous fassent eux-mêmes la monnaie sur vos billets, ne fouillez jamais vos poches pour trouver la monnaie exacte. Ne faites vos transactions qu'en gros billets. Ne soyez pas mesquin au sujet de l'argent.

Prenez un gros billet, donnez-lui la forme d'un triangle et collez-le avec du ruban adhésif. Ne le dépensez jamais. Posez-le sur une table près de votre lit où vous le verrez chaque soir et chaque matin. Le triangle représente la Trinité et symbolise quelque chose qui n'a ni commencement ni fin.

Submergez votre subconscient avec votre désir d'argent en mettant des signes de piastre partout. Lorsque vous ouvrez la porte de votre réfrigérateur, que voyez-vous affichés à l'intérieur? Des centaines de signes de piastre. Dessinez ces mêmes signes sur une feuille de papier, et placez celle-ci sous votre réveille-matin pour l'avoir constamment comme mémento, et mettez-en une autre sous votre oreiller pour faire bonne mesure. Portez une de ces feuilles pleines de signes de piastre dans chacune de vos poches et dans votre portefeuille. Regardez-les souvent, laissez votre désir pour l'argent s'infiltrer profondément dans votre subconscient. Lorsque vous aurez l'impression que vous voyez des signes de piastre partout où vous regardez, vous aurez raison, mais vous ne ferez que commencer.

Lorsque vous voyez des signes de piastre partout où vous allez, vous pouvez dire que vous êtes sur la bonne voie. Maintenant, n'oubliez pas ce qui suit car c'est très important. Même si de façon consciente vous pensez que cela est peu pratique et d'aucune aide, n'oubliez pas que le subconscient, qui est essentiel, a besoin de la répétition d'images mentales. Il peut aider en utilisant ces signes de piastre pour créer des eurêkas!, pour obtenir la richesse.

Créez une impression de richesse partout où vous allez. Ne participez pas à une conversation dérisoire à propos du mauvais état général des choses ou du peu d'argent dont on dispose. Achetez-vous un veston avec un col en velours, portez une fleur à la boutonnière, achetez une bague en or ou une bague plaquée or jusqu'à ce que vous puissiez vous payer la vraie de vraie. Ayez le sens de la mise en scène et non pas du m'as-tu-vu! Toutes ces petites choses donnent une impression de richesse et agissent sur votre subconscient. Vous découvrirez que vous attirez différentes catégories de personnes, de nouvelles circonstances et des situations profitables.

Les dettes

J'aime cette histoire à propos du patient qui se vide le cœur chez son psychiatre: «J'ai un appartement luxueux à New York, un condominium, une Cadillac et une Corvette Stingray, une jolie femme, une maîtresse et un voilier de 15 mètres.

— Quel est donc alors votre problème? demanda le psychiatre.

— Je ne gagne que 50 $ par semaine», répliqua le patient.

J'aime aussi cette anecdote concernant un fermier sur le point de faire faillite. Ce dernier devait à son unique créancier — une banque en l'occurence — une fortune. Le gérant de cette banque, dans un dernier effort pour s'en sortir, téléphona personnellement au fermier et lui dit: «J'aimerais que vous passiez me voir à mon bureau, vous nous devez maintenant 500 000 $». Le fermier répliqua: «Si je vous dois autant que cela, je crois que c'est à vous de venir me voir!»

Les histoires précédentes illustrent le côté humoristique d'une situation d'endettement, mais croyez-moi dans l'ensemble ce n'est pas drôle du tout.

Je me souviens clairement du soir où, pour la première fois, il me vint à l'esprit que j'avais un sérieux problème d'endettement. J'étais dans les bois à me promener nonchalamment avec mon chien. Ce dernier chassa et attrapa un lapin; puis il se mit à le dévorer, la fourrure, la tête, les pattes et tout le reste. Je sentis les larmes me monter aux yeux et avant de pouvoir me ressaisir, je pleurais déjà comme un enfant. Je crois que cela a agi comme une soupape pour mes émotions. (J'avais déjà vu mon chien attraper et dévorer des lapins auparavant, mais cela n'avait aucun effet sur moi). C'est ce même soir qu'on m'a repris ma Trans-Am blanche. Nous étions je crois en 1972, quelque temps après le lancement de ce modèle qui était très tape-à-l'œil. Cette Trans-Am possédait le moteur imposant 455 à haut rendement, et j'avais fait inscrire une plaque sur laquelle on pouvait lire: «Ron Holland = Motocyclettes». Le lettrage de la plaque était du même bleu que le grand décalque d'un oiseau de feu sur le capot de fond gris; ce qui faisait tout un contraste avec la blancheur de la carrosserie.

Ce n'est que dans les bois qu'il me vint soudain à l'esprit que j'éprouvais de réels problèmes. J'étais bien conscient que l'épisode de l'automobile n'était qu'un début. Will Rogers écrivit dans son autobiographie: «Ce n'est pas la politique qui inquiète ce pays; c'est le second versement». Ce sont des faits comme ceux qui précèdent qui incitèrent Abraham Lincoln à dire ce qui suit: «Vous ne pouvez pas demeurer sans problème si vous dépensez plus que vous ne gagnez».

Si vous vous retrouvez avec des dettes, ne paniquez pas. Il existe toujours une façon de s'en sortir autre que le suicide. Non, je ne blague pas. N'importe quel psychiatre vous dira qu'il est plus probable que des gens se suicident à cause de leurs dettes plutôt que pour n'importe quelle autre raison. L'endettement tue toutes les initiatives, le bonheur, le dynamisme, la raison, et engourdit le sens de la bonne gestion. Plusieurs hommes préféreraient s'enrôler et se trouver dans une tranchée, assiégés de tous côtés par l'ennemi, plutôt que d'être endettés.

Malheureusement, l'apprenti millionnaire risque très probablement de se trouver dans une situation d'endettement. Il est indubitable que le fait de vous sortir d'un endettement multipliera par 1 000 votre sens aigu des affaires. Cependant, ce n'est pas bon pour votre ego et vous ferez bien de vous rappeler que plusieurs millionnaires qui ont réussi par leurs propres moyens ont fait faillite ou ont été sur le point de faire banqueroute. La clé du succès dans n'importe quelle situation de dettes n'est pas vraiment la question de savoir comment se sortir de cet endettement, ou comment rembourser ses dettes ou quoi que ce soit d'autre. L'enjeu est beaucoup plus important. Car c'est une situation qui peut vous amener à devoir lancer la serviette, à abandonner, à vous enliser ou à devenir un alcoolique. Ne renoncez pas. Ne vous laissez pas embourber. Tenez bon. Faites n'importe quoi plutôt que de vous avouer vaincu. Rendez-vous dans les collines silencieuses avec ce livre, recherchez la solitude, faites cesser le dialogue intérieur et écoutez votre subconscient.

Thomas Carlyle a expliqué très clairement ce qu'il vous faut faire pour vous sortir de vos dettes: «Il n'y a que deux façons de rembourser des dettes: accroître la production de l'industrie pour augmenter les revenus, accumuler des économies pour s'acquitter de ses dettes». Maintenant, il ne faut pas que vous pensiez que ces mots ont été écrits voilà plusieurs années et qu'ils ne s'appliquent pas aujourd'hui. Ils conviennent tout à fait.

Les principes des affaires n'ont pas changé d'un iota depuis que la première hache en pierre fut troquée pour deux œufs de téradactyles par un homme préhistorique. Vous pouvez bien sûr faire faillite, puis, avec un peu de chance et des vents favorables repartir de zéro, mais vous n'aurez appris que fort peu de choses. En vous débattant pour vous sortir de vos dettes, vous ferez beaucoup plus pour l'accroissement de votre sens des affaires que par tous les autres côtés de votre apprentissage mis ensemble.

Il ne sert à rien d'accroître la production de l'industrie pour augmenter les revenus si la *cause* de l'endettement demeure. Cela peut se comparer au fait d'écoper un bateau qui a une voie d'eau ouverte, sans boucher le trou d'où vient l'eau. Il vous faut analyser la situation. Vos frais généraux sont-ils trop élevés? Avez-vous consacré trop d'argent à de la réclame publicitaire qui n'a pas eu l'effet escompté? Il n'y a aucun doute à avoir, votre marge de profits n'est pas assez élevée. Avez-vous payé pour une main-d'œuvre improductive? Vous êtes-vous accordé un salaire trop élevé? Ce n'est qu'à vous, et à vous seul, de trouver la cause.

Lorsque vous aurez trouvé celle-ci, et que vous y aurez remédié, vous devrez avec soin faire une liste des créanciers. C'est là que la parole entre en jeu. Allez les voir personnellement et arrangez-vous avec eux pour leur rembourser 10 % de la dette brute à chaque mois. Faites-leur savoir que vous désirez continuer à faire des affaires avec eux en payant comptant. De cette façon, ils ne perdent pas. Ils obtiennent ce que vous leur devez, et en plus, ils conservent un client qui paie en espèces. Dans tout cela, la communication est le secret, et la ruine de plusieurs entrepreneurs est occasionnée par leur grande peur d'aller rencontrer leurs créanciers.

Lorsque vous faites un arrangement, veillez à ce que votre engagement financier global mensuel n'excède pas le revenu dont vous disposez. Si vous avez quelques débiteurs, allez les voir. Arrangez-vous pour qu'ils vous remboursent les montants échus à un taux de 20 % par mois. Ce sont les affaires! Traitez chaque débiteur et chaque créancier comme s'ils étaient vos clients préférés: «Les projets vous entraînent dans toutes sortes d'aléas», écrivit Will Rogers, «mais il faut vous en sortir». Examinons ensemble un plan infaillible pour vous sortir vous-même de l'endettement.

1. Arrêtez d'acheter à crédit, réduisez toutes vos dépenses au minimum — les frais généraux, les salaires, les honoraires, les frais de publicité, etc.

2. Faites des arrangements en rencontrant effectivement les créanciers et en leur offrant de leur payer 10 % par mois de ce que vous leur devez.

3. Faites des arrangements en rencontrant dès à présent vos débiteurs et faites en sorte qu'ils vous remboursent 20 % de ce qu'ils vous doivent à tous les mois.

4. Augmentez le rendement de votre entreprise de toutes les façons possibles, premièrement, en travaillant plus fort vous-même. Les écoles de formation de vendeurs ont une expression appropriée pour stimuler les vieux vendeurs qui ont perdu de leur «mordant»: «Travaillez et vivez pendant un an de la même manière que vous viviez lorsque vous avez débuté dans la vente».

5. Évitez d'emprunter de l'argent pour payer des dettes. C'est incroyable à quel point des millions de personnes peuvent sombrer dans l'illogisme. Ce qui peut sembler la façon facile de s'en sortir s'avérera une manière ridicule de s'enliser.

Selon moi, il y a plusieurs façons d'aborder une situation d'endettement. Cela dépend de ce que vous désirez en retirer. Je vous suggère d'utiliser la méthode précédente (en cinq points) si vous voulez en apprendre plus long sur les gens et acquérir un flair valable en affaires. Cependant, d'autres options sont également disponibles. Vous pouvez, par exemple, déclarer faillite légalement; plusieurs millionnaires qui ont réussi par leurs propres moyens ont agi de cette façon. Vous pouvez également disparaître, devenir inaccessible et détruire tout ce qui a trait à votre histoire personnelle, comme je l'ai fait moi-même et ne refaire surface qu'au moment où vous dominez vraiment la situation, c'est aussi ce que j'ai fait.

Le point le plus important est le suivant: Peu importe l'option que vous choisissez, assurez-vous que vous contrôlez la situation. Ou bien c'est le chien qui va remuer la queue, ou la queue qui va remuer le chien. Assurez-vous que c'est *vous* qui remuez!

Pour terminer, voici quelques dernières remarques. Lorsque j'étais complètement «fauché», je n'avais littéralement pas d'argent pour manger. Pouvez-vous vous imaginer être au sommet de l'échelle un jour, et le lendemain être tout en bas? Un incident embarrassant, que je trouve plutôt drôle aujourd'hui, survint lorsque j'attendis patiemment dans une pizzeria que quelqu'un abandonne un morceau de pizza dans son assiette. Finalement, un homme en laissa un morceau, se leva et partit. Je me suis immédiatement approprié de son siège et du morceau de pizza. À peine en avais-je pris une bouchée vorace, que l'homme surgit pour récupérer sa mallette, qu'il avait, par inadvertance, laissée sur la table. Nous étions tous les deux aussi confus l'un que l'autre.

La remarque finale en est une heureuse: L'une de mes autos actuelles est une Rolls Royce blanche avec, inscrit sur les plaques minéralogiques: Ron Holland = Motivation. Qui plus est, je peux vous assurer maintenant que personne n'est en mesure de me l'enlever cette fois-ci!

Dépenser

Tout ce que j'avais l'intention de dire sur ce sujet était que les millionnaires ne dépensent pas et j'étais pour en rester là, mais je sens maintenant que quelques mots d'explications supplémentaires seraient de mise.

Pensons seulement à J. Paul Getty et à son taxiphone dans le vestibule de sa maison de Sutton Place, lequel était à l'usage de ses invités et à Jimmy Savile lorsqu'il mettait une de ses propriétés en vente pour pouvoir ainsi en obtenir une évaluation gratuite. Il est aussi difficile de croire que John Bloom avait coutume de dépenser son argent de poche à l'achat de feux d'artifice lorsqu'il était enfant; quand les magasins en manquaient, il les vendait aux étudiants de son école pour le double du prix. Il est pratiquement impossible de croire qu'Aristote Onassis avait l'habitude de louer sa propre chambre la nuit et de n'y dormir que quelques heures pendant le jour.

Le millionnaire a continuellement une seule chose à l'esprit. Il a développé la mentalité de millionnaire, il répugne à dépenser de l'argent pour quelque chose qui ne peut pas en retour être converti en espèces, qui ne peut pas être vendu à profits, et qu'il ne peut pas apprécier. Il crie à ses acheteurs et à ses vendeurs: «Lorsque vous achetez, le prix est trop élevé, lorsque vous vendez, le prix est trop bas, et vous ne vendez pas suffisamment!

L'apprenti millionnaire comprend très bien que, pour accumuler, il lui faut spéculer. Lorsqu'il le fait, il se rend compte des risques que cela comporte. Cela fut admirablement illustré lorsque J. Paul Getty acheta des réserves de pétrole sitôt l'effondrement de la Bourse annoncé, malgré les conseils de plusieurs éminents hommes d'affaires. Ces derniers donnaient la raison suivante: «La situation des affaires ne peut qu'empirer». Plusieurs étaient inflexibles: «L'économie va se désintégrer complètement». Eh bien! J. Paul Getty continua de dépenser son argent de la manière qu'il pensait le devoir, et le reste, c'est de l'histoire!

Lorsque vous découvrez la signification de la dernière phrase, arrêtez-vous un moment, allumez une chandelle et versez-vous du vin, car sa compréhension sera le point tournant de votre carrière. Écrivez-la et étudiez-la: *Il fit ce qu'il pensa devoir être fait.* Cette seule phrase porte en elle plus de sagesse et plus d'attitudes positives concevables que n'importe quelle autre. Toute la philosophie de cette phrase peut se résumer comme suit: il vous faut agir selon votre manière à vous. Les gens peuvent gagner ou perdre, couler ou surnager; tout dépend, à savoir s'ils agissent selon leur propre manière à eux, et s'ils suivent les directives de leur subconscient. À plusieurs occasions, on m'a critiqué pour avoir abondamment utilisé Howard Hugues, John Davison, Rockefeller ou J. Paul Getty dans mes exemples. Ces critiques disent: «Mais Howard Hugues avait déjà hérité de plusieurs millions lorsqu'il a débuté» ou bien un autre dira: «Mais J. Paul Getty était dans le domaine du pétrole au moment du boom économique». L'apprenti qui commence avec rien ou presque utilise de telles phrases, il n'est pas dans le domaine du pétrole et il n'a aucun espoir d'entrer dans ce marché.

La raison pour laquelle je me sers des faits et gestes de J. Paul Getty, John D. Rockefeller et Howard Hugues a beaucoup à voir avec leur entendement de la psychologie des rapports humains et leur compréhension des secrets de l'argent. Lorsque vous êtes un apprenti millionnaire dans le dénuement ou même un apprenti déjà parvenu au milieu de l'échelle, il est très difficile de comprendre comment l'argent peut parfois changer de cours et venir vous détruire lorsque vous le possédez. Il est aussi très difficile de constater que quand l'argent frappe à votre porte, c'est tout un exploit de parvenir à s'y accrocher. Les Getty, Vanderbilt et Rockefeller ont très bien compris que le secret de l'argent est de l'investir pour créer des emplois et des entreprises, afin de permettre à d'autres de gagner leur vie, ou de fonder des musées et des librairies pour que d'autres puissent se divertir. Si vous ne contrôlez pas votre richesse à la façon de J. Paul Getty, en l'employant au service de l'humanité, cette richesse vous détruira en moins de temps qu'il vous a fallu pour la générer et l'accumuler.

Épargner

L'apprenti millionnaire sérieux ne peut pas se permettre d'ignorer aucun des grands secrets pour acquérir de l'argent. Le secret de l'épargne offre plusieurs avantages. Lorsque George Byron écrivit: «L'argent liquide peut se comparer à la lampe d'Aladin», voici ce qu'il voulait dire: Pour un étudiant du succès qui accumulé des économies, plusieurs occasions se présentent d'elles-mêmes. Même l'étudiant qui est là depuis le début et qui rapporte gros, s'il est dépensier, aura beaucoup de mal à se trouver des promoteurs ou des gens pour lui prêter de l'argent. Lorsque vous possédez des économies, cela vous donne une solide position de force; vous n'êtes pas obligé alors de vendre vos produits, vos services ou vos idées au premier soumissionnaire venu. Si vous voulez ressentir un choc, calculez de votre mieux tout l'argent qui vous est passé entre les mains au cours de votre vie à un millier de dollars près. Vous serez étonné et cela vous donnera un grand coup si vous n'avez pas été méthodique dans vos habitudes d'épargne. J. P. Morgan a déjà dit qu'il préférerait prêter 1 000 000 $ à un homme doué d'une personnalité solide, chez qui l'habitude de l'épargne est bien ancrée, plutôt que de prêter 1 000 $ à un homme sans personnalité et qui jette l'argent par les fenêtres.

L'étudiant du succès qui a pris l'habitude d'épargner une portion de son salaire ou de ses profits d'entreprise a plus d'une tête d'avance sur la personne dépensière. Serrez les dents et mettez de côté 10 % de vos revenus bruts, le plaisir viendra plus tard, *et quel plaisir!* Il vous faut adopter l'attitude suivante: *L'argent est un outil qu'il faut utiliser et dont on ne doit pas abuser.* Plusieurs hommes d'affaires importants ont fait 1 000 000 $, mais au grand jour du règlement de compte se retrouvèrent sans un cent. Ils tuèrent tout simplement la poule aux œufs d'or. Si l'épargne et l'investissement avaient fait partie intégrante de leur plan d'ensemble, le tableau général de la situation aurait été totalement différent.

En épargnant, et en investissant vos économies, vous jouez les deux facettes extrêmes du jeu de l'argent, l'épargne et l'investissement versus la dépense. Avec cette règle, vous gagnez à coup sûr.

L'épargne est uniquement une question d'habitude, et il n'a pas échappé à mon attention que l'apprenti millionnaire qui a du succès fera ce qu'il faut pour s'assurer qu'il ne brise pas cette habitude. À titre d'exemple, ce dernier décide de mettre de côté 20 $ par semaine dans le seul but d'économiser. Malheureusement, son automobile nécessite certaines réparations imprévues. L'étudiant sérieux se privera automatiquement d'une sortie, de cigarettes ou renoncera à une activité de loisirs personnels pour se permettre de continuer de s'en tenir à son habitude systématique d'économiser. Quelque chose lui dit que le fait de rompre avec cette habitude d'épargner lui coûtera beaucoup plus cher qu'il ne semble en apparence. Il sait qu'avec un capital, des nantissements ou des épargnes derrière lui, il sera fin prêt lorsque l'occasion en or et terriblement tentante se présentera.

La raison de l'épargne est de posséder suffisamment de fonds quand les occasions surgissent. Plusieurs chefs d'entreprise ne se préoccuperont pas d'être systématique dans leurs habitudes d'épargne, car ils croient que: «Lorsque l'argent se met à rentrer, il arrive en masse et de toute part et avec tellement de facilité que vous vous demandez où il se trouvait lorsque les occasions d'affaires se faisaient si rares». Cela est vrai en soi; lorsque l'argent arrive finalement, il en vient beaucoup, mais pour parvenir à ce souhaitable état de fait, plusieurs marchés, plusieurs occasions doivent être saisis et cela demande beaucoup d'apprentissage. Cela devient beaucoup plus facile lorsque vous possédez des économies. Et comme le dit un vieux proverbe yiddish: «Avec de l'argent en banque, vous êtes sage, vous êtes beau et vous arrivez même à chanter bien.»

Gros plan!

1. Assurez-vous que vous ne pouvez pas contourner la raison pour laquelle vous demandez un prêt. Utilisez vos énergies plutôt que l'argent.

2. Lorsque vous empruntez de l'argent, les institutions prêteuses sont plus intéressées à vos nantissements qu'à tout autre chose.

3. Submergez votre subconscient avec votre désir d'argent. Fabriquez une liasse de papiers et insérez-la entre deux billets de banque. Remerciez votre argent lorsque vous devez vous en départir et demandez-lui de vous revenir multiplié par mille. Ne conservez pas la menue monnaie, cela dénote une petite mentalité. Ne conservez que les gros billets — ramassez-en un million. Mettez des feuilles de papier avec des signes de piastre dessus aux endroits où vous ne manquerez pas de les voir. Saturez-en votre subconscient et attendez les eurêkas! qui vous montreront comment atteindre la richesse.

4. Dans une situation d'endettement, même s'il existe plusieurs options différentes, assurez-vous qu'avec celle que vous choisirez, vous aurez pleinement le contrôle. N'oubliez jamais que c'est, ou bien le chien qui remue la queue, ou la queue qui remue le chien. Assurez-vous que c'est *vous* qui remuez.

5. Lorsque vous dépensez de l'argent, assurez-vous que ce que vous achetez prend de la valeur et peut être converti en espèces.

6. Cultivez l'habitude de l'épargne pour ainsi disposer de suffisamment de fonds qui vous mettront dans une situation privilégiée pour profiter de toutes les occasions qui se présenteront.

Chapitre 13

Le pouvoir de la connaissance

«*Connaître, c'est pouvoir*».

Francis Bacon

L'apprenti millionnaire actuel veut faire fortune mainte-nant, aussi vite que possible, pour pouvoir profiter des fruits de son travail pendant qu'il en est encore capable. L'attitude suivante: «Tu auras ta récompense au ciel, un de ces jours, quand tu mourras», est depuis longtemps dépassée. L'attitude moderne est celle-ci: «Je veux ma tarte maintenant, ici même sur terre, pendant que je suis encore là — avec de la crème glacée dessus!»

Non seulement je trouve cette attitude compréhensible, mais je l'endosse de tout cœur. Pour nous permettre d'atteindre rapidement la richesse, il est nécessaire de comprendre et de saisir le plus de secrets du succès et d'outils psychologiques possible. Chaque être humain étant particulier, tous pensent et agissent différemment face à la vie. Cela signifie que non seulement vous devez aborder vos clients potentiels de différentes façons, mais que vous-même, en tant qu'individu, aurez à décider de la route à prendre par rapport à vos nombreux objectifs. Et comme disait le philosophe allemand Friedrich Nietzsche: «Voilà mon chemin; quel est le vôtre? *Le* chemin, ça n'existe pas». Francis Bacon a énoncé une vérité qui reste vraie pour tout le monde lorsqu'il a écrit:

«Connaître, c'est pouvoir». Trop souvent, j'ai entendu cette affirmation être contredite. Francis Bacon l'avait bien compris du premier coup, connaître, c'est pouvoir.

Je vais m'efforcer de vous expliquer. Qui était Francis Bacon? Eh bien, à part d'être un scientifique, un écrivain, un philosophe et un lord chancelier d'Angleterre, il était rosicrucien. Vous vous demandez si cela est significatif. Je pense que ça l'est. Ma recherche m'a entraîné dans toutes sortes d'aventures, et dans ma quête de la vérité à propos de l'esprit et de la poursuite des richesses de la part de l'homme, j'ai fait plusieurs découvertes. Depuis des milliers d'années, tout le mode de vie des rosicruciens s'est constitué autour de la méditation, la visualisation et le pouvoir du subconscient. Ce sont là des thèmes que nous avons abordés dans ce livre.

La connaissance est un pouvoir à condition que vous sachiez pourquoi. La raison pour laquelle la connaissance est un pouvoir est la suivante: *Plus votre subconscient dispose de connaissances dans lesquelles il peut puiser, plus il créera pour vous de lumineux eurêkas!*

Connaissances psychologiques

De loin la part la plus importante des connaissances psychologiques que vous avez acquises jusqu'ici, est qu'il est vital que vous fassiez cesser le dialogue intérieur pour vous permettre d'entendre les eurêkas! qui proviennent de votre subconscient.

Je n'ai pas l'habitude de prendre Emerson à partie, mais en ce qui concerne la citation suivante, je vais le faire: «Quelle est l'opération la plus difficile au monde? De penser!» Eh bien, cela est tout à fait inexact. Quelle est l'opération la plus difficile au monde? De ne pas penser! Exact! Vous pouvez vous le prouver à vous-même rien qu'en y pensant. Cela est relativement facile. Maintenant, essayez de ne pas y penser. Cela ne vous lâche pas, n'est-ce pas? Vous ne pouvez pas ne pas y penser tant et aussi longtemps que vous n'apprenez pas à faire cesser le dialogue intérieur.

Vous devez méditer en S.S.S. Beaucoup de silence, sérénité et solitude est la clé qui mène à votre esprit. Nous avons déjà parlé de fixer la flamme d'une chandelle pendant une seule minute à la fois avec l'aide d'un cadran à affichage numérique. Ce que vous devez vous rappeler est que, même si vos efforts pour faire cesser le dialogue intérieur semblent vous mener nulle part, chaque geste compte, et que le simple fait que vous vous exerciez à ne pas penser vous donne une bien meilleure chance d'entendre les eurêkas!, que si vous essayiez de régler vos problèmes de façon consciente.

L'une des méthodes pour faire cesser le dialogue intérieur est l'utilisation d'un mantra. Un mantra en vogue est le Om. Vous n'avez qu'à prononcer ce mantra jusqu'à l'extinction du son ainsi produit: O m m m, puis vous répétez l'opération. L'esprit ne peut se porter que sur une seule pensée à la fois et il est de loin préférable d'avoir un O m m m qui l'occupe plutôt que votre dialogue intérieur. Lorsque vous aurez fait cesser votre dialogue intérieur, vous pourrez arrêter d'utiliser ce mantra. Vous n'aurez alors qu'à écouter ce que votre subconscient vous dira.

Une autre méthode pour faire cesser le dialogue intérieur est de fixer avec des yeux vides un tas de feuilles. Léonard de Vinci utilisait un tas de cendres qu'il regardait fixement avec beaucoup de succès. Personnellement, je me sers d'une gerbe de fleurs. Celles-ci font partie de la cinquième dimension et vous entraînent avec une rapidité remarquable au niveau de l'abondance. Je vous suggère de toujours conserver un bouquet de fleurs dans votre refuge, dans le but spécifique de vous aider à méditer. Lorsque vous fixez votre tas de cendres, de feuilles ou votre bouquet de fleurs, imaginez que vous y videz complètement votre esprit, regardez-les fixement avec le regard vide. Si une larme coule sur votre joue, imaginez-la — ceci se produit souvent. L'important est de réduire le nombre de pensées qui vous traversent l'esprit.

Si vous pouvez obtenir un peu de solitude en montagnes ou dans un coin isolé, cela est excellent. L'une des meilleures façons de faire cesser le dialogue intérieur est de marcher d'un bon pas en regardant continuellement l'horizon devant nous. Quelquefois cela aide de regarder légèrement en diagonale. Ne perdez jamais l'horizon de vue, mais en même temps, essayez de conserver une vue périphérique la plus large possible, sans avoir à tourner votre tête d'un côté ou de l'autre. Dans toutes ces occasions, la méditation en S.S.S. agira sur vous de façon très profitable.

Les connaissances ésotériques

Des milliers, voire des millions de personnes, recherchent des réponses, des vérités et des solutions aux problèmes que nous vivons dans notre monde rapide de l'ère spatiale. Dans ma quête des secrets du succès, j'ai, par la force des choses, presque tout expérimenté. J'ai même touché à la numérologie, l'astrologie, le tarot, à ceci et à cela, et ça marche.

Il ne me viendrait jamais à l'idée de réduire au silence aucune des pratiques ésotériques, mais je vais vous dire que les connaissances psychologiques présentées dans ce livre sont beaucoup plus faciles à comprendre et à traiter que l'astrologie ou un autre art.

Sans nous contredire nous-même, nous avons utilisé la formule des 3 S et changé le zen en yen, mais tout ce que nous avons emprunté à la doctrine ésotérique est strictement compatible avec la psychologie moderne, les réponses au stress, les solutions aux problèmes et l'acquisition d'argent.

Même si dans «Le pouvoir des livres» au chapitre 10, je vous recommande d'aller plus avant dans vos exercices de respiration de yoga, de méditation et de solitude, ne perdez jamais de vue vos objectifs matériels premiers. Le problème qu'entraîne les connaissances ésotériques pour l'apprenti millionnaire qui s'y consacre est qu'il peut finir par se retrouver à des kilomètres de son chemin vers la richesse matérielle, car même si une petite partie de l'ésotérisme peut être applicable par ceux qui cherchent la richesse, la majeure partie ne l'est pas.

Trop souvent, il m'est arrivé de rencontrer des individus qui se ruent littéralement sur tout ce qui se présente, et qui, en même temps, ne parviennent à aucun aboutissement réel.

La connaissance du futur

On m'a déjà parlé d'un homme qui avait à offrir une récompense de 1 000 000 $ à la personne qui saurait lui dire l'endroit où il mourrait. Lorsqu'il lui fut demandé quel but il visait, il répondit que s'il pouvait savoir avec certitude le lieu de sa mort, il ne s'y rendait jamais. Connaître le futur peut valoir beaucoup d'argent.

Selon moi, l'apprenti millionnaire ne peut pas posséder une connaissance plus valable du futur que celle de savoir que, dans ses efforts pour réussir, il est probable qu'il échoue juste avant d'atteindre son objectif majeur. Il peut même lui arriver d'échouer plusieurs fois auparavant, mais les statistiques établies à propos de centaines de millionnaires et de gens qui ont réussi démontrent qu'ils échouent juste avant d'y arriver. Leurs plus grands succès viennent après leurs pires échecs.

Le fait de savoir que vous échouerez probablement ne doit pas vous dissuader le moins du monde. N'essayez pas non plus d'échouer; il vous faut vous efforcer de réussir, mais ce faisant, n'ayez pas peur d'échouer. Il n'y a pas de grandes réussites sans grands échecs. C'est là la première partie de la connaissance du futur. La deuxième partie doit être imprimée de façon indélébile dans votre esprit. Avoir quelque chose pour rien, cela n'existe pas. Il faut payer pour chaque réussite.

J'ai souvent entendu des apprentis millionnaires parler d'auteurs à succès de livres de motivation comme suit: «Il peut bien parler, tout ce qu'il a à faire, c'est d'écrire les livres», laissant ainsi sous-entendre que l'auteur ne s'est pas rendu ou ne se rend pas sur le terrain pour vendre. Croyez-moi, et je le dis par expérience, il ne saurait être question que quelqu'un puisse écrire un livre de motivation sans avoir passé par de dures épreuves auparavant. Laissez-moi nuancer davantage cette remarque. Il est impossible que quelqu'un puisse écrire et publier un livre de motivation qui vend bien sans auparavant en avoir vécu de dures. Écrivez un livre, bien sûr, mais réussissez avant dans le domaine pour lequel vous désirez écrire.

La connaissance d'un produit

La principale pierre d'achoppement de plusieurs apprentis millionnaires est le manque de connaissances au sujet d'un produit particulier. Ils essaient trop souvent de vendre quelque chose qu'ils ne comprennent pas très bien eux-mêmes.

L'une des plus formidables expériences d'eurêkas! se produit lorsque le subconscient vient tout juste d'assimiler et d'organiser tout ce qui concerne le produit ou le service que vous essayez de vendre. Soudainement, eurêka! — vous saisissez le concept de votre produit dans son entier, pourquoi certains l'achètent et d'autres non. Vous pouvez clairement comprendre alors les tenants et les aboutissants de toute l'opération commerciale et vous pouvez enfin discerner plusieurs moyens d'améliorer les ventes et les profits.

Ce n'est que lorsque vous connaîtrez à fond votre produit que vous pourrez le vendre de manière convaincante. Lisez tout ce qui vous tombe sous la main à propos de celui-ci et écoutez les autres vendeurs qui vendent le même produit. Pour en savoir plus long sur un produit, il faut écouter; c'est pourquoi nous avons deux oreilles, mais une seule bouche.

Il vous faut reconnaître que si vous n'êtes pas déjà millionnaire ou si du moins vous n'atteignez pas le chiffre de vente que vous visez, il y a quelque chose que vous ne faites pas comme il faut, ou bien vous ne faites rien du tout.

N'arrêtez jamais d'apprendre à propos de chacun des aspects du produit que vous vendez. Il ne sert à rien d'essayer de vendre quelque chose par téléphone en débitant un exposé des avantages à partir d'un texte écrit. Pour réussir, le vendeur par téléphone doit connaître tous les aspects de son produit: son coût, le temps exigé pour sa livraison, son fonctionnement, la nature du produit et pourquoi on le vend par téléphone. Toute cette opération doit être parfaitement comprise avant même que le produit ne puisse être vendu de façon efficace.

Que ce soit de l'assurance, des automobiles ou le plan Amway que vous essayez de vendre, il vous faut connaître votre produit au point de pouvoir jongler avec ses composantes aussi facilement qu'avec un jouet, si vous voulez le lancer avec succès sur le marché. La paresse de l'esprit n'est qu'une excuse pour ne pas connaître son propre produit.

J'ai toujours tenu à m'associer aux meilleurs, peu importe le domaine avec lequel je fais affaire. Initialement, il se peut que j'aie à commencer à la case départ, mais si j'ai la chance de côtoyer les meilleurs vendeurs dans un domaine spécialisé, je m'enquiers auprès d'eux de toutes les informations possibles. Je regarde, j'écoute, j'apprends, *et puis je les imite.*

Soyez profondément convaincu que, qui que vous soyez, où que vous soyez, le fait d'apprendre l'art de la vente de quelqu'un d'expérience est le «summum». Vous n'apprendrez jamais l'art de la vente ou à connaître un produit par quelqu'un qui n'en a pas saisi lui-même les principes fondamentaux. Dans votre recherche des meilleurs vendeurs aptes à vous enseigner, il vous faudra voyager, vous mettre en frais et travailler très fort. Lorsque vous en aurez déniché un, écoutez et apprenez. La plupart des meilleurs vendeurs sont plus que bien disposés à faire part de leurs connaissances à quelqu'un de sincèrement intéressé à apprendre.

Les connaissances professionnelles

À mes débuts dans les affaires, personne n'aurait pu me persuader qu'il existait ne serait-ce qu'un seul professionnel efficace. J'ai négocié avec plusieurs et je n'en ai jamais trouvé un bon. Les avocats, les gérants de banque, les comptables et les médecins étaient tous semblables — il était franchement laborieux de négocier avec eux.

Un aéronaute français constata un jour, à sa grande horreur, qu'il avait non seulement oublié son compas à la maison, mais que son ballon dirigeable perdait rapidement de l'altitude. Tout ce qu'il savait, c'était qu'il avait déjà survolé la Manche. Lorsque le ballon se posa au milieu d'un champ, un Anglais vint vérifier si tout allait pour le mieux pour l'aéronaute:

«Où suis-je?, demanda le Français.

— Vous êtes dans un ballon au milieu d'un champ», répondit l'Anglais. Le Français répliqua:

— Vous devez être un comptable.

— Oui, j'en suis un, comment diable le savez-vous?», dit l'Anglais. Le Français sourit et dit:

— L'information que vous m'avez fournie est exacte, mais inutile!»

Les gérants de banque vous donnent un parapluie et vous l'enlèvent quand il pleut. Les avocats s'acharnent plus à faire avorter des transactions qu'à les conclure et les médecins sont plus intéressés à faire mourir leurs patients qu'à les guérir, en fait, c'est ce qu'il semble à plusieurs.

La comptabilité moderne offre la possibilité d'additionner les mêmes chiffres de toutes sortes de façons et d'en arriver à plusieurs soldes entièrement différents. Cela dépend si vous voulez que vos livres de comptes montrent de légers profits pour ainsi réduire votre assujettissement à l'impôt sur le revenu, ou si vous voulez qu'ils montrent d'importants profits pour vous permettre d'emprunter de l'argent plus facilement. D'un autre côté, il se peut que vous vouliez que vos livres de comptes reflètent exactement le chiffre d'affaires de votre entreprise, sans tenir compte d'autres considérations.

Lorsque vous faites affaire avec des professionnels, il vous faut surtout ne pas oublier que *c'est vous qui menez* et que vos conseillers *ne valent pas ce que valent vos directives*. Vous ne devez pas vous attendre à ce que vos conseillers pensent à votre place, car vous êtes le seul à bien connaître votre entreprise. Vous seul êtes au courant de tous les détails de chaque transaction, de la personnalité des gens avec qui vous faites affaire et des *vraies* raisons pour lesquelles vous faites appel à un conseiller professionnel.

Il faut absolument que vous preniez conscience que les professionnels n'existent qu'à cause de vous et pour votre profit à vous, et non pas le contraire. Ce n'est que lorsque vous aurez compris cela que vous serez capable de charger les professionnels de faire exactement ce que vous voulez qu'ils fassent et de donner suite à vos directives. Je le répète, *vos* directives.

L'une des actions les plus judicieuses que vous pouvez faire est de dénicher et avoir la haute main sur des professionnels que vous pouvez comprendre et qui vous comprennent également. Il est plus que probable que vous aurez à vous mettre à la recherche de telles personnes — mais l'effort que vous ferez dans ce sens en vaut la peine.

Les connaissances spéculatives

Il existe beaucoup de spéculations à savoir si l'inflation va continuer de monter, si l'économie va s'effondrer complètement, s'il y aura une guerre et à propos de ce qui peut être fait.

Depuis les toutes premières civilisations, les choses changent continuellement. Des empires se créent, d'autres s'écroulent, certains systèmes économiques s'effondrent, d'autres se reconstruisent. Des guerres sont gagnées ou perdues.

Ce qu'il vous faut, c'est une philosophie du succès qui vous soutiendra dans les bonnes et mauvaises périodes. La philosophie présentée ici est exactement celle dont vous aurez besoin, car elle agit dans l'intérêt de l'humanité, sans égard pour les crises religieuses, politiques ou économiques qui peuvent secouer n'importe quel pays au monde. C'est une philosophie efficace auprès de n'importe qui, n'importe quand, pourvu que vous la suiviez à la lettre.

En temps de crise, il serait de mise que vous fassiez du troc, et cette philosophie du succès convient de façon idéale à ce genre d'opération; tout ce qu'il vous faut savoir est résumé entre les deux plats de ce livre. Les lacunes dans vos connaissances doivent être comblées en vous mettant à la recherche des informations dont vous aurez besoin. Il y a toujours de bons livres disponibles à propos des spéculations sur l'avenir. Advenant l'effondrement de l'économie ou que l'inflation échappe à tout contrôle, les prophètes de malheur communiquent plusieurs informations qui peuvent vous aider à vous faciliter la vie.

Lors de récessions, de guerres ou de luttes politiques, il y a toujours quelqu'un qui trouve le moyen de s'en sortir frais comme une rose. Vous pouvez être cette personne. Ne laissez pas les autres vous affoler. Prenez vos propres décisions. Suivez les directives de votre subconscient. Votre subconscient est l'ordinateur le plus remarquable qui soit dans ce monde, en ce qui concerne les instincts de survie.

Les connaissances en affaires

Cela aide énormément d'avoir une approche lucide lorsque nous sommes en quête de la fortune. Toutes les routes commencent avec le désir de l'argent, et la route que vous devez choisir est celle où vous vous sentez à l'aise. Les gens réussissent rarement lorsqu'ils n'éprouvent pas de plaisir à faire ce qu'ils font. «Ce n'est qu'un travail», est une expression qui ne vous fera pas faire fortune. Il vous faut faire partie d'une entreprise qui soit la vôtre ou celle d'un autre. Si c'est la vôtre, vous empruntez alors la route de l'esprit d'entreprise. Si c'est l'entreprise de quelqu'un d'autre, ce sera habituellement la route d'une société constituée en corporation, car vous voulez simplement vous en tenir à faire fortune dans une société commerciale plutôt que dans la petite entreprise de quelqu'un d'autre (à moins que vous ne vous associez avec quelqu'un, auquel cas vous emprunterez alors la route de l'esprit d'entreprise). Cette philosophie fonctionne indifféremment pour l'une ou l'autre route. Les affaires consistent essentiellement en ce qui suit: l'offre et la demande, acheter et vendre, les employés et les clients. C'est aussi simple que cela.

Vous devez choisir ensuite si vous allez vendre 1 000 000 de petits articles à 1 $ de profit chacun, ou 500 articles importants à 2 000 $ de profit pour chaque vente. Il y a de l'argent à faire dans ces deux approches différentes, si vous vendez des idées, des services ou des produits palpables.

Pour quelqu'un qui ne possède pas de capital, la route qui s'impose est celle des services. Vous pouvez faire beaucoup d'argent dans des projets qui nécessitent l'emploi de beaucoup d'ouvriers, et embaucher de plus en plus de main-d'œuvre quand le besoin se fait sentir. Si vous voulez créer une entreprise, avez besoin de marchandises et ne possédez aucun capital, empruntez l'argent qu'il vous faut ou faites un marché avec quelqu'un. Ne laissez pas des détails mineurs comme l'absence de capital mettre fin à votre statut d'apprenti millionnaire avant même d'avoir commencé.

Les connaissances intellectuelles

L'intelligence n'est pas nécessairement la route qui mène à la richesse extrême. Plusieurs des meilleurs vendeurs sont d'une intelligence moyenne; il est certain que la plupart des millionnaires qui ont réussi par leurs propres moyens le sont également. Si vous êtes un intellectuel, cela est bien, si vous n'en êtes pas un, c'est bien tout autant.

Pour bâtir une fortune, il faut de la ténacité, de la visualisation, les 3 S, une bonne maîtrise de l'art de la vente et pas nécessairement une grande intelligence. Vous n'avez pas à être brillant pour atteindre vos objectifs; cependant, il vous faut montrer beaucoup de persévérance, être obstiné même. Et comme Bernard Baruch a dit un jour: «Les gens d'habileté médiocre obtiennent souvent le succès pour la simple raison qu'ils n'en savent pas assez long pour abandonner la partie».

L'autre jour, j'écoutais un groupe d'intellectuels discuter à savoir si oui ou non Uri Geller peut faire plier du métal par le pouvoir de son esprit. Pas une seule fois ils ne soulignèrent que Uri Geller faisait vraiment *quelque chose*, et que ce *quelque chose* est accompli devant des caméras de télévision, dans des laboratoires, en présence de scientifiques, et sur scène devant de nombreux auditoires. Les intellectuels ignorèrent complètement le fait qu'il exécute ce *quelque chose*, et que cela s'appelle une réalisation humaine. Il ne fut mentionné à aucun moment que les ordinateurs, les fusées, les puces électroniques, les rayons laser, les radios, les appareils de télévision et les téléphones sont tous des produits de l'esprit humain. En fait, ce sont des réalisations beaucoup plus importantes que le fait de faire plier de simples cuillères. Lorsque vous aurez compris le pouvoir du subconscient, vous saurez si Uri Geller fait vraiment plier ou non le métal au moyen de son esprit.

Il est reconnu que trop souvent les intellectuels reçoivent une éducation au-dessus de leurs capacités et qu'ainsi, ils passent complètement à côté de l'essentiel — un cas typique où les arbres cachent la forêt.

L'intellectuel écrit fréquemment des choses qui dépassent totalement ses lecteurs et lorsqu'il vend, il s'y prend de haut avec ses clients potentiels. L'art de la vente n'est pas de montrer à votre client combien vous êtes intelligent, mais tout simplement le contraire. Le client est *la personne du moment*. Vous devez faire tout en votre pouvoir pour qu'il se sente quelqu'un d'important et apprécié. Lorsque vous vendez, pensez de la façon suivante: «Toi, grand — moi, petit». Vous êtes peut-être astucieux, mais ne le laissez pas voir.

Les connaissances instinctives

Les connaissances instinctives sont l'essence de toute cette philosophie. Les eurêkas! qui nous viennent du subconscient sont ce qu'on appelle le savoir instinctif.

Vous avez déjà assimilé que nous ne pouvons pas nous appuyer sur la raison pour régler nos problèmes et créer des idées de réussite, car la faculté de raisonner relève de faux renseignements. Le subconscient, cependant, passe tout au crible, fait le tri, assimile, calcule et ne ressort que des plans à toute épreuve, s'ils sont mis en application par l'individu qui les reçoit. Le subconscient est la clé de ce don de faire par hasard des découvertes heureuses accidentellement.

Il faut faire la distinction entre prendre ses désirs pour des réalités et les connaissances instinctives. Ne vous y trompez pas, le subconscient connaît votre passé, votre présent et votre avenir. Il peut vous inciter à acheter le billet gagnant d'une loterie, à miser sur un cheval ou à gagner une compétition. Le fait de prendre ses désirs pour des réalités a la fâcheuse habitude de s'infiltrer ici et là. L'expérience eurêka! se manifeste rapidement dans votre esprit et il devient évident que la solution ou l'idée est bonne et que cela va fonctionner. En prenant vos désirs pour des réalités, peu importe la qualité de ces désirs, le doute et la confusion se mettent de la partie.

Les connaissances machiavéliques

Dans le monde des affaires, on parle souvent des méthodes, des ruses et des manipulations machiavéliques. Machiavel était un conseiller des Médicis en Italie au cours du XVIe siècle. Ses connaissances en psychologie étaient vastes. Il savait comment motiver et manipuler.

Le secret de son succès est encore utilisé aujourd'hui et il est aussi efficace maintenant qu'il l'était alors. Le secret consiste à s'adresser aux gens sous forme d'histoires, de métaphores, de paraboles et de fables. L'une des illustrations préférées de Machiavel était de raconter comment Achille fut éduqué par Chiron le Centaure. Cette parabole enseignait à l'homme comment utiliser à la fois sa nature humaine et sa nature animale. Chiron étant semi-animal et semi-humain, il était un bon professeur. L'apprenti millionnaire doit avoir la finesse du renard pour pouvoir reconnaître les pièges, être semblable au lion féroce pour éloigner les loups par la crainte qu'il inspire, mais il doit également utiliser son intelligence humaine.

Ésope avait l'habitude de raconter ses célèbres fables à Crésus, roi de Lydie, qui avait la réputation d'être l'homme le plus riche au monde. Ésope découvrit que c'était la seule façon pour lui d'être entendu à la cour du roi, et en racontant ses fables, il pouvait dire ce qu'il voulait et s'en tirer à bon compte. Voyez-vous, en racontant des fables, la personne à qui elles sont adressées peut très bien saisir l'allusion ou l'ignorer, mais elle ne peut jamais en être offensée. Ésope avait coutume d'éprouver un plaisir particulier à faire ressortir les erreurs des gens d'une façon très subtile.

Comme le fit remarquer Ésope, chaque homme porte deux sacs différents. L'un devant, et l'autre derrière, tous deux remplis de défauts. Celui qu'il porte sur son dos est plein de ses propres défauts et celui qu'il porte en avant est rempli des défauts de ses voisins. Il advient donc, dit Ésope, que les hommes sont toujours aveugles en ce qui a trait à leurs propres défauts, mais ne perdent jamais de vue ceux de leurs voisins.

Jésus utilisa dans son enseignement la méthode de la parabole avec tellement de succès que je doute qu'il existe une seule personne qui n'a pas entendu son nom ou du moins une de ses histoires qui se rapportent au bonheur et au succès de l'homme.

Lorsque Machiavel motivait et manipulait les gens, il avait l'habitude de le faire de façon telle que ses manœuvres n'étaient pas perçues. Lorsque vous vous adressez à des employés, utilisez des histoires de motivation pour les inciter à l'action. C'est une erreur courante de penser que vous pouvez vous gagner les gens par des critiques brusques. Vous ne le pouvez pas, de telles critiques vous les aliènent toujours. Racontez aux gens des histoires gentilles et obligeantes qu'ils pourront accepter ou ignorer selon leur propre choix. Les connaissances machiavéliques consistent à dire aux gens ce qu'ils veulent entendre.

Lorsque vous parlez aux gens par l'entremise d'histoires, de métaphores et de fables, vous rejoignez à coup sûr leur subconscient. Ces gens-là vont presque toujours en arriver à répéter en eux-mêmes ces histoires à intervalles réguliers. Celles-ci peuvent les toucher profondément au point qu'ils les racontent à des amis. Ce n'est qu'une question de temps avant que leur subconscient ne les amène à donner suite, à la lettre, à ces histoires ou à ces métaphores.

Les connaissances générales

Nous avons déjà mentionné qu'une part du secret du succès dans la vente réside dans le mode de la conversation et dans le fait de se vendre soi-même aux autres. Les connaissances générales jouent un rôle important dans notre façon de conduire nos ventes selon le ton de la conversation. Si vous possédez des connaissances générales, cela améliore énormément votre niveau de conversation.

Les connaissances générales peuvent également être utiles pour le subconscient lorsqu'il évalue les solutions aux problèmes et qu'il fournit des eurêkas! N'oubliez pas que plusieurs solutions à des problèmes sortent du cadre de la pensée logique. Votre subconscient peut très bien posséder des connaissances spécialisées, mais pour produire ses eurêkas!, il a besoin de certaines informations que vous ne recherchez pas habituellement.

Il est très avantageux que vous vous rendiez dans les magasins et les boutiques que vous ne fréquentez pas normalement. Allez également voir des spectacles, des comédies musicales, des musées et des ateliers qui ne font pas partie de votre monde habituel.

Prenez l'habitude de lire les journaux quotidiens en ce qui a trait aux événements mondiaux et à la publicité pour vous tenir au courant de ce que font les autres. Achetez à l'occasion une revue qui traite de pêche ou de jardinage (ou d'autres styles de revues qui ne correspondent pas du tout à vos goûts). Ce n'est pas moins qu'un crime, de la part de l'apprenti millionnaire, d'avoir une vision étroite des choses.

Faites-vous un point d'honneur d'accomplir des choses qui sortent de l'ordinaire tout en vous tenant quand même au courant des plus récentes modes. N'oubliez pas que même s'il vous arrive de louper certaines choses, votre subconscient, d'un autre côté, peut très bien aller chercher une information d'une importance vitale pour l'élaboration de ses eurêkas!

La connaissance de soi

Lors de la découverte de votre moi, il vous faudra pousser vous-même souvent jusqu'au point de rupture, et ce faisant, vous découvrirez combien l'être humain possède de résistance.

Il est très important de comprendre que lorsque vous décidez de devenir un apprenti millionnaire, il ne se trouve personne à vos côtés, pas même ceux que vous aimez et qui vous aiment. Cela dépasse l'entendement de la plupart des gens qu'un être apparemment médiocre, ou qui n'a jamais rien accompli de particulier, puisse *sans aucun doute* possible devenir millionnaire dans nombre d'années.

Ne laissez jamais ce négativisme vous submerger, même s'il provient d'êtres chers ou d'amis très proches. Tous les millionnaires et les personnes qui ont réussi ont eu à supporter et à ignorer cette attitude. C'est très bien si vous pouvez obtenir un appui concret, mais n'y comptez pas. À certains moments, il vous semblera que vous vous battez seul contre le monde entier; ce sera probablement le cas, mais si vous continuez de persévérer, vous gagnerez.

Faites en sorte de considérer la connaissance du moi pour ce qu'elle est. Ce sont toutes les connaissances que vous possédez à propos de vous-même, des choses que vous pouvez faire, de celles que vous ne pouvez pas faire et de ces choses que vous désirez accomplir. La connaissance du moi inclut également vos échecs et leurs causes.

Ce sont toutes ces connaissances qui se rapportent à votre moi qui vont faire de vous un millionnaire et un être couronné de succès. Il est très opportun d'avoir de l'aide de d'autres personnes. Il se peut que les compétences des autres dans différents domaines surpassent de beaucoup les vôtres, mais, ultimement, votre succès dépendra de la connaissance de votre moi. Je n'ai jamais rencontré quelqu'un qui a réussi ou est devenu millionnaire pour quelqu'un d'autre. Il n'en tient qu'à vous d'atteindre vos objectifs. La connaissance de soi est l'un des outils qui vous y aidera.

Acquérir des connaissances

L'apprenti millionnaire peut adopter un certain air de supériorité car il connaît une chose sur le bout du doigt; il sait où acquérir au jour le jour les connaissances relatives à sa vie, son entreprise ou à tout autre domaine auquel il s'intéresse.

Les seules personnes qui n'ont aucun problème se trouvent dans des cimetières. Commencez votre acquisition de connaissances en faisant vôtres toutes les données actuelles connues se rapportant à vos problèmes. Allez à votre bibliothèque locale et nourrissez votre subconscient de suffisamment de connaissances pour qu'il soit capable de supputer une solution à votre problème. Quel que soit votre problème, il existe toute une gamme d'informations sur le sujet. Des millions de personnes avant vous ont éprouvé des problèmes avec le stress, la dépression, l'endettement, l'impuissance, la timidité, l'inquiétude, l'insomnie, la perte d'un être cher, l'invalidité, les maux de tête — peu importe le problème — quelqu'un a écrit sur le sujet.

Écrivez à des revues et à des journaux qui se spécialisent dans le domaine qui vous intéresse pour leur demander conseil. Décidez-vous à résoudre vos problèmes en acquérant des connaissances suffisantes. N'oubliez pas que plusieurs compagnies de vente par correspondance produisent des livres qui parlent spécifiquement des types de problèmes dont nous avons déjà parlé.

Procédez par conjectures, posez des questions autour de vous, parlez aux gens, demandez des conseils. Les bibliothèques, les musées, les collèges, les cours d'études supplémentaires, les séminaires de week-end et les librairies universitaires ne sont que quelques-unes des ressources qui vous sont disponibles. Si nécessaire, recherchez des conseils professionnels, consultez les pages jaunes. Il y a de l'aide à votre disposition.

Il est primordial de saisir le fait qu'il existe des solutions aux problèmes. Il est encore plus important de vous rappeler que les connaissances que vous acquerrez peuvent ne pas répondre directement à votre problème, mais cela apporte de l'eau au moulin de votre subconscient, lequel supputera une solution pour vous.

Gros plan!

1. Exercez-vous à apprendre comment faire cesser le dialogue intérieur. Il y a plusieurs façons d'y arriver — en utilisant un mantra ou en fixant avec le regard vide un tas de feuilles ou un bouquet de fleurs. Une promenade solitaire à la campagne est une autre bonne façon. Jetez un regard flou à l'horizon tout en essayant de ne pas perdre complètement votre vision périphérique.

2. Ne vous impliquez pas trop à fond dans le domaine de l'ésotérisme. Un engouement total pour la doctrine ésotérique pourrait vous éloigner de vos objectifs premiers.

3. N'ayez pas peur d'échouer. N'oubliez jamais que nous n'avons rien pour rien.

4. Étudiez et soyez conscient de tous les aspects concevables du produit ou du service que vous vendez. Cultivez les connaissances de votre produit au point de le comprendre si bien que vous pouvez «jouer» avec toutes ses composantes.

5. Les professionnels n'existent que pour votre propre profit. Vous devez *leur* donner des directives. Lorsque vous faites affaire avec des professionnels, *c'est vous qui commandez.*

6. Lors de crises économiques, ne laissez pas les gens vous affoler. Suivez les directives de votre subconscient.

7. Décidez à savoir si vous devez prendre la route de l'esprit d'entreprise ou celle d'une entreprise constituée en corporation. Décidez également si vous allez vendre des millions de petits articles avec une légère marge de bénéfices ou quelques articles avec une large marge de profits.

8. Peu importe votre degré d'intelligence, n'en faites jamais montre devant un client potentiel. Pensez comme suit: «Toi, grand — moi, petit».

9. Lorsqu'un eurêka! se présente, il est évident que l'idée sera la bonne et que la solution conviendra adéquatement. Le fait

de prendre ses désirs pour des réalités entraîne, contrairement aux eurêkas!, de la confusion et du doute.

10. Les connaissances machiavéliques consistent à dire aux gens ce qu'ils veulent entendre. Racontez des fables, des métaphores et des histoires; le message pénétrera de façon subconsciente.

11. Fréquentez de nouveaux magasins, des boutiques différentes et allez voir des spectacles que vous n'iriez pas voir normalement. Lisez des livres et des revues qui ne correspondent pas à vos goûts habituels. Augmentez vos connaissances générales. Donnez à votre subconscient de la matière première.

12. Il vous faut comprendre qu'il existe des solutions aux problèmes. Lisez et étudiez tout ce que vous pouvez se rattachant à n'importe quel problème. Laissez ensuite le temps à votre subconscient de supputer une solution pour vous.

Chapitre 14

Le pouvoir et la gloire

«Si tu peux croire, toutes les
choses sont possibles à celui qui a
la foi».

(Marc 9,23)

Comme chef d'entreprise extrêmement ambitieux, j'avais l'habitude de me dépenser tellement à fond de train que j'ai bien failli m'autodétruire. Il se devait d'y avoir une autre façon de poursuivre et de parvenir à mes fins. La solution que je trouvai fut de méditer en S.S.S. et d'étudier beaucoup à propos de la psychologie, dont j'ai parcouru la majeure partie de façon détaillée.

J'ai déjà mentionné que Carl Jung était mon psychologue préféré et que ses recherches m'on aiguillonné sur plusieurs voies. Lorsque le docteur Jung évoquait ses nombreuses années de travaux et de recherches, il avait conscience de n'avoir jamais pu guérir un seul patient de troubles psychologiques sérieux à moins d'avoir eu l'occasion de persuader ce patient d'adopter une «attitude religieuse» face à la vie. Bien plus, le patient se devait d'adopter cette attitude volontairement plutôt que d'y être forcé.

En vertu de cela, je décidai de faire moi-même mes propres recherches. Comme d'habitude, je commençai par aborder le sujet au niveau de ses principes fondamentaux. Lorsque j'eus terminé, je me rendis compte que j'avais découvert le pouvoir ultime. Ce que je vous présente ici est le point culminant de ma philosophie. Les deux mots qui reviennent constamment dans la Bible sont les mots «foi» et «croyance». Dans le seul Nouveau Testament, ces deux mots apparaissent plus de 500 fois. Le mot «croyance» est très puissant, très mal compris et très difficile à expliquer de façon convaincante. Depuis des milliers d'années, des apôtres, des prédicateurs, des ministres du culte et des sages ont prêché les Évangiles et dit aux gens, encore et encore, en tempêtant, d'avoir la foi ou «qu'il leur fallait croire». Peu importe avec quel enthousiasme le ministre du culte frappe du poing, de la paume de la main ou quelle que soit la force de ses éclats de voix, à moins qu'il n'explique ce qu'est la croyance ou la foi, c'est peine perdue.

Il existe deux sortes de croyance — l'une spirituelle et l'autre psychologique. Elles sont toutes les deux très puissantes et très différentes, et peuvent être utilisées en même temps ou séparément. La meilleure analogie est celle d'une automobile qui possède un changement de vitesse conventionnel. Il y a deux façons d'augmenter la puissance du moteur. La première consiste à appuyer sur l'accélérateur pour injecter plus d'essence dans les cylindres. La seconde consiste à changer de vitesse. Si vous désirez utiliser ces deux façons en même temps, il suffit que vous passiez en première et que vous appuyiez sur l'accélérateur pour démarrer en trombe.

Il en est de même pour les deux sortes de croyance. Vous pouvez les utiliser en même temps ou séparément. Les psychologues ont prouvé que les capacités humaines augmentent à des proportions quasi surnaturelles lorsqu'on exerce la croyance psychologique. Les leaders religieux ont démontré ce qui suit: «Tout est possible lorsqu'on possède une croyance spirituelle». Exercez ces deux croyances en même temps et vous serez invincible.

La croyance psychologique

Une jeune mère de cinq enfants était déjà épuisée avant même que la journée commence. Elle allait devoir laver toute la vaisselle, faire les lits, préparer le dîner, remettre tout en ordre après le passage des enfants et changer les couches du bébé. Elle en était là, à se sentir pitoyable, lorsqu'elle se rappela soudain qu'une amie lui avait donné un excitant qu'elle avait glissé dans la poche de son tablier. Elle avala cette pilule et après un certain temps, elle entreprit ses travaux avec entrain. La vie lui semblait une œuvre d'amour, elle se sentait heureuse d'être en vie. Quelque temps plus tard, elle enleva son tablier et ce faisant, des petites pilules tombèrent sur le plancher. Elle se rendit compte que ce n'était que les bonbons d'un de ses enfants. Ce qui avait causé cette étonnante transformation était une croyance psychologique.

Une dame âgée souffrait terriblement d'arthrite. Elle avait essayé tous les remèdes qu'elle connaissait et vu tous les médecins spécialistes qu'elle avait pu rencontrer. Un jour elle croisa une amie qui lui conseilla de porter un bracelet de cuivre. Son amie lui affirma qu'elle avait aussi essayé toutes les cures imaginables sans aucun succès jusqu'à ce qu'elle expérimente le bracelet de cuivre. La dame âgée l'essaya à son tour et obtint beaucoup de succès. Une fois de plus, la croyance psychologique fit des merveilles. La science médicale ne sait pas pourquoi le cuivre peut guérir l'arthrite, mais n'importe quel psychologue qui en vaut la peine vous dira qu'un bracelet en plastique peut très bien faire l'affaire pourvu qu'on l'utilise avec conviction.

Un jeune garçon alla chez un médecin parce qu'il avait quelques verrues dans la paume de sa main. À son grand étonnement, le médecin lui donna cinq sous pour chacune des verrues en lui donnant l'assurance que maintenant qu'elles avaient été achetées et payées, celles-ci allaient bientôt disparaître. Naturellement, les verrues disparurent. Le garçon en avait eu la certitude. Étant donné que le médecin avait payé pour les verrues, le jeune garçon croyait qu'elles appartenaient maintenant au médecin et que c'était là la raison de leur disparition.

Chaque jour, dans tous les cabinets médicaux à travers le pays, des dizaines de milliers d'ordonnances de placebos sont rédigées. Les patients avalent ces petites pilules dragéifiées et la majorité d'entre eux guérissent alors de n'importe quelle affection dont ils sont atteints. En général, le placebo est un comprimé inoffensif fait de sucre et de lait qui ressemble étonnamment à une pilule authentique. Même la couleur et le goût ont quelque chose à voir avec le degré de conviction que la pilule crée. Celles qui sont légèrement amères et d'un vert ou rouge pastel donnent les meilleurs résultats. «Placebo» signifie: «Je plairai» et, avec l'aide de la croyance psychologique, les placebos agissent effectivement dans ce sens.

Dans certaines régions d'Afrique où la magie noire est encore en usage, la croyance joue un rôle important. Le sorcier doit être vu ou entendu soit par la victime ou par des amis de celle-ci (pour que ces derniers puissent nommer la victime), avant que le sorcier puisse jeter un sort ou envoûter la victime. Cela se fait de plusieurs façons, mais le point important est qu'avant que n'importe quelle magie noire puisse avoir lieu, la victime doit croire que c'est vraiment elle l'objet de l'envoûtement. Il serait absolument futile que le sorcier pointe avec un os sans désigner ou montrer quelqu'un en particulier.

Un de mes amis était très timide et réservé — un introverti authentique — il avait pourtant très envie d'être en relations avec une de nos amies communes, Molly. Je compris qu'il était trop gêné pour se risquer à fixer un rendez-vous. Voilà pourquoi je lui dis un jour: «J'ai parlé à Molly hier et elle m'a dit qu'elle t'aimait bien, mais qu'elle était trop timide pour prendre l'initiative. Si tu lui fixais un rendez-vous, elle acquiescerait». Il se fia à mes dires et prit rendez-vous avec elle le soir même. S'il n'avait pas cru que j'avais parlé à Molly, il ne l'aurait pas approchée.

Il n'y a pas si longtemps, nous avions décidé au bureau de jouer un tour à un des associés, sans savoir vraiment jusqu'où cela irait. Nous nous étions tous entendus, à l'insu de Guy, que chacun de nous lui dirait périodiquement qu'il avait l'air malade. La première fois qu'on le lui dit, il rit simplement et continua son travail. La fois suivante, il admit qu'il se sentait un peu sujet à des nausées, puis au milieu de l'après-midi, après que tous et chacun lui eurent dit à quel point il avait l'air pitoyable, Guy se précipita aux toilettes pour vomir. Il avait finalement succombé à une suggestion répétée. Il a cru qu'il était malade, voilà pourquoi il le devint vraiment.

Nous avons maintenant suffisamment d'exemples pour pouvoir faire une certaine analyse. Deux paradoxes semblent apparents. Le premier est qu'il ne peut y avoir une croyance psychologique sans devoir utiliser un pieux mensonge. Deuxièmement, la seule façon de mettre en scène un pieux mensonge est de l'utiliser auprès d'une tierce personne, ou de façon *accidentelle* envers soi-même, comme dans le cas de la femme aux placebos. Vous ne pouvez pas employer *intentionnellement* ce type de croyance psychologique envers vous-même, car vous seriez alors au courant d'avance du pieux mensonge. Lorsqu'un médecin fait une ordonnance de placebos pour guérir l'affection d'un patient, c'est la croyance psychologique qui, en réalité, guérit ce dernier. Le pieux mensonge consiste dans le fait que le patient croit utiliser un réel remède, car le médecin l'induit en erreur. Il serait futile que le médecin se fasse lui-même une ordonnance de placebos, car il serait conscient de son propre pieux mensonge.

Nous pouvons comprendre maintenant qu'il existe deux sortes de croyance psychologique. L'une que vous utilisez envers les autres personnes, et l'autre envers vous-même.

Se servir de la croyance psychologique envers les autres

Quand je vends, j'entretiens continuellement la confiance que j'ai dans mon produit. J'affermis ma confiance en moi-même par mon enthousiasme et mon état d'excitation. Plusieurs apprentis millionnaires échouent à conclure des ventes pour la simple raison que même s'ils commencent la vente avec confiance et enthousiasme, si le client potentiel ne modifie pas son expression faciale ou ne démontre pas d'enthousiasme et d'intérêt lors de l'exposé des avantages, les apprentis millionnaires perdent alors confiance et le client potentiel s'en rend compte. Il vous *faut* croire en vous-même si vous voulez que les autres croient en vous.

La croyance psychologique est tellement puissante qu'il vous faut conserver votre enthousiasme et votre confiance en vous-même pendant tout le temps où vous êtes en présence de votre client potentiel, peu importe ce qu'il dit, ce qu'il fait ou l'expression de son visage. Il vous faut également laisser le temps à la croyance psychologique de faire son effet sur le client potentiel. Souvenez-vous de Guy dans l'histoire précédente. Nous lui avons répété à plusieurs occasions qu'il avait l'air malade jusqu'à ce qu'il finisse par y croire. Il vous faut persévérer avec votre client potentiel en conversant avec lui avec beaucoup d'enthousiasme et de confiance. Faites que cette croyance et cette confiance l'envahissent; cela ne peut que réussir.

Alors même que votre client potentiel ne semble montrer aucun signe d'intérêt, continuez de croire en vous-même et en votre produit. Il reviendra peut-être plus tard lorsque la croyance aura eu le temps de faire son chemin en lui, et il pourrait vous dire: «J'ai réfléchi à ce que tu m'as dit et tu m'en as vraiment vendu l'idée — je vais en prendre une douzaine».

Il est essentiel de vous rappeler que tout ce que vous présenterez à un client potentiel sous la forme d'un pieux mensonge sera cru, pourvu que vous ne révéliez pas que c'en est un.

Lorsque je participais à la formation d'un vendeur spécialisé dans la vente d'un produit particulier, je lui expliquais que le prochain client chez qui je l'enverrais achèterait à coup sûr les produits, car la vente avait été «arrangée» à l'avance. J'avertissais également le vendeur que le client potentiel était un individu excentrique et qu'il lui donnerait énormément de fil à retordre avant de réellement passer la commande. Je lui disais aussi de se rappeler de tout ce que je lui avais appris: de vendre en utilisant le moyen de la conversation, d'établir un rapport subconscient, de vendre selon les trois modes d'apprentissage, de rassembler toutes les informations nécessaires à la vente, de montrer de l'enthousiasme aussi bien pour la maison du client potentiel que pour le produit lui-même et de conserver jusqu'à la fin un baratin publicitaire solide et efficace. «Mais quoi que tu fasses, reviens avec une commande». Comme de raison, tout se déroula comme je lui avais dit. Le client potentiel opposa une vive résistance et fut très peu coopératif. Pourtant le vendeur stagiaire continua d'insister, car il croyait fermement que la vente était «arrangée» d'avance. Il arracha finalement une commande. Assurez-vous de bien comprendre que la croyance psychologique n'existe pas sans un pieux mensonge.

Voici un autre exemple: Lors de mes démêlés avec des créanciers, j'ai découvert plusieurs échappatoires et différentes façons de contourner le problème d'endettement. J'eus un eurêka! comme quoi il me fallait devenir conseiller d'affaires.

Après avoir fait passer des réclames, je fus submergé de travail et j'eus plus de clients que je ne pouvais en prendre. Croyez-vous que ces gens auraient suivi à la lettre mes conseils si je leur avais révélé que j'avais moi-même des problèmes d'endettement? Sûrement pas! Je choisis donc d'utiliser un pieux mensonge — que j'étais un conseiller d'affaires possédant plusieurs années d'expérience et que je savais faire face à des créanciers, réduire les frais généraux et développer une entreprise. En fait, je ne leur révélai même pas ce que j'étais ou n'étais pas. Je leur laissai présumer que j'étais un conseiller expérimenté et qu'ils pouvaient s'en rendre compte à cause de mon enthousiasme, ma confiance et ma profonde conviction. Vous ne pouvez pas amener les autres à croire en vous si vous ne croyez pas en vous-même. Je fis comme si j'étais un conseiller expérimenté et j'y ai cru.

Nous avons illustré par des exemples frappants la façon d'utiliser la croyance psychologique envers les autres. Lorsque nous employons cette croyance envers nous-même, nous devons nous servir d'une tout autre méthode, car le mensonge pieux et les placebos deviennent alors inopérants. Lorsque vous utilisez la croyance psychologique envers d'autres personnes, vous faites appel à leur esprit conscient et, tout comme pour l'ego, expliqué dans un chapitre précédent, l'esprit conscient accepte tout ce qu'on lui propose.

275

Se servir de la croyance psychologique envers vous-même

Lorsque vous utilisez la croyance psychologique envers vous-même, il vous faut employer une méthode complètement différente. Quand vous savez que vous vous racontez à vous-même un mensonge pieux, cela crée en vous une incrédulité immédiate.

Lorsque vous employez la croyance psychologique envers vous-même, la seule façon de rendre cette croyance effective est de la faire pénétrer dans votre subconscient pendant une certaine période de temps. Au moment de visualiser vos désirs, vous devez croire que vous avez déjà atteint l'objectif que vous avez en vue. Pour ce, vous devez suivre les directives des chapitres précédents qui traitent des buts (chapitre 3) et du pouvoir de l'esprit (chapitre 2). Nous visualisons nos désirs, nos besoins et nos buts.

Le subconscient possède toute la puissance nécessaire pour surmonter l'incrédulité suscitée par le fait que vous savez parfaitement que vous n'êtes pas millionnaire, pourvu que vous fassiez pénétrer ce pieux mensonge dans votre subconscient chaque soir et chaque matin. Voir, c'est croire lorsqu'on utilise notre subconscient. Quand nous faisons pénétrer un pieux mensonge (que nous sommes millionnaire ou que nous possédons une Rolls Royce ou une Cadillac rose) dans notre subconscient, ce dernier prend finalement la relève et fait de ce mensonge une réalité tangible en présentant un eurêka! qui se révélera être un plan ou une idée infaillible pour réaliser ce pieux mensonge.

Visualisez vos objectifs par imagination. Faites de même aux niveau auditif et kinesthésique. Voyez votre auto dans chacun de ses détails son intérieur en cuir, ses roues de magnésium et sa peinture brillante. Appréciez l'air frais de sa climatisation, la précision de sa conduite et son centre de gravité très bas. Écoutez le ronronnement du moteur, le crissement des pneus radiaux et les glaces électriques en mouvement. Soyez transporté de joie de posséder cette auto et de la conduire. Exprimez votre totale exubérance de savoir que vous êtes un millionnaire. Extasiez-vous lorsque vous voyez vos objectifs par imagination. Plus vous mettrez de joie, d'excitation et d'émotion au cours de votre visualisation, plus votre subconscient fournira son eurêka! rapidement. L'émotion compte autant que tout le reste lorsque vous visualisez vos objectifs. Les émotions qui entrent en jeu au moment de visualiser, de ressentir et d'entendre, concourent à créer la croyance.

Le subconscient est suffisamment puissant pour prendre la relève et fournir les eurêkas! tant et aussi longtemps que vous le programmez adéquatement. La croyance se crée en visualisant vos objectifs par imagination, en ressentant de l'émotion et en vous disant à vous-même que vous avez déjà atteint ces objectifs. En d'autres mots, même si vous ne pouvez pas croire consciemment que vous êtes millionnaire ou possédez une Rolls Royce, pourvu que vous visualisiez de la façon déjà décrite; cette simple visualisation va faire pénétrer la croyance dans votre subconscient.

La croyance est un élément absolument essentiel au bon fonctionnement de la philosophie du succès; pour cette raison, il est urgent que vous compreniez qu'il n'existe aucune autre façon connue d'utiliser la croyance psychologique envers soi-même, que par une affirmation répétée de vos objectifs et désirs à votre subconscient par la pratique de la visualisation. Visualiser, c'est croire avant même que la croyance ne soit déjà ancrée en soi-même, c'est croire au-delà de la croyance.

La croyance spirituelle

Pour mieux déterminer la signification de la croyance spirituelle, nous allons utiliser la définition que Paul Tillich met de l'avant à propos de la religion. Ce théologien allemand affirmait que la religion était un système qui fait appel à nos préoccupations les plus fondamentales.

Le meilleur exemple de croyance spirituelle est la résurrection de Lazare par Jésus. Il n'y avait là aucune possibilité de pieux mensonge, car Lazare étant mort, il ne pouvait pas être au courant de ce qui s'était passé. C'est la croyance spirituelle qui le ramena à la vie.

On dit qu'un fou rit de ce qu'il ne comprend pas, mais aucun apprenti millionnaire ne peut se permettre de ne pas tirer avantage de tous les pouvoirs possibles qui sont à sa disposition. Ce n'est pas parce qu'on ne comprend pas quelque chose que cela ne marche pas. Des tas de preuves s'accumulent constamment à propos de miracles, de la croyance spirituelle et de la prière. Je crois qu'il est nécessaire que je clarifie ma propre position. Je crois au subconscient. Je crois au centimètre cube de la chance et je crois en Dieu.

Je me fie à mon subconscient en ce qui a trait à mes désirs matérialistes. De temps en temps, la centimètre cube de la chance se présente et il peut m'arriver de m'en rendre compte ou de ne pas en prendre conscience. J'en suis conscient habituellement, mais pas toujours. Lorsque je suis réellement troublé ou que je suis confronté à un problème extrême qu'il me faut résoudre et, que dans un même temps, mon subconscient n'a pas le temps d'assimiler le problème et moi de demander un miracle, alors je prie Dieu.

La croyance spirituelle peut agir à la fois envers les autres ou soi-même. La distance ne change rien à l'efficacité de la prière. Vous pouvez diriger une croyance spirituelle envers d'autres personnes, sans même qu'il soit nécessaire pour eux d'en prendre conscience. Il existe littéralement des milliers de livres remplis de témoignages de guérisons, de miracles et du pouvoir de la prière. Il appartient à chaque individu de s'enquérir et de choisir sa propre croyance spirituelle. Ce n'est pas le but de ce livre, ni mon intention, d'y forcer qui que ce soit. Cependant, en écrivant ce livre sur comment acquérir le pouvoir, il est automatiquement de mon devoir de vous signaler ce pouvoir phénoménal qui vous est disponible, si vous vous donnez la peine de le prendre. Plusieurs millionnaires ont compris très vite ce pouvoir. Il agit pour le bien de toute l'humanité, et tout ce que vous avez à faire, c'est de croire.

Il y a un certain temps, plusieurs théologiens se rassemblèrent avec des juges éminents, des avocats et des juristes pour voir s'ils pouvaient trouver des contre-vérités dans la Bible. Utilisant les mêmes méthodes qu'à la Cour, les avocats comparèrent chaque parcelle d'informations disponibles dans la Bible avec les connaissances modernes de la Terre Sainte fournies par les historiens et les cartographes. Tous ceux qui participèrent s'entendirent unanimement pour dire que ce qui était écrit dans ce grand livre pouvait être considéré comme étant la vérité, car tous les détails concordaient parfaitement.

La croyance spirituelle est tellement puissante que plusieurs personnes ont trouvé un grand soulagement de leurs anxiétés et de leurs souffrances en écrivant leurs problèmes sur une feuille de papier qu'ils mettaient ensuite dans une bible. D'autres dormaient avec leur bible sous l'oreiller et trouvaient ainsi un immense réconfort, un soulagement de leur stress et la croyance d'être délivrés du mal.

Je vous ai déjà fait remarquer que la façon de rejoindre le subconscient des autres est de leur parler en paraboles, avec des histoires et des métaphores. Jésus dans son enseignement utilisait la méthode de la parabole et en réalité, la Bible entière peut être considérée comme une métaphore.

Si on explique à un vendeur qu'une partie de ce qu'il sèmera tombera dans un endroit pierreux, une autre partie sera étouffée par les épines et le reste se développera et donnera du fruit, cela donnera de meilleurs résultats que de lui dire de ne pas s'attendre à faire une vente à chaque porte où il se présentera.

Dans le domaine des affaires, vous devez tous les jours faire un certain nombre de choses que vous n'aimez pas pour en arriver à recueillir une récolte. Et n'oubliez pas — on récolte ce que l'on sème. Nous pourrions poursuivre indéfiniment avec d'autres exemples, mais l'idée de ce livre est de vous enseigner un principe et non pas une manière spécifique d'agir. Le principe, en cette circonstance, est que lorsque vous parlez en paraboles et avec des métaphores, vous rejoignez le subconscient.

Pour éclaircir quelques citations célèbres de la Bible, j'aimerais les mettre en évidence et en lumière devant vous, puis ajouter quelques commentaires en espérant ainsi les mettre en valeur et les clarifier. Voici des interprétations clés de citations clés.

«Devenez semblables à des petits enfants».

Les enfants sont habituellement des créatures heureuses et souriantes, toujours à l'affût de tout et constamment enjoués. Si un enfant devient bouleversé, ce n'est jamais pour longtemps; il revient rapidement à sa nature habituelle. (J'aimerais expliciter ceci en disant que les enfants qui ne sont pas heureux, et il y en a plusieurs, sont généralement le produit du malheur de quelqu'un, d'un foyer brisé ou de quelque abus. Normalement, les enfants sont heureux s'il sont élevés dans un environnement aimant et cordial).

Les enfants acceptent de façon extraordinaire le changement, les choses, les idées et les circonstances différentes. S'il devait vous arriver de faire une affirmation extravagante devant de jeunes enfants, ils l'accepteraient sans même poser une question. Vous pourriez dire: «Demain nous irons voir le père Noël, quelques fées et quelques lutins», et cela est admis sans aucune question. Les petits enfants n'ont aussi aucune difficulté à se voir eux-mêmes dans n'importe quel rôle qu'ils souhaitent jouer. Un petit enfant deviendra un homme de l'espace en mettant simplement une boîte en carton sur sa tête. Un autre deviendra soudain un soldat en mettant en bandoulière un morceau de bois, comme si c'était une carabine. Un troisième deviendra un avion en étendant simplement les bras et en imitant le bruit d'un avion à réaction. Pourquoi devrions-nous souhaiter ressembler à des petits enfants, et même si nous le voulions, comment allons-nous nous y prendre?

Pour répondre à la première partie de la question, nous devons devenir semblables à des petits enfants pour mener une vie heureuse. Il nous faut être semblables à des enfants et accepter les grandes idées, les grands projets, même s'ils nous semblent bizarres. Pour faire votre million, vous devrez accomplir quelque chose de très bizarre ou de très dynamique. Acceptez ce fait de la même manière que le ferait un petit enfant, sans aucune question. Il est indubitable que les millionnaires et les gens qui réussissent croient en leurs idées avec une croyance presque enfantine. C'est Ernest Holmes qui écrivait: «La croyance est une attitude mentale tellement convaincue de sa propre idée — acceptant si entièrement cette idée — qu'aucune contradiction n'est possible ni pensable».

La raison pour laquelle les petits enfants sont si heureux et admettent aisément tant de choses est qu'ils n'ont pas à subir le dialogue intérieur continuel que les adultes subissent. Il faut reconnaître qu'ils ont quand même un dialogue intérieur à un degré minimal, mais rien de comparable à celui d'un adulte. Les adultes ont toujours dans leur esprit le même ruban magnétique qui leur répète constamment tous leurs échecs, leurs traumatismes, leurs immenses chagrins, et les raisons pour lesquelles ils ne peuvent pas faire certaines choses. Pour devenir comme un petit enfant, faites cesser le dialogue intérieur et vous y serez parvenu.

«Si vous avez de la foi gros comme une graine de moutarde, vous direz à cette montagne: «Déplace-toi d'ici à là», et elle se déplacera, et rien ne vous sera impossible»

La citation qui précède cause probablement plus d'incrédulité et d'étonnement que n'importe quelle autre tirée de la Bible. Nous avons vu que la foi et la conviction fonctionnent jusqu'à des degrés extraordinaires. Il vous faut avoir foi en vous-même, croire dans votre entreprise et dans les autres; c'est là l'ultime pouvoir. Il n'y a rien d'étrange dans le fait d'avoir la foi gros comme une graine de moutarde et de faire déplacer des montagnes; acceptez cela entièrement.

Le brillant physicien, David Bohm, a calculé «le point énergie zéro» attribuable aux fluctuations de la mécanique quantique dans un seul centimètre cube d'espace, et il arriva à une énergie de 10 à 38 ergs. Un seul centimètre cube est approximativement de la grosseur d'une graine de moutarde, et Bohm a converti ses ergs dans une équivalence d'environ 10 000 000 000 de tonnes d'uranium. Il faut reconnaître qu'il y a beaucoup à faire avant que cette formule ne fonctionne, mais de la même manière que des énergies mécaniques, thermales, chimiques, électriques, lumineuses et de gravitation ont été découvertes et exploitées, ce n'est qu'une question de temps avant que la formule de Bohm devienne réalité.

C'est dans le même esprit que la formule d'Albert Einstein $E=mc^2$ créa la bombe atomique, dans un laps de temps relativement court. Prenez quelques graines de moutarde et conservez-les dans votre poche afin de vous souvenir constamment du peu de foi requis pour atteindre de hauts sommets. Souvenez-vous également que lorsqu'on demanda le secret de son phénoménal succès à nul autre qu'Andrew Carnegie, le milliardaire de l'acier, ce dernier répliqua: «Ma croyance en moi-même, ma foi dans les autres et dans mon entreprise».

«Ne vous inquiétez de rien».

Trop souvent, l'apprenti millionnaire troque ses chances de succès pour de la sécurité. Ceux qui réussissent n'agissent pas ainsi; «ils ne s'inquiètent de rien», ils sont prêts à tout miser pour réussir.

D'ores et déjà vous devriez avoir une bonne compréhension des principes du succès. L'apprenti millionnaire suivra les directives de son subconscient, même si celles-ci entrent en opposition avec les avis de tous ceux qui l'entourent.

L'argent est la racine de tout mal

Cette citation étant la plus inexactement citée de tous les temps, je n'ai pas cru bon d'utiliser les guillemets. Nulle part dans la Bible il n'est dit: «L'argent est la racine de tout mal». Il est plutôt dit ce qui suit: «L'amour de l'argent est la racine de tout mal», ce qui est totalement différent.

L'amour de l'argent fait référence à la cupidité. Lorsque quelqu'un dit: «L'argent est la racine de tout mal», il parle alors d'argent palpable. Ce qu'il dit, c'est que l'argent nécessaire pour construire des églises, des hôpitaux et des écoles est mauvais, ce qui, bien sûr, est absurde.

Une citation moins connue de la Bible dit ce qui suit: «Pour se divertir, on fait un repas, et le vin réjouit la vie et l'argent répond à tout». Mais l'affirmation la plus exacte de toutes a été faite par George Bernard Shaw lorsqu'il a dit: «Le manque d'argent est la racine de tout mal».

«Tout ce que vous demandez en priant, croyez que vous l'avez reçu et cela vous sera accordé».

Si nous analysons cette citation qui se révèle être l'affirmation la plus puissante au monde, cela signifie simplement:

Quoi que vous demandiez: Cela a trait à votre liste d'objectifs; celle-ci, comme il a déjà été entendu, peut comporter des désirs aussi bien matériels que des biens incorporels.

En priant: Cela concerne votre affirmation répétée de vos désirs à votre subconscient, à Dieu ou à l'un et l'autre; c'est la demande. Utilisez la croyance psychologique et la croyance spirituelle en même temps et vous serez invincible.

Croyez que vous l'avez reçu: Nous avons déjà parlé en détail de la vision des choses par imagination, la visualisation de ces choses comme si nous les avions déjà reçues; la Cadillac rose, la maison de campagne et le compte en banque se chiffrant à 1 000 000 $. Il vous faut «voir» par imagination que vous êtes déjà en possession de toutes ces choses que vous désirez. Relisez «Le secret des buts» (chapitre 3).

Et cela vous sera accordé: Il n'a jamais existé un seul cas démontrant qu'une personne ayant abondé dans le sens de la citation précédente, n'ait pas vu sa prière être exaucée, à condition d'avoir prié et visualisé chaque soir et chaque matin, et avoir cru qu'il avait déjà reçu ce pour quoi il priait.

«Demandez et vous recevrez»

La parole est d'argent est une autre façon de dire «deman-dez et vous recevrez». Deux autres citations viennent appuyer cette interprétation: «Ce que vous dites, c'est ce que vous obtenez» et «Le pouvoir de la parole régente la vie et la mort.» En guise de preuve supplémentaire à propos de «demandez et vous recevrez», relisez les chapitres suivants: «La psychologie dynamique», «L'ora-teur est roi» et «La parole est d'argent». La Bible fait grand cas de l'acte de demander et de celui de parler. «Au commencement était le verbe...» Cela est pour moi significatif en soi et toute la philoso-phie du succès est façonnée par la parole. Le mot est la chose importante. La parole de Moïse a séparé les eaux de la Mer Rouge, celle d'Élie a changé les eaux de manière à ce que du fer puisse être transporté sur leur surface. Tout succès que connaîtrez vrai-semblablement, *et ce sera le cas*, vous viendra directement ou indirectement à la suite de vos conversations avec d'autres.

«Par manque de vision, mon peuple périt»

Il n'y a pas d'avenir pour la personne qui ne visualise pas ses objectifs, car tout ce que l'on fait ou fabrique doit être préalable-ment visualisé au niveau de la pensée. Nous en avons parlé amplement dans «Le secret des buts» (chapitre 3) et «Le pouvoir de l'esprit» (chapitre 2), lorsque nous vous incitions à visualiser dans votre esprit la répétition d'images mentales et à visualiser vos désirs dans votre album. Lorsque vous visualisez vos désirs de façon régulière, vous tirez automatiquement parti des mots les plus puissants au monde: la croyance et la foi. Il ne peut y avoir de croyance, de foi ou confiance si vous ne visualisez pas vos objectifs. C'est la *seule* façon de développer les sentiments de croyance et de foi pour votre propre usage.

«Je lèverai mes yeux vers les montagnes d'où viendra mon secours»

Le principe du pouvoir, qui est inclus dans les 3S (silence, sérénité et solitude), vient au secours de tout le monde. Nous avons étudié le principe du pouvoir en profondeur. Les solutions aux problèmes et les idées nouvelles sont générées en S.S.S. Le meilleur endroit pour trouver les 3S est sans aucun doute en montagne, mais cela n'est pas toujours réalisable, spécialement pour les citadins. Pour atteindre les 3S dans une grande ville, les églises font admirablement bien l'affaire. Celles-ci sont habituellement très paisibles et vous pouvez vous asseoir sur un banc d'en arrière pendant des heures, chaque jour en S.S.S., et personne ne vous dérangera. Les bibliothèques peuvent être votre second choix. Mais aucune place ne remplace les montagnes ou le désert. Tous les grands leaders religieux utilisaient le pouvoir des 3S en passant de longues périodes de temps en montagnes ou dans un désert: Moïse, Jésus, Gandhi, Bouddha, Confucius et Mahomet pour n'en citer que quelques-uns.

«Dieu est Lumière»

Les gourous de l'Orient sont tellement en avance au sujet des techniques qui concernent le pouvoir de l'esprit que plusieurs universités occidentales éminentes en ont commencé l'étude. Ils ont tellement d'avance qu'ils préviennent les désordres mentaux avant même qu'ils ne surviennent, croyant par là qu'il vaut mieux prévenir que guérir. «Gourou» signifie littéralement: «Celui qui dissipe la noirceur». Les psychologues et les psychiatres contemporains dissipent la noirceur chez les autres, mais malheureusement, au cours de ce processus, ils prennent tout le poids du monde sur leurs épaules et détruisent ainsi leur propre esprit. Parmi les psychiatres, l'alcoolisme sévit et ils ont le plus haut taux de suicide. La solution à ce problème pourrait être de se tourner vers Dieu. Dieu est Lumière. Dieu disperse les ténèbres.

«Sans œuvres, la foi est morte»

Peu importe la philosophie que vous étudiez, suivez ou utilisez «sans les œuvres, la foi est morte». Dans le chapitre 7 (Le pouvoir est dans l'action), nous n'avons qu'effleuré ce qui doit être fait pour parvenir à nos fins. Nous devons nous conformer aux eurêkas! qui proviennent de notre subconscient. Nous devons saisir le centimètre cube de la chance lorsqu'il se présente. L'action est l'un des principaux ingrédients du succès. Relisez «Le pouvoir est dans l'action» (chapitre 7) jusqu'à ce que ce chapitre devienne non seulement une part de vous-même, mais jusqu'à ce que ce soit vous.

Pour que cette philosophie du succès vous procure des avantages financiers, vous devez la lire non pas une seule fois, mais plusieurs fois, jusqu'à ce que votre subconscient prenne la relève et que vous ne vouliez plus vous arrêter de lire. Je termine avec les mots de l'un des plus grands orateurs que ce monde a connu, Winston Churchill: «Ce n'est pas maintenant la fin. Ce n'est même pas le commencement de la fin. Mais c'est peut-être la fin du commencement». Vous feriez bien d'y croire.

Gros plan!

1. Il ne peut y avoir de croyance psychologique sans un pieux mensonge. Lorsque vous vendez, vous devez faire accepter le pieux mensonge avec enthousiasme et confiance, comme si c'était réellement la vérité, pour qu'ainsi la croyance devienne possible. Il vous faut croire en vous-même avant que les autres puissent croire en vous.

2. Pour utiliser la croyance psychologique envers vous-même, vous devez faire pénétrer cette croyance dans votre subconscient pendant une certaine période de temps. Pour y arriver, vous devez visualiser vos objectifs comme s'ils s'étaient déjà matérialisés.

3. La croyance spirituelle peut être utilisée envers vous-même et les autres. Priez Dieu pour obtenir ce que vous désirez. Croyez que vos prières sont d'ores et déjà exaucées.

4. Parlez en paraboles, employez des métaphores et pénétrez profondément dans le subconscient des gens.

5. Employez la croyance spirituelle et la croyance psychologique en même temps et vous serez invincible.

Avertissement

De temps immémorial, des avertissements ont été lancés contre le fait d'utiliser le pouvoir dans des buts négatifs et mauvais. Presque 500 ans avant Jésus-Christ, Confucius, le grand sage chinois, nous légua le personnage «Shu». Jésus enseigna au monde occidental exactement la même chose: «Donc, tout ce que vous voulez que les hommes fassent pour vous, vous devez, vous aussi, faire de même pour eux; c'est là, en effet, ce que signifient la Loi et les Prophètes». Certaines sectes ou communautés pourraient enseigner ce qui suit: «Si tu prends le glaive, tu périras par le glaive». La loi du karma nous apprend la même chose: «Nous récoltons le mal que nous semons».

Toutes ces philosophies se regroupent autour d'un thème central: l'esprit humain. La naissance ne donne pas à l'homme une conscience. Celle-ci se développe avec le temps. C'est la seule raison pour laquelle les mots qui suivent ont tant d'impact: «Ne faites pas aux autres ce que vous n'aimeriez pas que l'on vous fasse». Car, que cela vous plaise ou non, si vous utilisez toutes les données de ce livre dans des buts négatifs et malfaisants, le pouvoir de votre esprit, votre conscience et le subconscient des autres feront que vos efforts se retourneront contre vous et vous détruiront. Sur ce point, je suis formel.

À cause du mode de fonctionnement du subconscient, prenez garde de ne pas vous concentrer sur les idées des autres. Plusieurs des personnes avec qui vous parlez possèdent une surabondance d'idées. Plusieurs de ces idées proviennent de leur subconscient. Il est arrivé souvent que des gens s'emparent d'une brillante idée provenant du subconscient de quelqu'un d'autre, la mettent en application et échouent. La raison de leur échec est simple. Le subconscient crée une idée qui s'accorde avec la propre expérience d'une personne, son actif, son passif et ses images mentales. Si cette personne met cette idée en application, cela ne manque pas alors de réussir. Je ne dis pas qu'il faut toujours écarter les idées des autres. Mais je vous dis de faire attention, car si vous empruntez une idée vous n'obtiendrez pas en même temps les milliers de composantes qui ont concouru à sa conception.

Ces composantes sont d'une importance vitale pour concrétiser cette idée et l'amener à une heureuse conclusion. Vu que le subconscient calcule et planifie à partir des atouts particuliers de chaque individu, de ses connaissances, de ses expériences, de son actif et passif, il se peut alors qu'après avoir emprunté l'idée vous n'ayez pas suffisamment de données de base pour la faire fructifier. Pour la même raison, ne craignez pas que quelqu'un n'essaie d'imiter votre entreprise, vos idées et vos projets. Adoptez l'attitude mise en évidence par Rudyard Kipling dans son livre *The Mary Gloster*: «Ils copièrent tout ce qu'ils purent, mais ils n'ont pas pu imiter mon esprit (...) Et je les ai laissés en sueur prendre une année et demie de retard à cause de leur plagiat».

Jamais auparavant autant de directives précises et explicites n'ont été rédigées dans le but d'accumuler la richesse. Jamais non plus n'a-t-on divulgué de tels outils psychologiques faciles à manipuler et à utiliser. Il n'y a aucun doute possible, vous possédez présentement le livre le plus puissant au monde. Toutefois, il reste le facteur humain, c'est-à-dire *vous*, avec lequel vous devez composer. Si on me demandait quelles sont *vos* chances de réussir dans vos tentatives, j'aimerais poser quelques questions avant de répondre.

Avez-vous pris l'inébranlable décision de devenir riche? Avez-vous consigné par écrit vos objectifs à l'indicatif présent? Vous êtes-vous procuré un album dans lequel vous avez placé des photographies de toutes ces choses que vous désirez? Visualisez-vous ces objectifs chaque soir et chaque matin avec émotion et conviction? Consacrez-vous des périodes de temps régulières pour être à l'écoute de votre subconscient? Est-ce que vous agissez à la lettre pour donner suite aux directives de votre subconscient? Est-ce que vous établissez un rapport subconscient avec vos clients potentiels *avant même* que d'essayer de leur vendre? Est-ce que vous vendez selon *leur* mode d'apprentissage?

Si vous répondez un «oui!» énergique à ces questions, vous réussirez — une loi psychologique y veillera. Si votre réponse est un «non» timide, relisez à nouveau ce livre, mais cette fois-ci, mettez au fur et à mesure chaque suggestion en pratique. Lorsque vous aurez fait cela et que vous arriverez à nouveau à cette page, vous aussi serez capable de répondre un «oui!» catégorique, et vous aussi réussirez.

CASSETTES

En vente chez votre libraire ou à la maison d'édition
Prix sujets à changement sans préavis

Si vous désirez obtenir le catalogue de nos parutions
il vous suffit de nous écrire aux éditions
Un monde différent ltée,
3400, boulevard Losch, bureau 8
Saint-Hubert (Québec), Canada, J3Y 5T6
ou de composer le (514) 656-2660